食事绘

王璐 著

文匯出版社

自序：人心芜杂，人生孤寂

我的童年在太原。记忆中，母亲年轻时是安静的。不笑，寡语。骨子深处有江南女子的倔强。她习惯了谨慎，似乎永远都在忙。从早到晚，忙家务忙小孩忙工作忙老人，里里外外，像一只陀螺，转不停。幼时记忆中，母亲永远是一个人。初次看见父亲，我不满三岁，在山西榆次一个农场。父亲在此一住许多年。榆次其实距离太原市并不算远，长途车一个半小时左右的路程，如今高速公路直通，半个小时可达。但在我童年记忆中，父亲似乎从没回来过？我记事较早，两三岁起，每天跟着母亲去上班。但她像是从没登上过讲台？每天的工作非常简单，就是给各办公室打开水搞卫生，然后负责报纸杂志的收发。忙完开始写材料。日复如是。天天面对一沓稿纸，我看见母亲常常坐着发呆，有时几个钟头过去，纸上一片空白。我无处可去，想问又不敢，无所事事，于是拿个粉笔头在地板上胡写乱画。不时偷看母亲。她究竟要写什么？

动荡紧缩的时代，万马齐喑。这习性只有在相对和平时期，会有充分的感受以及反映，并可以尽情消遣细碎繁琐的内容，已经成为一种小说创作的"习惯性特质"。那时，母亲独自带着我们兄妹四人（三个哥哥）住在学校大院。我三四岁时，学校语文教研组有一个老师搬来隔壁。这女老师细眉细眼，说不上漂亮，但清丽脱俗，她的打扮在学校老师中总觉卓然而立。女老师很喜欢穿灰色系的衣裙，浅灰深灰，衣服买来总要先自己动手加工，腰部从里面捏了一点，打几道褶子，穿上身顿时玲珑有致。许是因为都从上海嫁到山西的缘故，她跟母亲私交不错，经常带些好吃的零食给我。一包饼干，各种小动物造型，或一把大白兔奶糖，长大后我吃过许多昂贵的进口糖果，却再也找不到记忆中的香甜。这女老师后来在精神方面出了问题，突然疯了——她丈夫原是学校化学教研组组长，山西盂县人，"文革"期间有人匿名检举揭发，大字报铺天盖地，立刻被打成"现行反革命"——罪名说他有次擦屁股用的报纸上，一条语录赫然在目——被抓的当晚就上吊，据说呈坐姿，一脸平静。

我刚满五岁便入学，倒不是因为天资聪慧，而是家里实在交不起管理费。桌高人矮够不着，自带小板凳，坐第一排前面。一节课上下来，脖颈僵硬。有天放学回家，一进门，迎面站着个陌生男人，鼻子上架一副黑框眼镜，胡子拉碴，个不高，精瘦，笑眯眯望着我招手。母亲站在边上一眼一眼安静地笑："叫呀，叫呀！叫爸爸！"母亲竟然也会笑！

美好的时光总那么短暂，这突如其来的欢乐并没持续多久。父亲脾气不好，甚至可以说性烈如火，一点就着。山西男人在家，多喜欢当大爷，衣来伸手，饭来张口，被人伺候惯了。那时奶奶还活着，跟我们住一起，奶奶处处维护儿子，记忆中的父亲，是那种"油瓶子倒了也不扶一下"的人，太原话讲就是"懒得抽筋"。时间一久，母亲开始抱怨牢骚，但奶奶的脸一年拉，她立马又沉默了。所有的愤懑，绝非一日积攒，母亲变得比父亲没回家以前，更加沉默寡言。她常拿我跟哥哥们出气。每隔一段时间，母亲跟父亲大吵一架。永远在深夜。要等奶奶已经在小房间里睡熟。并非声嘶力竭喊叫，全程肢体语言，动作多依靠道具，大床边的矮脚板凳，手边的搪瓷茶缸。我记忆最深的是一把茶壶，那种老式的铝壶，冬天往铁皮炉子上一蹾，烧一天的开水。大铝壶被踢过来踹过去，咣当当当。我躲在被子里浑身发抖。后来习以为常，见多不怪。但随年纪与日俱增的，是心中的恐惧。

七八岁时，我第一次回上海看外婆。记忆中，母亲每趟回沪，少不了随身携带一张购物清单。吃穿用行，分门别类，上面写满亲朋好友托捎的东西。每趟都大包小包，搞得探亲仿佛去打仗。上海是母亲的故乡，于我而言，记忆中的上海，似乎永远只是散碎摇曳，偶尔过渡的镜头。黄浦江码头，停泊在岸边运送黄沙的大船，海关大楼顶上的大自鸣钟声，照片中母亲永远年轻的面孔……那些只能在梦中更迭出现的景象，突然一下子涌至眼前，这座城市，让我感觉陌生又熟悉，直至今天。

十几年前，太原沿街叫卖香椿的季节。深思熟虑之后，我辞去酒店高管的工作，从北京回到上海。回首遥望，许多年来我的生活，一直都在"奔跑"，往返于京晋沪之间，脚步不歇，钟摆不停。不觉中已成为一种生活常态。"回上海"一直都是母亲的心愿，我自己根本无所谓。习惯了不停行走，倏地一停，心中反倒有些迷惘，空落落的。这感觉很怪，说不清楚。不断奔波辗转，"远离故乡"才是正常态。有人曾问我，你究竟要走到什么时候？走到哪里？我想了又想，没想明白，或许永远也想不明白。

在北京工作那些年，我们酒店的凉菜间大佬来自上海，苏北人，我一有空喜欢跟他学说上海话。酒店有个老客户，一个久居北京的上海老头，喜欢喝黄酒。老头总是一个人来，据说是个画家。有人问我，他的画咋样？我答不上来，没见过呀。这老头不入冬不来，来也不多喝，黄酒一瓶，喝完就走。我不忙时会跟他聊上几句，刚一开口，老头就笑："嘎漂亮格小姑娘，洋泾浜！"直到现在，我听上海闲话，完全没问题，但一开口就露怯。生活在上海，讲普通话并不丢人，但在我内心深处，"上海话"始终是个心结。沉重且甜蜜……

本部小说，通篇发生在一家叫做"休日"的星级酒店。女主人公张露，餐饮部副总，因情窦初开时被妈妈棒打鸳鸯，过后很多次不断地被迫相亲，心如死灰时她断然决定，与妈妈认可的男人结婚，再离婚。这种飞蛾扑火式的"抗争方式"，当然并不值得推崇提倡，但女主人公希望以此毅然决绝的态度来试图改变，母亲长此以往带给自己的沉重的爱。

张露的成长过程，伴随我对于故乡太原的记忆。视角多彩而模糊，烙印却深刻。很多时候，真正的悲伤无需语言。对于张露这个人物的种种刻画中，处处可感受到一种疼痛。深入骨髓，却无力扭转，我甚至固执地相信，这感觉应该深刻着"80一代"的印记——说老似乎有些矫情，但的确已经不算青春的尴尬年纪。悲哀如同酒浆钝化了的神经，疼痛于酒精中重新得以浸润。与张露相似的一代人，他们试图使自己得以解脱，却难料桎梏越挣越紧，一切皆枉然。我创作这部小说，更多希望表达的，其实是在沉重的"家庭枷锁"背后，那些深藏不露也极少被提及，常常被我们忽视了的"岁月温情"。时光静好，岁月平安，我们还是要学会，并懂得感恩。幸福不过如此。故事中，女主人公身上那些积压已久的羁绊，纤弱而安静的心理挣扎状态，时常让我难分彼此。创作本部小说的同时，我的脑海中不断冒出一个词——"宿命"。宿命究竟是什么？浮萍飘荡，人生不断变化，充满不确定因素的明天，永远摇曳难安，人人仿佛无根草。荒芜即宿命，而"苦难"恰恰才该是人生之"常态"。

张露在单亲家庭里长大，从出生就没见过爸爸，内心对于父爱的渴望，始终是伴随其一生的梦。萦绕不断，经年累月。对于父爱的期盼与日俱增，潜意识里，张露喜欢大自己许多的异性，直至调任上海新开业的酒店，与客房部副总白玉明相识。两人一见钟情。男主人公是上海人，年轻时在北方某地插队多年，性格中有江南男子的细腻温柔，又兼具北方男人的大气魄。如同丢失的世界失而复得，张露的人生终于得偿所愿。与此同时，对于母亲从小到大的"极端式母爱"，始终如割舍不断的沉重镣铐，她习惯了沉默，选择无条件接受——丈夫陈建宝是妈妈相中的女婿，典型的上海小市民，心胸狭隘，甚至有些猥琐。我之所以要创造这样一个角色，内心深处是希望表达，现实生活中关于"母爱与亲情"的矛盾纠结，茫然挣扎，是内心深处的一种难言之隐。无可诉说的悲哀，往往伤害更深更甚，却又无能为力。亲人之间的爱与被爱，这种来自家庭的情感，我们无可选择，某种角度上来讲，其实是"宿命之无奈"。驯顺者的悲哀。

这世界从来不是黑白分明，一目了然。人生的意义及其本质，本就模棱两可，看不清楚，永远说不明白。多年后张露渐渐长大，悲哀带了某种责任与厚重，她忽然间醒悟，这是一种久违了的感动。而这，恰恰就是本小说所希望带给读者的"真相"。记忆中，我在十几二十岁那几年，与父母的相处忽然间变得艰难，说话永远驴唇不对马嘴，一说就炸。我认为自己无法被父母所理解，经常故意言辞激烈，甚至刻意顶撞，借以表达自己胸中的烦闷与不满。这种莫名的焦躁感，纠缠伴随着我的青春时代。有人说，80后是过渡性的一代，他们面临着50、60、70后等所没有面对过的新问题，但实际上，80后面对的诸多问题，也是已经成长起来的90、00后，继续将面对的问题。每个年代的人都有每个年代的烙印，换个角度来说，在这样一个崇尚多元性的时代，我们抽象地评论某一代人的命运，是一件很危险的事。

本部小说搭乘几个不同角色，比如中餐厅楼面经理刘梅，调酒师阿林，后厨陈大佬，徒弟张斌，甚至楼面盯台的小弟小妹，貌似按部就班的笔触，平铺直叙展开，实则我希望借以表达的，是属于80后一代人的纠结茫然。弱者宽宥，繁华都市的喧嚣在张露眼中，无非是声色犬马，光怪陆离，永远都难以与自己合而为一。身在故乡心何去，我究竟属于哪里？想起博尔赫斯的一句话——"那个久违的小村子，就处于交叉小径的花园里……"创作本小说的过程中，我的面前不断跳出似曾熟悉的许许多多画面，而"故乡"似乎早已成为文学界一个"世界性"的泛泛主题。写法不同，表述迥异，在我看来，最吸引读者的，永远是书写属于自己最熟悉的那一亩三分地。作者尽可能地记录编织，自身周遭所熟悉的种种人与事，只能如此，也只有这些范围。有些人喜欢闭门造车，或向壁虚构，结局只能走进死胡同。美国作家福克纳曾说，"故乡只有邮票般大小"。作者的活动书写范围，也至多邮票般大小，我能把它们通过某种渠道描绘出来，不自恋，不清高，不盲目自信，已是很大成就。

我家楼下有两棵桂树，桂子飘香的清晨，我总会想起太原遥远的杏花与梨花。小说中的张露只要一喝酒，故乡便会自动浮现于眼前。因本人做星级酒店管理工作多年，这部小说与其他小说相较，无论笔法还是故事构造，选题或是场景描述，以及人物的勾勒，都有更多迥异之处。小说中有诸多酒店餐饮行业相关文字，夹杂只有深谙本行业才可能知晓的"秘密"，所以说，你将其称为"行业小说"也未尝不可。整个故事像开启的一部电影，记忆镜头可随意切换，媒介则是一杯酒。记忆随风摇曳，张露眼中看到的世界，时而单纯，时而混乱。岁月纷杂，生活忙忙碌碌，常伴随着怨恨，在心底四处弥散。当"孝顺"被"愚孝"所取代，终于演变为自己跟自己纠缠，和谐的方式只能是"妥协"。与人生干杯。

创作本小说伴随各种散碎记忆，被加密，被裹缚，那些数也数不清的细节，只能在梦中重现——我站在北京的后海岸边，故乡太原隐藏于某个角落，它们偶尔出声，独自呜咽。我想念汾河两岸早已干涸的河床，也怀念苏州河浑浊的水……"故乡"于我而言，似乎永远都找不到答案。

文学即人学。生活是一个一个片段，成长则是一个一个细节。小说女主人公的感情世界，在日复一日的推杯换盏酒桌之上，徐徐深入。小说有上海、太原、北京之诸多城市细节，尽可能通过一个酒店人的立场表述，带给读者更多了解北方与南方城市之间的世故人情，风俗文化。

重新审视回望，从往昔岁月捡拾记忆片段，人生得以"回头再来"。80后一代人的生活，似乎永远是承前启后，心中隐隐莫名的恐慌，这是其他年龄段的人，永无可能找得到的状态。疏影鳞片，尽管生活如此艰难，我们仍然可以努力制造出属于自己的丰富多彩。仰望北方城市的率性阳光，头顶一把油纸伞，脚下是江南雨后的石板小径，熟悉的乌衣长巷，故乡就在笔下。

由于社会与时代的不同，早前的阅读，所谓好作家就是能够"活灵活现，里里外外"地写透一个人。我认为某种意义来看，纯粹是误导——"人可以被了解？"现实是——"人性之复杂异常，永远无法被了解。"于是有人说，"文学常带有善意的欺骗"，非常正确。一部作品处处有所保留，作者给出合理的"空白"，让读者清楚，小说里"留白"才正常，写那么清楚干吗？于我而言，写作的追求就是，透过无数细节与回忆，最大程度地告诉读者，其中一小部分……

2018年3月18日于上海家中

不久前才刚清洗过的油烟排气通道，此时好像失了灵。大厨房里到处烟雾弥漫，排风机有气无力地哼哼唧唧，完全就是聋子的耳朵。张露扭头往灶台上看。头锅二锅三锅尾锅，师傅们人人挥汗如雨，埋头争分夺秒，手中大勺上下翻飞，灶眼中不时"轰"地发出一声巨响，火苗蹿出来一人多高。跑中线与负责打荷的小弟，若是听到哪一桌的菜催"加急"，要立刻把预先搭配好了的主料辅料，迅速传递给炒锅上的师傅。眼疾手快，节奏铿锵。后厨地面常年积水，每天收档前的最后一项工作，就是进行彻底冲刷，要确保大环境卫生指数达标，水渍于是永远扫之不尽。脚底湿滑，即使铺着防滑地砖也根本无济于事，小弟们因此常常是连跑带出溜，长跑速滑动作。即使是这样手脚并用，难免还是会顾此失彼，手中稍一迟缓，师傅立马就劈头盖脸大骂："丢你老母！"人人恨不得能生出三头六臂八只手来了。百十来人的后厨队伍全力以赴，身上的工作服早已被汗水浸得湿透，面对这样焦头烂额的场景，张露在心底不禁轻轻一叹，简直就是一场不见刀枪的混战啊……

第一章

面前出现一张脸。

推近拉远，忽退忽进。

面孔摇晃跳动。

是谁？看不真切。

镜头不断变幻。

黛色帷幕，夜静人寐，月光水样轻薄。有两个人一路慢慢荡过来。中山东一路上海关大楼，顶楼著名的大自鸣钟，此刻恰好敲响两记。浑厚铿锵，钟声悠扬，江面远远有货轮驶过来，一长一短两声汽笛，张露不禁浑身一颤。抬头仰望，边上汇丰银行雍容典雅，与海关大楼比肩，人称"姐妹楼"的楼顶，此时被轻雾笼罩，影影绰绰。

张露说："已是凌晨两点钟了。"

雾越积越厚，眼前世界虚无隐约，万物归拢。

白玉明说："今年的中秋来得有些早。"

张露没出声。

白玉明又说："我带你去看荷吧。"

张露一怔，问道："哪里看荷，看什么荷？"

白玉明"咿呀"了一声，头也不回地站着说："莫奈花园呀！暮春初夏，草木绿渐凝重，繁华尽在咫尺。"

张露接过话尾想都没想就来了一句："蝉声乍落，睡莲盛开，梦是记忆深处迷离的影子。"

话题来不及继续，天空骤然间蒙蒙一片，刮来一股狂风，沙砾飞扬，滚滚黄沙中，张露只觉脚下站立不稳，眼睛睁也睁不开了。

"是沙尘暴刮到上海了么？"

风势更猛，脚底砂石旋移。

"白玉明白玉明。"张露大叫着惊醒，原来是场梦。一身细汗，眼皮垂垂沉沉，张露只觉浑身酸痛，使劲睁开眼睛，只见丈夫陈建宝正在床头灯的映照下，努力探究摸索着她的身体。张露抓过床头柜上的手机瞄了一眼：半夜十二点五十五分。她大声喊了一句："你干什么？"张露想踹，身体却被陈建宝死死按住。她徒劳地挣扎了几下，陈建宝在耳边笑嘻嘻地说："好好好，你扭，你再扭扭，用力扭扭呀。"张露的眼睛忽觉一阵刺疼，泪水溢出来，她抓过枕边的眼罩胡乱戴上，身体向后一倒，不再反抗，冷冷地说："别忘了你讲过的话。"

陈建宝人生得又瘦又小，在床上做动作总感觉别扭，想了想，他干脆光脚站到地板上去，把张露的腿往自己肩头一架，可没动几下就兴致索然，憋着气愤愤地说："你他妈还不如一条死鱼，你就不能动一动吗？"张露由着陈建宝自说自话表演独角戏，只吐出两个字："药渣。"陈建宝身体忽地一僵，张露不屑地"哼"了一声，一把扯掉眼罩，抓过手机来又扫了一眼：两分钟不到。陈建宝手起掌落，啪的一声，边上的床头灯顿时身首分了家，他恼羞成怒酱紫着一张脸，抓起裤头扭头便朝门外走，边走边恨恨地骂："死鱼死鱼死鱼！"

张露在背后风轻云淡地来了一句："明天早上民政局门口，不见不散。"

砰的一声，卧室的房门已经被踹上了。

真没想到，离婚可比结婚简单得多。前后两分钟不到。"又是两分钟。"张露差点憋不住要笑出了声。两个人一前一后出来，站在长宁区民政局门口，陈建宝本来打算说，要不要一起去吃点东西，但张露头也不回地走了，根本没打算再多停一分钟。望着那个熟悉的背影渐行渐远，陈建宝不由心中一阵恍惚，他怀疑地扭头看了看民政局门口的牌子，终于微微叹了口气，低头朝另外的方向去了。张露已经快速走过武夷路一转，凯旋路上有家小店，专卖大饼油条粢饭团，想了想，走进去。

有一只小猫咪走到张露面前，它一屁股坐下，前腿立定，仰头看张露。这只猫咪眼珠深邃，喵喵声轻柔娇哆，一刻不歇。猫咪胸腹毛色雪白，背上墨墨两道黑色条纹，卖相端正，洁净不野。张露低头盯了看它。猫咪毫不畏缩，反而再一步向前坐定，歪头继续看着她。猫咪眼神若有所盼。"它是不是也想吃饭？"张露脑海中浮现起幼时喂小奶猫情景。

二十多年前的那个冬日，门外小院里突然有喵喵叫声，微弱轻细，断断续续了好一阵，奶奶循声而去，在一间堆放杂物碎料的小木屋角落里，发现三只小奶猫。小猫们全身黑灰两色，站都还站不稳，跌跌撞撞。猫妈妈呢？去了哪里？踪影遍寻不见。奶奶于是天天给小猫熬小米汤喂食。张露则立定木架跟前，专心地看。"来，"奶奶说，"你来试试看。"张露那时太小，心里紧张，把猫咪小心地捧在手掌心里，盛了一勺米汤，慢慢往小猫嘴巴里送，喂完发现，猫咪全身湿哒哒抖个不停。到底喝进去了没有？时间一天一天过去，小猫一只一只减少。终于全死了。张露大哭一场，难过许久。此后再不养猫。

眼前这只猫咪，让张露想念奶奶，永远笑眯眯一张脸。童年时代最温暖的记忆。她不禁鼻子一酸。猫咪仍然仰头，深情款款，不断轻唤。张露将一个饭团小心地摆到它面前。猫咪低头只是嗅了一嗅，并不尝试，照旧盯了她看，接着倏地一下扭身蹿去，仿佛一缕烟尘，眨眼间踪迹全无。张露不禁一呆，忽然间觉得，自己倒像是那个，被世界遗弃了的人……

吃好早餐，张露慢悠悠荡到中山公园地铁站，打算搭乘三号线去上班。做酒店的好处，是上午十点半到岗打卡，十点半至十一点是员工餐时间，不吃饭可以再晚半个钟头，恰好就错开上班早高峰。今天情况特殊，低头看表，才八点半。站台上人潮熙攘，人人焦急侧目，队伍绵延不绝。已经开过去两列车了，张露都没有上。不是不想，是压根儿就挤不上去。等到第三列车开过来，张露随着人潮，被裹挟进去。一个女人的包被车厢门夹住，她又拍又喊，急得面红耳赤："包，包，我的包！"紧挨张露站着一个眼镜男，他掏出手机咔嚓咔嚓，一通抓拍，接着手指轻轻一点，发至朋友圈，脸上意味深长地笑。谁的高跟鞋踩到了谁的脚，哎呀一声，被踩到的人表情痛苦，口里咝咝哈哈倒吸着气，眉毛一拧说："不能看着点？"张露感觉到衣兜里的手机震动不停，但她没接。根本没法接。有个青年男子，黝黑精瘦，一身西装明显过于宽大，套在身上晃荡晃荡，脖子上系着猩红色易拉得领带，瘦小身体在沙丁鱼罐头似的车厢中穿梭，熟练地把一张张红绿纸头往每个乘客胸前胡乱一塞，迅速离开。车子到站一停，小广告四处散落。眼镜男不知什么时候已经下去了。张露的面前堆积无数张脸。有人一脸麻木，有人睡眼惺忪，有人哈欠不断，更多人则埋头紧握手机，滴滴嘟嘟揿个不休。三号线地铁里的冷空调开得太足，张露恰好站在一处出风口，有点头疼，边上有人打了个喷嚏，她皱着眉头叹一口气，缩缩脖子。列车开过三站，到镇坪路，张露想下车，左冲右突死活就是挤不出去，她口里不住地说："请让让，请让让。"能让到哪里去呢？张露的额头微微冒汗，不知是谁在身后使劲顶了一记，她觉得自己的屁股被人狠狠抓了一把，根本来不及扭头看，等到回过神来，已经在车厢门外了。立在扶梯口处，弯下腰好一阵子深呼吸，好家伙，再不出来，昏厥过去也说不定。歇了一会儿，张露低头整理整理衣裙，想着到休日酒店还剩下一站多的路程，决定步行。猛然想起刚才手机震动，赶紧掏出来查看，是白玉明发来的短信："是否顺利？"张露回复："与往事干杯。"再就是妈妈也发来一条信息询问，张露只回复了两个字："离了。"

走在半路上，张露接到一位老客户来电订餐，说是儿子腊月里打算办事。这些年婚宴预定，需要提前小半年，今年似乎要提前大半年，有小道传言，明年羊年不吉利，是寡妇年，最不适宜婚嫁。

走上一段路一转弯，张露供职的休日酒店，就在前面不远。挂牌四星级，开业已有十几年之久，五年前重新装修过一次，成为现在这个样子。市区中心地段，寸土寸金，尤其在上海，螺蛳壳里做道场。同一品牌酒店的连锁店，若是在二三线城市，同样标价的房间，面积则要大出许多。

酒店客房新装修时，真是动足脑筋。比如撤掉房间里的电视柜，电视上墙；卫生间砖墙换玻璃墙，淋浴房拆掉，改换坐浴盆；选用德国进口的热带雨林龙头，可以保证洗澡水不外溅。每个楼层电梯门一开，迎面一堵装饰墙，有太阳、云朵、雨滴图案。这是酒店客房部副总白玉明的创意。其实就是一个天气预报器，第二天本埠天气状况如何，具体到市区郊县，与之相对应的小灯，于薄暮冥冥时分亮起。张露很喜欢这面墙，觉得浪漫中还夹杂了一点洛可可风格。诸多细节上的提升，为客人带来惊喜。但停车位紧缺，是酒店最大硬伤，老客户偶尔遇见白玉明，总难免要牢骚几句："白总，休日是国际品牌连锁酒店，各地开了那

么多，只有你们这家，车库最老最旧最糟糕。"白玉明就在报告会上，建议把地面车库改为立体。

跟白玉明同级别，分管休日酒店财务的副总姓闫，据说跟大老板的太太是中学同学。他在会上，一而再再而三对车库改造方案提出异议，旁人一看气氛不对，多一句不如少一句，大多数人选择沉默。

闫总一米八几的大块头，说话之前喜欢先咬牙，耳根子随之微微抖动。他从椅子上慢慢站起来，一双眯缝小眼基本上就看不见眼球，再加上躲在金丝边无框眼镜片后面，愈发显得虚无缥缈。他一字一顿，慢悠悠地说："休日酒店地处商业繁华市口，地皮的规划区分，首先需要上报市政规土局审批，车库改造方案究竟是否可行，不是一份报告就能讲得清。"闫总故意不看白玉明，环视一周又说："就算所有审批手续都通过，那资金问题呢？这可是一笔庞大开支，考虑要缜密，要慎重。"

关于车库的改造，白玉明之前已经跟大老板沟通过几次。电话里汇报，或通过视频交流。大老板迂回盘旋，百变不离其宗。"休日酒店想发展壮大，势必要拓展，解决车库问题自然已经迫在眉睫，但，"大老板语气一缓，"酒店各部门之间，长久以来一直都是独立责权利，一个萝卜一个坑，但凡涉及与经济利益挂钩的项目，自然要花钱，这就需要集中上报，集中审批。"白玉明在电话这头嗯嗯着说："是是是，老板所言极是，没有规矩，难成方圆，我理解，理解。"

大老板这种滴水不漏的谈话姿态，白玉明其实早已经预料到了。他有苦难言。所有涉及与客房部经营相关的业务往来，项目分配，人员调动安排，他自己说了就算，不必再去请示汇报，但酒店的车库改造，性质大不同，涉及酒店各部门间的经济利益，关键是，需要真金白银，要花钱，要花大钱，势必要经过财务部门重重审核把关。大老板管这叫做"民主集中式运营管理模式"。白玉明想起最后向大老板做请示汇报那次，电脑大屏幕中，大老板笑眯眯地说："去吧去吧，跟闫总坐下来再好好谈谈，各部门之间，还是要相互多多沟通嘛。"

在张露印象中，闫总长得五大三粗，讲起话来却不紧不慢，沉稳笃定，永远保持着某种固定的调子。闫总平时话很少，见人习惯先笑，无论对谁。有时见白玉明问得急了，他照旧笑眯眯道："我知道了，白总再等等，我尽快算一算，再算算看。"之后自然又不了了之。

张露分管餐饮，每次参加酒店高管会议，其他部门的事情，她大多不参与表态。可车库改建事宜，涉及白玉明，不得不暗暗多长了个心眼。调来休日酒店眨眼间已八年过去，从初初懵懂，到慢慢上道，知而不惑，不惑则不忧不怨，张露如今处世为人，完全称得上如鱼得水，应付裕如。她暗地里替白玉明使劲。给刘峰打电话，前因后果一二三，步骤作何安排，简明扼要，仔细叮嘱一番。刘峰对张露向来言听计从，说一不二。两个人就在电话里商量，由刘峰出面邀请闫总，吃饭喝酒泡吧K歌，设计好一条龙模式。接下来一连几天，天天如此。日子转眼间就过去了大半个月。

有天夜里，上海歌城VIP包房，刘峰趴在闫总肩头咬耳朵："天天这样应酬，身体吃得消吧……身体是革命的本钱，小弟的幸福，今后还要仰仗指望领导。"

闫总怀里的小姐趁势一扭，抽出身来说："哎哟哟，两位大哥,有啥私密悄悄话要讲吧?"她站起来往旁边一让,拿过一瓶喜力咕咚咚喝了两口。

闫总笑了笑。

刘峰发现,这位小姐的穿衣打扮,有点与众不同。

女人一身黑,时下流行的紧身高弹绷带裙,从脖子开始,细细密密一路裹至脚踝。巴掌小脸化妆过浓,灯光一打,泛出幽幽蓝光,刘峰不由心里一吓。闫总见刘峰眼睛发直,随口道:"妹妹来,来来来,站起来,让这位小阿哥仔细看看。"

黑衣女人嘻嘻一笑,放下啤酒瓶,站到刘峰眼前,柳腰一拧说:"我好看吧,小阿哥?"刘峰脸上一烫。

按照张露事先计划好的,刘峰临时打电话叫过来几个哥们儿,他说:"走,找地方陪领导休息休息。"闫总佯装推托,故意调侃:"休日酒店,我可不去!"刘峰立马说:"扁担做桅杆,咱不担那风险!"

刘峰佯装去厕所,把闫总的原话,一句一句,有样学样电话里转述。张露听着来气:"猪头司令,得了便宜还卖乖。"刘峰笑着讨好:"是是是,哪个有我们露露姐聪明。"他在电话里大表决心,胸脯拍得啪啪响,信誓旦旦做保证:"姐你尽管放心,事情就交给弟弟,拉大旗作虎皮,这老东西,无非一只金漆毛粪桶,球毛的故事!"

从歌厅出来,刘峰开车载着闫总,带着几个小弟兄,直奔浦东张杨路上某五星级酒店。作为长包房签约大户,门口保安,总台的服务小姐,客房行李员,基本都认识,穿过酒店大厅时,不断有工作人员跟刘峰打招呼:"刘总好!"刘峰点头笑笑,乘直达电梯上楼。

一进房间，刘峰招呼小弟："去，赶紧给闫总先泡一壶上好的碧螺春。"他探出头，朝走廊左右看看，门重新关上，啪嗒一声朝里面反锁。他们陪闫总玩扑克牌。来上海多年，闫总死活不喜欢搓麻将，嫌时间耗得太久。"一圈下来还不算，四圈打完论输赢，"闫总说，"瞎他妈磨叽。"

打牌只是幌子。反腐大风势头正紧，送卡送现金，已经完全行不通。但上有政策，下有对策。手中一把纸牌，风云变化不断。山穷水尽，柳暗花明。主宾之间步步为营，脸上云淡风轻，彼此心照不宣。刘峰悉数遵照张露电话里的遥控指示，日子很快又过去了一个月。

这两个多月里，张露自己当然没得闲。见缝插针，相机行事。只要能掌控把握的机会，一刻也不放过。孤军深入，与刘峰里应外合。张露说："我还不信，双管齐下，巩固战果，难不成这世上，真有猫不偷腥？"

张露每天一到休日酒店，手头事情三下五除二，抓紧时间安排妥当，接着要到各部门例行巡视检查。重点在后厨。每天都要与陈大佬碰面，简短交流。楼面的繁杂事务，则通通交代给楼面经理刘梅处理。张露心里总觉有点不大放心，那天把刘梅叫到办公室说："最近一段时间，我有重要事情，你多辛苦。"刘梅嘻嘻一笑说："请张总放心，我要感谢张总给我历练成熟的机会呀，不辛苦不辛苦。"张露说："跟刘峰简直天造地设，连讲话的口气，都如出一辙。"接着话题一转，叮嘱道："我若不在，你可以发信息，除非有特别重要事情，电话尽量能少打就少打。"刘梅立马说："明白明白，我办事，请张总一万个放心。"

张露现在每天要往闫总的办公室至少跑一趟。有时上午下午各一趟。装作有意无意。

  闫总的办公室，电梯上来第一间屋子就是。很方便。张露每次来找闫总，自然不是空手道。有时是一张超市购物卡，有时是一张萝莉斯汀的面包券。张露私下里找人打听得到最新可靠消息，闫总的老婆，最喜欢吃萝莉斯汀的枕头面包。卡的金额不大，通常都是一千块。闫总自然要推托，口里佯装埋怨："露露你这是干啥？"张露莞尔一笑，说："闫哥客气啥，我不是大款，多了也拿不出来，但也总想表一表自己的心意嘛。"两个人一推一送，推推送送，张露忍不住扑哧一声笑出声，她说："闫哥，我们是在上演武打折子戏《三岔口》吗？"闫总说："不谋而合，英雄所见略同。"然后笑纳。一切显得顺理成章，自然而然。闫总每回最后都要说一句："下次可不能这样了啊。"抬头再去看张露时，他的脸分明已经风和日丽，偶尔因为张露一句什么无心的话，突然间抚掌大笑。

  对付闫总这样的男人，张露早已经深思熟虑过了，要不动声色，泰然自若；要审时度势，常常需要做机动性调整。比如今天穿什么衣服，明天梳什么发型，每回都要变一变。更多的小心机，体现在丝袜。休日酒店员工在着装方面，有统一规范，女员工上岗，要求穿普通肉色包芯丝连裤袜。去见闫总前，张露临时换成黑色超薄天鹅绒高筒丝袜，俗称"大腿袜"。这种袜子弹力更好，质感绵密细致，透明度极高，触感爽滑，手摸上去，简直跟没穿一样，阳光下看，还带着一点点亚光。穿黑丝一定要配专用吊袜带，才可尽显山水。美国古典模特模仿者，经久不衰脱衣舞娘蒂塔·万提斯，登台时最常见的装扮，最适合闫总口味。再换一身黑色套裙。这是刘峰前几天加班加点刚刚赶制，裙身裁剪极短，腰身收得绝细，臀部裹紧，脚下蹬一双小羊皮黑色尖头全高跟，鞋跟足足有十二厘米。办公室的落地玻璃窗中，出现一个女人，枝柔条嫩，袅袅婷婷。张露试着弯一弯腰，看看角度是否恰到好处，安全第一。看着镜子中的自己，她满意地笑了。想起那天跟刘峰一起请闫总喝大酒，破例叫来几个小姐。其中一个穿了条白色长裙，巴黎三四十年代流行的紧身拖地款式，质地上乘，手感水滑细腻，沿腰线处细细密密缝了一圈假水晶。包房灯光暗淡，这小姐腰间一闪一闪，水漾夺目，闫总登时就两只眼睛发了直。张露给刘峰偷偷使了个眼色。刘峰立马会意，他指挥这位妹妹："去去去，快点过去，坐到我们胖哥哥身边去。"这小姐走过去把闫总的胳膊一搂，笑嘻嘻地说："我最喜欢男人胖，有质感，又安全。"

那一晚，闫总喝得十分尽兴。他忽然说："我喜欢这位白衣妹妹，露露知道为啥？"

张露说："啥？"

闫总满嘴酒气，凑近张露一字一顿地说："女要俏，一身孝，你再看看那些——"他指了指其他小姐，低声说："花红柳绿，漆皮黄瓜瞎打扮，自己不知道多俗气，叫什么知道吧？"

张露笑笑说："什么？"

闫总吐出来一个词："桃羞李让。"

张露"哦"了一声说："我们闫总，还真是腹有诗书气自华。"

刘峰举了一瓶啤酒转过身来追着问："啥啥，你们在说啥？"

张露眼皮翻一翻说："去去去，滚一边去，反正你也听不懂。"

刘峰嘿嘿几声说:"我不懂有啥关系嘛,闫总开心最关键。"递过一根香烟,麻利地帮闫总点上。

闫总跟张露接着聊:"女人穿衣有讲究,一身白,一身黑,黑白永恒色,东方不败。越是简单才越美,万紫千红裹一身,俗不可耐,男人根本不喜欢。"

张露笑笑,没吭声。

闫总吸了口烟,又说:"当然啦,凡事都有前提条件,模子生得玲珑有致,盘靓条顺,穿什么就都好看。"

张露心里骂一句"老帮瓜",她默默记住了闫总的话。

此时看着玻璃中的自己,张露自言自语:"这么快就派上了用场。"

来来回回次数跑得多了,张露跟闫总也越来越惯熟,家长里短,七大姑八大姨,两个人一见面,什么都聊。并不干巴巴呆坐,她在闫总的大班台前来来回回踱步。袅袅娜娜,凌波微步。边走边故意长吁短叹:"还是闫哥的办公室位置好呀,眼界多开阔,不像我那间。"走一会儿,在大班台前一停,背朝主人,半只屁股稍稍一抬,坐到桌沿上。

闫总只觉面前一阵清香,顷刻间天地烟雨朦胧。魅惑背影,吊袜黑丝的优势,此刻作用顿现。黑色超短裙与黑色丝袜之间,小小一节大腿,雪雪白亮。闫总闻到空气中似乎有无锡水蜜桃的味道,他眼睛紧紧一闭,小肚子开始发胀。办公室里寂静无声,两个人一时无语。张露刚才进来,留了道门缝,此刻感受着背后的火辣目光,她无声地笑笑,轻叹一声,从桌沿挪下来,语气娇哆:"哥哥今后,可要多多关照妹妹。"走到对面的皮沙发坐下,身体斜斜一靠。小茶几上有一杯正山小种,茶汤正酽。闫总说:"刚泡好。"张露抿了一口,慢慢咽下,说:"闫哥真是懂得享受。"

三番五次交手过后,闫总终于有些支撑不住。当张露再次出现,闫总说:"露露,你有啥事不妨直说,哥哥我一定倾尽全力。"他笑眯眯盯着张露,神情若有所思。张露今天换了一条高弹丝绒旗袍,纯白一色,近看有同色淡淡花纹,领口袖口与裙角处,还细细密密锁了一圈同色系的蕾丝花边,风姿绰约,尽显妖娆。

"露露到底想说啥,要做啥,你今天给哥哥讲明白。"闫总说,"有啥说啥,只要是我能帮的,一句话。"

张露笑笑,走到闫总身边小声地说:"闫哥,白总其实是早就想请您'一条龙',但他这个人,你知道的呀,死要面子活受罪,他自己不好意思开口嘛。"闫总的面前,出现两个白半球。

不久,关于立体车库的改造,项目审批终于通过,并纳入到酒店明年的拓展规划日程。

那天,由张露出面安排,刘峰作陪,白玉明跟闫总,正式坐到了一起。刚开始,两个男人仍有点"歪脖子坐一桌——谁也看不上谁"。酒是个好东西,推杯换盏,气氛渐渐舒缓。

闫总摸着大肚皮笑眯眯地说:"白总,你我都是明白人,咱也一同共事了这么多年,我就不绕弯子了,我有啥说啥。"

白玉明微微一笑,不答话。

闫总说:"这次这事,你应该好好感谢露露,当代阿庆嫂。"

张露马上说:"哎呀闫总,你意思是不是等于承认,自己就是刁德一啊。"

大家哈哈笑。

张露把自己面前的酒杯倒满，站起来看着闫总说："吃水不忘挖井人，来闫总，妹妹我敬敬你。"说完一仰脖子。喝干。

刘峰紧跟其后，端着酒杯走到闫总跟前说："小弟也敬敬闫哥，来，咱走一个！"

白玉明在一边笑："墙头草见风倒，跟屁虫。"

酒过几巡，言归正传。闫总说："依我看，白总，咱还是按照老规矩，大家也落得个心安理得。"

闫总这话话里有话，张露心中很明白。业内潜规则，各部门小弟小妹，下级一律要给上级"月供"。这叫"抽水"。每月按照实领工资数，扣除一两个百分点，孝敬自家师傅或本部门主管。

闫总话音一落，白玉明先是沉默，接着点了点头。闫总看了张露一眼，照旧笑眯眯一副表情，他自己把面前酒杯满上，举起来对着白玉明说："来白总，预祝我们合作愉快，咱走一个？"

白玉明把杯子端起来说："走一个就走一个。"

张露跟刘峰一左一右，在闫总边上坐着，两个人相视一笑。

"今后所有涉及本部门的业务，"白玉明说，"都按照老规矩来，根据申报审批的资金额总数，酌情留出一个点，算是给闫总的劳务辛苦费。"

张露则趁势加了一条，她说："闫总，日后酒店所有申报审核的部门里面，客房部必须享受优先获批权啊。"

闫总抬起一只手放在大肚皮上摸一摸，看看白玉明说："怎么样白总，阿庆嫂不枉虚名。"

事情虽解决了，但在白玉明心里，其实窝了一肚子火。他总感觉，自己在闫总面前好像矮子放屁，低声下气了一回。但想到无奈的妥协，是为了确保今后可以获取更多共同利益，也只好忍气吞声。

跟闫总握手言欢的第二天,白玉明跑去张露那里,一进办公室的门就骂:"当我是黄鱼脑袋,不就仗着自己是大老板太太的同学么,有啥了不起,拉大旗作虎皮,想想就戳气。"一通连环炮扫射完,拉过一把椅子坐在张露对面又说:"不就是个初中同学,有啥了不起,酒店哪个部门哪块肉,不论肥瘦,他通通都要咬一口,雁过拔毛,册那。"

张露走到门口,探出头朝走廊左右看看,轻轻把门朝里面一锁,转身走到白玉明身边往他大腿上一坐,说:"人为财死,鸟为食亡,没啥不正常,爸爸生啥气,人不为己,天诛地灭嘛。"接着语气一缓,轻言细语,"有钱大家赚,图个天下太平,彼此一团和气,和气才能生财,生啥气呢,爸爸不要生气。"白玉明有点不好意思起来,他抱住张露亲了一记,两个人嬉笑了一阵。

白玉明离开后,张露接到刘峰手机短信:"露露姐,今天是否有空?关于酒店员工的工作服换季制作事宜,找个地方,我们好好聊聊?"

第二章

每年休日酒店的员工工作服,都要新做几套。去年发的还穿在身上,新的又发下来。员工们私下议论,有的说:"衣柜里新工作服攒了一打,送人吧,完全不可能,自己又实在穿不过来,卖也不能卖……"有人打断她问:"卖?去哪里卖?"这人说:

"咦？闲鱼APP呀，一键出售，可惜我们工作服上都印着字的，谁还要？为啥就不能少做几套衣服，多发点奖金？"有人脱口而出："哎哎哎，你脑袋被门挤了是不是？哪家酒店真的是因为员工工服破了烂了才要重新做，好好用脚趾头想一想。"

工作服具体做什么款式，各部门不同。要用什么布料，一年四季不一样。用工作服区分上下级，通常体现在用料与颜色，小范围稍加改动。像张露这样的高管，一般都是量体裁衣。酒店各部门员工加起来，差不多将近六七百号人，单是经理级以上的管理人员，将近百八十人，再加上几位副总，算算看，这可是一笔不小的开支。庙大佛大，佛面刮金，"油头"自然不会少。酒店客房部白玉明那一块，自然也交由张露一并全权操办。每年这几笔灰色收入加起来，除去给财务部闫总上供那一部分，差不多还能占到张露总年薪的三分之一，甚至还要多些。张露与刘峰的合作，一晃已有七个年头。刘峰脑子活泛，张露根本不需多言，彼此间配合默契，可谓珠联璧合。合同通常都一年一签，但每个季度，要再补签一份"补充协议"，主要是针对当年当季的服装市场，布料损耗方面，跟酒店相互挂钩，随行就市。其实就是个噱头，年底财务好平账。这些都是闫总的主意。有一次喝多了酒，闫总趴在张露耳边咬耳朵："妹妹千万别多心，这些无非是走个程序，哥哥我对老板也好有个交代。"张露笑笑说："我心里有数，都听哥哥的，哥哥足智多谋，妹妹跟着你混，总归吃不了亏。"

白玉明在背后给闫总起了个绰号，"笑面虎"。张露觉得名副其实，有过之而无不及。

茂名北路上的"维纳梦露"咖啡馆，是张露跟白玉明的约会定点之一。老板是个三十几岁年轻人,德国留学生。毕业后因为喜欢这座城市,干脆留下来。去年听说结了婚,娶了个上海本地小姑娘。这老板酷爱薄荷,他家有地道自制美式薄荷咖啡,味道殊绝。咖啡馆顶层原本是一间小阁楼,稍加设计改动,现在变成一间玻璃阳光房,里面种满大片大片青薄荷。有一次,请张露跟白玉明上去参观。上海地气浓郁,小老板护理得法,薄荷的叶子长得生机勃勃,好似芋头叶子,眼前大丛大丛的绿色,娇嫩而爽目。

张露赶到"维纳梦露"时,刘峰已经到了有一阵子。

张露刚一坐下,刘峰就招呼服务员过来:"一杯美式薄荷,一杯苏打水,再来一块朗姆酒蛋糕,别的等下再看。"他笑嘻嘻看了张露一眼。

服务员刚转身离开,刘峰从挎包里摸出一个信封。张露小声地说:"实在是卖相算不得俊美,要不然,你小子真好去做面首咪。"信封捏在手里很厚,看也不看,直接塞进小坤包。想当初,刚认识刘峰那时,他无非是休日酒店的一个普通签单客户,年初时押给酒店财务部一张空白支票,年底时一次性结算那种。自打张露调来,刘峰一请客就来找她,出手很阔绰,颇有点山西煤老板的腔势。一桌饭下来动辄大几千块,有时过万,他从来不核对菜单明细,每回都是一句话:"丰俭随意啊露露姐,你看着安排。"一回生,二回熟,时间一长,对方喜好,气息品性,各自暗中掂量琢磨。刘峰与张露渐渐熟络,慢慢也就有了几笔业务往来。再往后,两个人关系愈发融洽,亲密得好似一家人,顺理成章变成长期业务合作伙伴。想到此处,张露低头喝了一口咖啡,说:"你小子,根本就是蓄谋已久,是欲擒故纵。"刘峰嘿嘿几声，他捏着几张什么东西递过来说："姐，这是'金路易'的桑拿贵宾券，你先拿着用。"张露素日里没太多爱好，有时间最喜欢做个精油按压或芳香水疗，金路易她去过一次，贵宾级享受，舒服当然很舒服，但消费实在贵得令人咂舌。张露拿过优惠券扫了一眼说："你小子，莫非长着二郎神的千里眼？"刘峰笑嘻嘻地说："姐，你的好，弟弟我心里都记着。"意味深长又加了一句："这事，就别让刘梅知道了。"

休日酒店的布草清洗这一块，原本一直是由前一任餐饮副总的关系户在做，此人后来被大老板辞退，具体原因不详。有人说他手脚不干净，还企图油水独吞，被匿名举报。时过境迁，万事如烟。张露调来后随便找了个借口，这块业务自然而然就给了刘峰。这个从晋北某偏僻村落里走出来的男人，年纪不大，却已经在上海滩摸爬滚打了十几年。刘峰给自己起了个绰号，"老海漂"。

酒店服装事宜谈妥，刘峰说："姐，今晚我请唱歌，等下我给白总打电话。"说着一停，他看了看张露，说："要不要把财务部闫总也一起请了？"张露鼻子里"哼"了一声说："死猪头，一想到他那肥猪样，我就恶心。"刘峰立马说："那咱就不叫他。"张露说："哎，怎么可能？没有不透风的墙，纸里包不住火，过后这家伙知道了，还以为我们私下里又在搞啥小动作。"

常去的歌厅开在长宁路上，上海书城边上的好乐迪量贩式KTV。到了晚上，刘峰专门叫来一帮弟兄作陪。想到今年下半年的业务进展顺利，心里高兴，刘峰喝得有点多，开始讲个人创业励志故事。

"我刚满十六岁就来上海闯荡，背着一个包，包实在太大。"说着比划,"人小包大,包比人高,各位想想看,里面都装了啥?"

张露说:"啥?"

"各式样衣、服装样板、布料样板、各色布头、卷尺板尺皮尺、针头线脑,一样不落,通通随身携带,天天背身上。"艰难往事,此刻袭上心头,一时情难自抑,他举起一瓶啤酒咕咚咕咚灌了两口,"我简直就是火盆里头栽牡丹!"

闫总问:"此话怎讲?"

"不知死活呀我的哥哥!"刘峰抹抹嘴说,"仗着当时年轻,初生牛犊不怕虎,一家一家上门,冷嘲热讽闭门羹,白眼吃尽。"语气忽然一低,"庙门高深,哪里想到服装行业暗礁险滩,机关重重,经验严重不足,简直是远路人蹚近水,现在想来也怨不得别人。"

张露说:"喝多了,刘梅不在,你小子一开口就跑题。"

刘峰摇摇头说:"拎着猪头找不到庙门,方向不对,横竖进不去。"举起啤酒猛灌几口,边喝边洒,胸前湿了一大片,咳嗽起来。

白玉明骂道:"瞎激动啥。"

"曲径通幽处,禅房花木深,"刘峰的情绪稍稍平缓,嘻嘻一笑说,"哈利路亚,感谢上帝,时间一长,功夫不负有心人,现在想来,真是戴着眼镜掀锅盖。"

张露说:"傻人有傻福。"

白玉明笑笑说:"小子酒一多,嘴皮子倒利索。"

闫总的神情若有所思。

"做服装这行,讲究门道。"刘峰又冒出一句。

"要拜码头先……"张露扭头看着闫总说。

刘峰忽然站起来,酒杯高举,盯着白玉明说:"白总,小弟这辈子都忘不了你的大恩大德,要不是你。"

白玉明立马笑着摆一摆手,说:"自家兄弟,说这些有啥意思,喝酒喝酒,你们山西人喝酒真是厉害。"

闫总"嗯"一声。

张露瞪了白玉明一眼,不满地"哼"一声。

白玉明立马伸出右手在脑门上拍了一记说:"哎呀要死,我忘记了!"

在座三位,刘峰来自朔州地区,张露太原人,闫总的老家,在山西吕梁。

张露拿腔拿调道:"大老板的太太,也是山西人,有些人千万不要忘记,开口闭口你们我们,想说YP是不是?"

白玉明想办法打圆场道:"谁不说俺家乡好,山西好呀,山西多少好,我去过几次,大同云冈石窟,祁县乔家大院,黄河壶口瀑布,我还去过五台山,五爷庙专门祭拜,香烟缭绕,气势恢宏,完全赛过静安寺。"

张露小腰一拧,望着别处说:"哎哟哟,真真看不出,白总对我们山西,倒比我这正宗山西人,还要了解得多咪。"她把头故意往闫总肩头一歪,"对吧闫哥?"

有人躲在边上嗤嗤嗤嗤笑。

黑暗中,白玉明的手悄悄滑到茶几下,一路探寻摸索,拉过张露的手,紧紧一握,张露胳膊一甩,那只手滑到她小腿上轻轻拍了拍。

看见刘峰正在给闫总倒酒,张露大声地说:"刘峰,你快点敬白总呀,闫总是咱自家人,没关系,可千万别丢了我们山西人的面子!"

刘峰带来的那几个小兄弟,纷纷站起来,面前一溜直桶口杯通通倒满,盯着刘峰看。

刘峰忽然不言语了,他看着大家,立定不动。

张露抬头问:"干吗,你小子喝酒需要运气?"

刘峰突然喊一嗓子:"古有桃园三结义,今有烟酒不分离。"

那几个弟兄齐声附和:"不——分——离。"

一仰脖子,几个人一起干了。

闫总笑眯眯地说:"架势不错,快赶得上'三句半'了。"

面前空酒杯再次满上,刘峰回转身说:"来白总,兄弟的心意,一切在酒里,要不是你。"

白玉明立马摆了摆手。

刘峰一仰脖子,已经干了。

酒杯又满上,刘峰抬手在胸脯上"啪"一拍,说:"来,闫哥,今后有啥需要小弟效劳,随时吩咐。"

不等闫总开口,刘峰脖子一仰,又干了。这样一连干了五六杯。

张露抓拍了几张照片,微信上发给刘梅说:"喝酒穿皮袄——里外发烧。"

刘梅一直没反应。

白玉明那晚只附和着干了一杯,见刘峰口齿凌乱,词不搭句,他拍拍刘峰的肩头说:"小赤佬,你先坐下先坐下,不要总是一喝酒就哇啦哇啦乱嚷嚷,阵势大过酒量。"

闫总笑着说:"我们老家管这种人,叫'瞎咋呼',雷声大,雨点小。"

白玉明招呼另外几个小弟,大家重新坐好。

"酒要微醺,花赏半开,"白玉明拍着刘峰的肩头说,"这才是享受,你总这样喝酒,完全自找难受。"

张露嘴巴一撇,阴阳怪气道:"咋?我们山西人就这喝法,爽气。"

闫总小眼一眯,笑而不语。

白玉明想去拉张露,她往椅子背后一靠,那只手停在半空中。刘峰嘿嘿嘿嘿傻笑,白玉明抬手在他后脑勺上拍了一记,骂道:"笑你个大头啊。"

每逢宴请,非张露本人许可,刘峰从来不敢叫小姐。用刘梅的话讲,"仔细你的皮。"点歌公主也一并劝退。想唱歌,自己动手。一帮男人变绅士,围绕着张露,众星捧月。

"露露姐,"刘峰说,"你做酒店管理这么多年,有趣故事一定不少,讲讲好吧。"

大家立马附和:"对对对,讲讲,张总给讲讲。"

张露故意卖关子,发嗲,她借了酒劲儿说:"哎呀,我嘴巴里觉得苦,我胃里好烧,烫得难受,我大概是酒吃多了。"说着扫了一眼白玉明,"我现在最最想吃一个甜筒。"

闫总在一边跟着鹦鹉学舌:"哎呀,我被张总传染,胃口也烧得很,不舒服,也想吃那个什么筒。"

白玉明摇摇头,笑着站起来。

张露说:"我要吃冰雪皇后。"又加一句:"巧克力加榛子,别的味道我可不吃。"

刘峰举起大拇指在眼前摇来晃去,对着白玉明的背影大声地喊一句:"白总千万别买错,巧克力冰雪皇后啊!"

大家哈哈笑作一团。

张露蛮腰一扭,轻轻地"哼"了一声。

"好,山西女人。"闫总问张露,"现在开始讲讲?"

刘峰回过神来:"对对,露露姐讲讲。"

"女人最好是不要喝酒。"张露说,"女人喝多太恐怖。"

刘峰问:"咋恐怖?婵娟变老虎?"

张露说:"女人喝多者常见,但花样绝不雷同。"

刘峰说:"老虎要吃人?"

张露说:"胡说八道话痨,这算是好的,千年委屈万年恨,坐在边上那位,就比较惨。"

有人插了一嘴:"咋个惨?"

张露说:"有的女人一喝多,鼻涕一把泪一把,胸脯蹭满,肩头拍便,抹得到处。"

"啧啧啧。"刘峰嘴巴一撇道,"真要命。"

闫总在旁边忍不住说:"你小子,能不能安静一会儿?"

"更有的女人,喝多撒酒疯,"张露说,"有谁本来是想上来扶她,反嘴就是一口,接着手脚并用,抓挠挖咬齐上阵。"

大家哈哈爆笑。

"这是要咬谁?"白玉明举着两杯冰激凌,恰好推开包房的门。

"速度赛刘翔啊,白总。"刘峰逗趣道。

张露接过冰激凌小小地咬了一口,并不看白玉明,继续说:"女人喝多,我记忆最深刻,要数脱衣服。"

"好,这个好。"白玉明紧挨张露坐下。

"绝非脱衣舞娘那般美好，妩媚动人，完全谈不上。"张露舔一口冰激凌说，"女人一路狂奔，边奔边大声嚷嚷，这就开始脱衣服，朋友跟在身后一路追，紧跑慢赶，已经脱剩比基尼了。"

刘峰笑嘻嘻地说："身材……"

张露说："下作。"

闫总笑眯眯地来一句："生猛。"

刘峰又说："姐，文化人喝酒，应该文明得多吧？"

张露摇了摇头说："那可未必。"

"早前在北京工作，我有一个朋友，"张露说，"常来酒店，是个诗人，据说写诗写了几十年，有一次，诗人忽然半夜三更打电话，要提前预订酒店的宴会大厅，说要举办一场中秋节全国诗人邀请大会。"

"哦，"刘峰恍然道，"举头望明月，低头思故乡。"

白玉明在边上笑着摇摇头。

张露说："中秋节那晚，一下子来了近两百号人，大厅里满满当当，挤得水泄不通，场面闹猛。"

刘峰"咦"了一声说："这年头，还真有那么多诗人？"

白玉明扭头瞪一眼，刘峰噤了口。

"这位诗人，"张露说，"首先连干三大杯，说是要尽地主之谊，瞬间震翻全场。"

"白的啤的？"刘峰边上一个小兄弟终于没忍住。

"当然是白酒，山西人。"张露语气不屑，扭头瞥了白玉明一眼说，"没想到，夜入深更，不断有人给我打电话诉苦。"

闫总笑眯眯地说："酒壮怂人胆。"

刘峰刚哈哈两声，白玉明抬手给了他一拳。

张露说:"据别人讲,诗人整宿不睡,上下左右,满楼层乱蹿,房间挨着拍遍,更可笑是最后。"自己憋不住,"噗嗤"一下笑出声。

闫总说:"荤段子来了。"

刘峰嘴皮子动动,扭头看看白玉明。

"这位诗人,"张露说,"酒喝那么多,却能清楚地记得在座某位女诗人的门牌号,怪不怪?他究竟是真醉假醉,我一时也糊涂了。"

白玉明悠悠吐出一串烟圈,说:"装。"

张露说:"那一夜,这朋友在女诗人房门前不走,敲门敲门,敲了一夜。"

白玉明说:"没开?"

"后来据女诗人讲,"张露笑着说,"这哥们儿当时只穿着小裤头,高弹莫代尔。"

刘峰说:"看那么清楚?泉水叮叮咚。"

闫总嗯一声说:"老司机。"

大家哈哈。只有白玉明默不作声。

张露说:"一米八几的男人,近两百斤重,你们想想。"

白玉明开了口:"山西人结棍,山西诗人更加结棍,喝多了酒的诗人,最最结棍。"

张露柳眉一挑,说:"结棍结棍,结你个大头棍啊。"

刘峰趁机问:"然后呢然后呢?"

"第二天吃早饭,"张露说,"全体大集合,这诗人自然也到了,他总感觉大家眼神异样,可又说不出为什么,自己不好意思问,纳闷。"

大家又哈哈一阵。

"在座各位,人人低头吃饭,窃窃耳语,表情愈发诡异。"张露笑起来,"我后来问过这位诗人,昨晚之事,真一点也不记得?他摇摇头,一脸茫然,什么也不记得,不是装,完全断片短路。"

大家笑得前仰后合。

时间飞转,不觉间已至深夜。张露说:"不早了,明天该上班上班,该工作工作,今晚就到这里。"

大家纷纷起身。

刘峰麻利地奔收银台去了。

白玉明跟闫总先去开车,KTV大门前,张露独自站着。一阵风吹,不由浑身哆嗦,张露把外衣领子竖起来紧了紧。

刘峰买完单出来,凑过来跟张露咬耳朵。

"姐,"刘峰说,"去年此时,量身定做的那两套西式小礼服,还喜欢吧?今年要不换换样式,弄两套中式旗袍?时下最流行的款式,张爱玲笔下,玲珑女子都喜欢穿旗袍,美人们一个一个,带着那只'小开衩',向前进向前进,跑向另外一个喜怒哀乐新世界。"说着语气一转,"露露姐蛮腰盈盈一握,线条曼妙,这样美好的身材,要是穿上由我亲手缝制的旗袍,啧啧啧,想想已经醉了……"他的语气夸张起来,"香风阵阵,面前一步三摇,男人再怎么固若金汤,也要缴枪不杀,更何况一个闫总?"

张露笑着骂:"三片子嘴,茶壶掉了壶把子。"

刘峰说:"姐说啥壶?"

张露嘴上责骂,心中欢喜,刘峰的话让她浑身舒坦:"摇摇摇,摇你个大头儿子小头鬼,啥时候变文学青年了,开口闭口张爱玲，跟你很熟？当心回家刘梅收拾。"

两个人正嬉笑，闫总的车开过来，喇叭嘟嘟响了两记，一脚油门，眨眼就不见了。

白玉明的车紧跟过来，看见刘峰跟张露站在台阶上聊得热闹，突然不耐烦，他探出头说："哎哎哎，聊了一个晚上，还没有聊够？"

刘峰吐吐舌头，跟张露道别，从白玉明车头前经过时，一个立定，举起右手敬礼，又连鞠几躬，转身摇晃着走了。

第三章

回忆是桥，记忆不老。人生悲苦，画地为牢。张露不禁想起很久以前，曾看过一部爱情喜剧电影《杯酒人生》。一部上世纪九十年代，由亚历山大·佩恩自编自导，在美国独立电影界颇为引人关注的老片子。办公室墙上的挂钟，每隔半点报时，一只公鸡从笼子里探出头，伸长脖子喔喔喔。距离正式上岗，还有半个钟头。张露换好工作服，冲一杯铁观音，坐在大班椅里继续发呆。思绪飘得太远，一下子收不回来，手机突然铃声大震。低头看，前夫陈建宝又发来一条手机短信："真爱永恒，为了你，我可以与全世界为敌。"张露眉头一皱，骂道："真他妈病得不轻。"随手删除。捏着手机，不禁有些恍惚，她不停地问自己："我真的结过婚，又离了婚？"前夫陈建宝隔三差五发来手机短信，提醒这一切。张露苦笑着叹息一声，自言自语道："莫名其妙就过了河，黄花闺女变二老板喽。"

记得刚一结婚，张露就从妈妈家搬出来，跟陈建宝单过。倒也真心快乐了一阵。他们住进陈建宝太婆留下的一套老房子。上世纪五六十年代的老式公寓楼。妈妈先前已经侦察过，回来后跟张露说："房子老是老了些，但地段好呀。"进一步强调："将来总归要拆，你也不吃亏，我是你妈，眼光不会错。"跟陈建宝的关系正式敲定以后，张露去看房子。"小高层，江苏路134弄，虽说临街，但是最后一个单元，并不觉得吵。"陈建宝说，"关键是靠近曹家渡，你喜欢逛静安寺，方便多了呀。"张露没吭声。

有一次陈建宝请喝咖啡。张露说："就去静安寺吧，乘地铁方便，我顺道去久光百货逛逛。"两个人乘二号线到静安寺站出来，往久光百货方向走。这短短一段通道，超市花店便利店，咖啡店面包屋，大小食肆，一家紧挨着一家，各种美食琳琅满目。张露跟陈建宝在一家开放式咖吧找了个靠边的位子坐下。恰逢晚饭时间，人很多，喧嚣嘈杂，熙熙攘攘，陈建宝嘴巴一撇说："中国人就喜欢凑热闹，到底有几个是真正来消费的？瞎他妈挤。"张露没吭声。陈建宝又说："商场超市，饭店咖啡屋，只要人多，我通通都不喜欢，人挤人，烦死。"张露眉头微微一蹙，滑出一句话："居徒四壁，也只能闷屋子里造梦。"陈建宝意识到了什么，他语气一转，笑嘻嘻地说："只要你喜欢，我愿意来呀。"张露顿时没了心情，她站起来说："走吧。"陈建宝一愣，说："咖啡还没喝完……"张露眼角的余光中，陈建宝端起自己喝剩的那半杯咖啡，咕咚咕咚两大口，又飞快地抓起桌边一叠纸巾，还捎带了糖罐里几袋白砂糖，迅速揣进裤兜。张露绷着脸低头快走，一阵厌恶，心倏地一沉，有个声音在头顶上滚滚传来：

"一切都是宿命，不认命，就要拼命，还是认了吧。"

订婚后，张露遵照妈妈的指示，一有空就跟着陈建宝去婚房。小区大门临街。一抬头，保安问："介位漂亮妹妹是？"天津人。陈建宝笑嘻嘻地说："我媳妇，我们马上要结婚咪。"张露脸一红，低头匆匆往里走。听见保安在身后说："介闺女长得，啧啧啧啧，多尊哪。"陈建宝昂首挺胸大踏步，一米七不到的个头，似乎瞬间被拔高了很多。

房子在六楼，没有电梯，两个人一层一层往上爬。老式水泥砂浆台阶，年代久远，很多边沿已残缺破损，鞋底踏在上面，嚓嚓嚓嚓响。三楼转角处，张露稍不留神，脚一滑，哎呀一声。陈建宝反应迅速，一只胳膊下意识一挡，她已经半跪下去。陈建宝眉头一皱说："当心点呀！高跟鞋以后尽量少穿。"张露没吱声，把那只崴了的脚使劲儿蹬了几蹬，脚脖子来回转一转。陈建宝问："还能走吧？严重不严重？"张露绷着脸闷声不响，一瘸一拐。

楼道里到处堆放各住家的生活废弃物。生锈自行车，破洞藤椅，三条腿的矮脚板凳。五楼跟六楼的转弯处，贴墙角立着一只老式壁橱，一人多高，掉了半扇门，里面七零八碎，尽显山水。褪色塑料盆，豁边的一摞碗，磕了瓷的坐式痰盂，小人儿玩具车，塞得盈箱溢箧。壁橱里外上下，蒙了厚厚一层灰，经过时必须侧着走，稍不注意就蹭一身。陈建宝咳嗽着骂骂咧咧。张露始终沉默。好不容易到了603门口，陈建宝一手扶着墙，扭头看看张露，呼哧呼哧直喘，说："总算到了。"掏钥匙开门。三十多平米的老一室户，没有客厅，进门就是厨房，厕所里勉强站得下两个人。"这里，"陈建宝伸手比划着说，"还有这里，原来的墙体

全部敲掉，变成一个空间，宽敞。"张露不出声，站在门口不动，她想："卫生间这么点大，放一台洗衣机，进不来人。"陈建宝得不到响应，返回来拉了拉张露说："来呀来呀，进来呀，傻愣着干吗？"张露跟着走到里面。

阳台的窗户，正对着一家快捷酒店的大门，不时有住客拎了大包小袋，出出进进。"生意不错嘛，"陈建宝在张露耳边说，"我们也可以偶尔进去住住……"张露往边上一躲，不耐烦地说："吃饱了。"

对面一排一排客房的窗子，有的大敞着，张露看见一个男人。房间的窗帘没拉，男人只穿了小裤头，在房间里来来回回走，一只手放耳边，像是在打电话。张露转头往另一边看，是一家私办幼儿园，不时传来孩子的嬉笑打闹声，站在这里可以清楚地看见，有个小孩正躺在地上手脚挥舞，尖声地嚎哭，忽觉头皮一阵发紧，轻轻地叹了一口气，不知怎么想到希区柯克导演的《后窗》，她不禁笑了。陈建宝悄悄凑过来，从背后拦腰一搂，小声地说："等我们有了小孩……"张露立马说："你有完没完？"陈建宝一愣，讪讪地笑笑，岔开话题道："到你们休日，出门就是公交车，三站路，方便吧。"张露站在原地没动，心里莫名一阵失落。陈建宝的手慢慢上移，小心试探，停在她胸前，握住两只小鸽子，轻轻揉捏。张露本能地微微一抖。

婚房的平面布局效果图确定下来以后，由陈建宝的妈妈全面负责装修施工。水电线路改造、拆砸面墙、吊顶处理、地板翻新、门窗更换、下水排污、橱柜洁具、厨卫墙地砖，只要能想到的地方，通通拆除，整间屋子焕然一新。张露的生活，也在这场无奈且纠结的婚姻中，提线木偶般，彻底被改变了。

张露终于不再跟妈妈同住，兴奋了几天。双人藤绷大床，躺下去，弹几弹。"舒服吧。"陈建宝说。让张露最舒心的，其实是摆脱，虽说只限于形式，但有时又觉得，自己这样的思想很不好，偶尔在"这算不算是大不孝"的痛苦漩涡之中挣扎，再想到终于有了属于自己的小窝，她还是满心欢喜。只可惜，小鱼锅中游——好景不长。上海老式公房最大的弊病，是邻里之间不隔音。有好事之徒，耳朵贴紧墙壁，或找一张硬纸片卷成听筒，放在耳朵与墙之间，来回慢慢调整，找个最合适的角度。隔墙吹喇叭。人影不见，完全靠声音。只言片语，想象竭尽可能，脑海中自编自导生活情景，日新月异。张露家隔壁，住着一个老太婆，八十多岁了，行动不便。白天坐在一把电动轮椅里昏昏欲睡，一到晚上，人异常清醒。老太婆腿脚不好，耳朵出奇灵。有细微响动，她马上敲墙。白天时，各种声音相互干扰，老太婆敲墙感受不明显，没人注意。声音的掩蔽效应。月上中天，更深夜阑，张露的耳朵里像装了一面鼓。老太婆的床头，永远放着一根不锈钢龙头拐杖。敲敲敲敲。咣咣咣，咚咚咚。月夕花朝，良辰美景，张露家的藤绷床总要有响声，无论怎么小心，无济于事。陈建宝刚刚开始做事，老太婆开始敲。咯吱咯吱，咣咣咣咣，咯吱咯吱，咣咣咣咣。他们只好改做"地面运动"，靠床边地板，铺张席子对付。张露大气不敢出，才哼哼一声，陈建宝立马"嘘——"手指竖唇边做禁止手势，她于是牙关紧咬，实在憋不住，就抓过枕巾捂嘴。时间一长，情趣变受刑，生活变得索然无味。

一想到床上事情，张露心里有种怨恨。说"恨"似乎不准确，确切地讲应该是无奈。想起初初结婚那时，陈建宝还顾及一些自己的感受，尽可能动作轻柔，遇到她心情不好，也懂得仔细安慰。但这种状态并没坚持多久。老太婆敲墙，给陈建宝找到一个下台阶的绝佳理由。地板运动到后来速战速决，三下五去二，分分钟结束。张露常常身体还没反应，那边已经鸣金收兵。"省时省力嘛，"陈建宝四仰八叉瘫倒在地，轻描淡写地说，"要不然，老太婆又要敲。"渐渐就养成习惯，回回不超过两分钟。张露胸闷心烦，觉得自己完全不被尊重，有次她狠狠踹了陈建宝一脚说："在你眼里，我还不如妓女。"陈建宝不耐烦地说："快睡快睡。"隔壁老太婆已经开始敲了。陈建宝天天要做地板运动，张露没兴趣，身体没反应，一动不动随便他折腾，陈建宝渐渐牢骚满腹，他说："天天娶新娘，夜夜做新郎，这是人生最大享受，你配合一下行不行？"张露闭着眼一声不吭，她有时也跟陈建宝闹，但根本没用。陈建宝最后总是一句："你是我老婆，你有这个义务！不然我结婚图什么？"张露就骂："你是头发情的驴！以为是配种？"忍无可忍，两个人大闹一通，方式殊绝。张露不喜欢吵，采取肢体动作，踢或是踹。盆子、碗或者茶壶，床头边矮脚板凳，反正有什么踢什么。咣当一脚。咚咚，老太婆敲一记。咣当又一脚。咚咚，老头婆再敲。陈建宝也踹也踢，两个人踢踢踹踹一通，老太婆伴奏。卧室地板上，永远躺着一把大铝壶，壶盖常常扭曲变形，浑身坑洼无法再用时，陈建宝买一把新的回来换上。

想到此处，张露悲伤难抑，白玉明的笑脸一闪，她不由又笑了。有人敲办公室的门。咚咚，咚咚咚。张露的思绪慢慢拉回来。敲门的是楼面经理刘梅。刘峰的老婆。门推开一半，露出笑嘻嘻一张脸。"露露姐，"刘梅说，"我先下去做餐前准备，你有事随时呼我。"张露点点头。刘梅轻手轻脚关门。张露百感交杂，眼前一片模糊。

张露想起住在江苏路那时，隔壁老太婆随时监督，敲墙成了一种固定模式。陈建宝不但丝毫没有受挫，反倒越战越勇，经常临阵磨枪，冷不丁就要子弹扫射一梭。当然回回都不曾超过两分钟。张露吵闹抗议到无奈接受，最后麻木，变成陈建宝口中的一条死鱼。不知从什么时候开始，陈建宝做地板运动的时间，开始独辟蹊径。永远在后半夜。张露才睡熟，他悄悄摸上床，亢奋激昂，像刚刚打了鸡血。张露一直相信，人世间男女情事，上帝眼底尽收。物极必反，矫枉过正。她发现，陈建宝的性功能日益在衰退，做事频率却逐日上升，像跟自己较劲，只可惜，小虾米游西湖，常常还没望到岸，气数已尽。陈建宝喘着粗气趴在边上，心有不甘地说："你他妈就不能动一动？一点不配合，还不如条死鱼！"张露眼睛紧闭，一动不动，脑海中白玉明默默含笑，她想念他那双手。

仔细回忆跟白玉明在咖啡店约会情景。靠窗的角落，是白玉明习惯的位置，两个人面对面，聊得云开风高。其实是他一个人演说。生活中，白玉明并不擅长滔滔不绝，张露报以微笑，大多时候睁大眼睛静静地听。初次见面便印象深刻，他的样子叫她着迷，不知不觉走进小伏迎去。他慢悠悠一句一句，她的心底有一个声音不请自来，终于忍不住脱口而出："爸爸。"一喊完立马就后悔，脸一红，头低下去。"爸爸？爸爸怎么？"白玉明满眼疑惑地问。"哦我……"迟疑一下，张露低低地说，"我其实没见过爸爸，我一直就没有爸爸，甚至从来没有机会，喊一声爸爸……"她的声音越来越低，越来越低，在宽大的沙发里缩成一团。白玉明一愣,这情况倒让他始料不及,看看张露,点点头想说什么,她猛一抬头,他的目光里有疼惜,没出声。张露的脸通红,看了白玉明一眼说:"那,以后,私下里,我可以叫爸爸么……"

白玉明笑笑说:"叫爷吧,叫爷好,嗲的。"

张露瞪大眼睛说:"我要叫爸爸,我从小就没有叫过爸爸。"

面前一张实木雕刻茶几,嵌入式玻璃水缸里蓄满清水,一尾一尾小鱼,正缓缓地游来游去。张露说:"下辈子,我要变条鱼。"白玉明抓过张露一只手放在嘴边深深吻了一记,轻轻地说:"好好好,宝宝愿意怎么叫,叫什么都行,只要你开心。"茶几上摆着各种小食:茶瓜子、芒果干、巧克力味道的爆米花,香味鼓鼓囊囊,丝丝缕缕穿过白玉明的手,在张露的颈间游来荡去,她的身体微微一阵颤抖,感觉一股清泉从深处汩汩而出。她喜欢这双手……

俗话说"男靠吃,女靠睡"。结婚后,张露身心俱疲,下班一想到要回江苏路,就备感煎熬。越来越心烦气躁,她跟陈建宝说:"你应该到隔壁去,你跟老太婆是一个部队,根本不需要睡觉。"陈建宝一点都不生气,嬉皮笑脸地说:"我是午夜敲门的影子。"生活就这样浑浑噩噩,一天一天掰着指头数数。刘梅有一次逗张露,她说:"露露姐,怎么一结婚,芙蓉面孔变腌菜了呀?"说着吐吐舌头,"悠着点,细水长流,慢慢享受嘛……"张露有苦难言。慢慢的,她发现自己的脾气越来越坏,动不动就想发火。无名怒火常常莫名腾地一下蹿上来,把自己也吓一跳。莫非是更年期提前了二十年?坏情绪难免带到工作里,有时跟白玉明才坐下好好没说几句,张露就哇啦哇啦,牢骚满腹。每当此时,白玉明总微笑沉默,吸烟喝茶,任由她发脾气。等张露心情稍微平复,白玉明又耐着性子好言规劝。他把她拥在怀里,指一指办公室的落地玻璃,说:"宝宝自己照照,这个女孩好不好看?"张露不好意思地笑了。曾经有那么一段时间,中餐厅的小弟小妹,一看见张露,人人好像老鼠撞见猫,黄花鱼溜边走,能躲就躲,能逃就逃。刘梅似乎也察觉出空气中的火药味,不知道哪句话没说好,张露要炸,也不敢随便开玩笑了。现在回头想想,不禁舒了一口气,张露心中欣慰,她暗暗地祈祷:"感谢上帝,让我遇见白玉明。"只要心情不好时,张露就习惯想到白玉明,他告诉她:"女孩子不能总发脾气,上帝知道了不开心。"心情真就变得轻松愉悦了许多。但这愉悦的背后,偶尔总觉有隐隐的失落。张露最近经常会做同一个奇怪的梦,梦中白玉明笑眯眯望着自己,慢慢走来,她欢笑着奔向他,他却目不斜视,头也不回地走了……醒来后,张露半天缓不过神,她分不清真假,眼角有泪痕分明。

日往月来,时光穿梭。有天张露去上班,一出门,隔壁老太婆坐在电动轮椅里,守在六楼的楼梯口,呼哧呼哧睡得正酣。张露忽然发现,老太婆的脚边,卧着一只猫。以前像是没见过?这猫肥头大耳,浑身雪白,只在脑门处有三小撮黑毛,像有人用毛笔戳了三下。这猫叫起来特别,声音起伏异乎寻常。别的猫叫,都喵喵喵喵,这只猫从来不喵喵。有次看见张露,它哇噢一声,张露后背立马沁出一层冷汗。吃晚饭时,跟陈建宝闲聊,张露说:"不会是钟馗变的吧?"陈建宝说:"我看倒是像张飞。"从此,张露就管隔壁老太婆的猫叫"钟馗"。

钟馗跟老太婆的作息时间完全一致。老太婆睡觉,钟馗就睡觉。老太婆清醒，钟馗一双眼珠滴溜乱转，黑暗中泛出荧荧绿光。张露想起曾经看过的一部恐怖电影《卫斯理之老猫》，故事讲一只老猫，年逾六旬，精神好得出奇。老太婆夜里再敲墙时，就多了钟馗的嘶吼声附和。咚咚，哇噢。咣咣，哇噢。魔都深夜，鬼魅味道愈显厚重，钟馗的叫声恐怖而凄厉。张露的睡眠质量越来越糟糕，常常失眠，她的耳边总感觉充斥着各种猫叫，躺床上辗转反侧，脑海中不断出现《摩尔庄园》里的"幽森城堡"。长期休息不好，精神状态每况愈下，整天萎靡不振，人也一下子衰老许多。白玉明看在眼里，可一时又不知该如何是好。

刚回上海的那几年，一直有人给张露介绍男朋友，可妈妈一个相不中。张露其实一个都没打过照面，根本就轮不到她。在妈妈那里，大多已经被 pass 掉了，直到这个陈建宝，竟一路过关斩将，最后莫名其妙成了她的丈夫。这事外人听起来，简直莫名其妙，张露自己也觉得不可思议。不熟悉的人，还以为她在说书编故事。白玉明说："一切皆由天定，上帝自有安排。"

陈建宝是妈妈在太原工作时，同校一个相交甚好老师的侄子，这老师后来也调回上海。关系听上去七拐八绕，偏偏妈妈动了心，决定替女儿相亲。

陈建宝在松江某 IT 公司上班，朝九晚无，苦逼小白领，一年到头加班加班，下班从没准时。妈妈却觉得非常合适，她说："加班好呀，天天加班，男人业余时间充分被占用，排得满满当当，外面不会搞花头，没时间了呀！"

张露不吭声。

妈妈又说："女人找男人，结婚图啥？省心踏实，过日子呀！"

妈妈详细了解男方具体家庭情况。父母职业？收入水平？居住地段？工作环境？性格爱好？甚至上海本地是否还有亲戚，是否有家族遗传病史，事无巨细，通通查了个底朝天。而所有这些，张露根本无从知晓，她也没必要知道，妈妈说："你只管做甩手掌柜，踏踏实实等着做新娘就好。"考察告一段落，妈妈给介绍人打电话，要求与陈建宝的父母做进一步接触，便于双方深入了解。张露没结婚前，妈妈永远随身携带着她的照片。生活照工作照艺术照，小到一寸，大到八寸，黑白彩色，复古新潮，通通随身携带。不论何时何地，只要有人表现出一点兴趣，妈妈立马抽一张出来，说："喏，我女儿，想怎么看怎么看，本人可比照片更漂亮。"

据说陈建宝对张露一见钟情。妈妈征求本人意见，他把照片捏在手里，远观近看，端高举低，瞅了再瞅，瞧了又瞧，恨不得能从照片里搓出一个活人。别人正讲话，陈建宝站到窗边，迎着太阳，仔细地观察照片背景，忽然奔进书房。书桌上有一台验钞机，夏天用来吸引蚊蝇用的，紫光灯啪一声打开，照片放上去。翻来倒去照了一阵，陈建宝走出来说："嗯，我干这行，绝对可以断定，照片一点没有被 PS 过。"说完点点头，表情严肃。陈建宝的父母正跟张露妈妈闲聊，边上坐着介绍人，几个人一听这话，面面相觑，不明所以。但陈家妈妈有一点心里明白，儿子喜欢照片中这女孩，她笑着说："建宝说好，那就是好，儿子满意，我们没有意见。"张露本人的大致情况，介绍人之前已经介绍得差不多了，陈建宝妈妈说："是不是可以安排一个合适的时间，见见本人？"张露妈妈先是沉默，接着淡淡地说："依我的意思，还是先侧面见见，不要搞突然袭击。"陈建宝立马表态："我一切都听张家妈妈安排。"大家意见统一，说走就走，一行人搭乘两辆出租车，来到休日酒店斜对面，十字路口不远处是一家新开的咖啡馆，找个靠窗的位子坐下，每人点了一杯卡布奇诺，从午后一直坐到暮色四合。

所有这些细节，都是很久以后有一次闲聊，妈妈当笑话讲给张露听的。像是在讲别人的故事，妈妈不时哈哈大笑，张露的心底阵阵冰冷。胸中悲凉，她一言不发听完，心里明白，只要稍微提出疑问，或表示出一丝反对意见，妈妈立马要搬出同样话题——"这些年，啊，我受了多少苦，我苦头吃尽，要不是为了你……"通常一说到此处，便开始鼻涕一把泪一把，愤恨满怀，怨尤深似海，一肚皮的不如意，仿佛全世界都欠了她。每当脑海中闪现这一幕，张露的眼前会迅速跳出祥林嫂镜头："我真傻，真的，我只知道冬天才会有狼……"所以干脆就由着妈妈一个人讲，讲讲笑笑停停，接着继续。张露永远沉默，面无表情。这种交流方式，早已历练为一种习惯，于她而言，其实是更深刻的捶打与撞击，刻着妈妈的烙印。无奈宣泄，驯顺者的悲哀，让张露常常感觉无话可说。她有次趴在白玉明怀里，把妈妈的话一字不落转述，他叹息一声，说："父母是子女的宿命，其实家家如此，烦心事一团乱麻，外人看不见，也说不清，既然无可选择，又无处可逃，不如干脆迎面而上，一声不响最厉害，自己心里要明白，想得开，也就不那么伤心。这是自我保护最好的途径……"

记忆中，童年是张露人生画卷中无法丰盈的月亮。永远豁着口。别人家小孩牙牙学语，发出的第一个词是"妈妈、爸爸"，她从来不知"爸爸"为何物。对于这个称谓，一没印象，二没感觉，也从来没机会叫。上小学三四年级，张露依稀记得那是学校寒假前的最后一天，班主任拿着一沓试卷走进教室，站在讲台说："大家要向张露学习，每回考试得满分，门门功课年级前三名，不像有的人。"老师杏眼一瞪，目光中唰唰射出两道剑，横扫一圈说："每回考试，总有同学要让老师叫家长，自己不脸红？春节还能不能过？好意思？"张露身后，立马有同学嗤之以鼻，小声地说："满分有啥了不起，考再多满分有啥用？能考来一个爸爸？切！"有人咪咪咪咪笑着说："丫头片子，黄毛杂种。"讲台上啪的一声，黑板擦裂成两半，班主任大声呵斥："谁？谁在讲话？站起来！"教室里一下子静下来。张露的脸一阵滚烫，她努力挺直身体，双唇紧咬，一言不发，头都不扭一下，眼眶里有东西慢慢涌上来。闷闷不乐回到家，没跟妈妈汇报成绩，平日自己最爱吃的红烧肉，看也不看，回里屋把自己关起来。妈妈跟进去，摸摸她的头说："囡囡不舒服？"张露头一歪，嘴唇动了动，她抬头望着妈妈欲言又止，耳边一直萦绕着一个词——"黄毛杂种"。张露不由回想起四五岁时，跟妈妈住在太原的那段日子。

那是北方的一座城市，她们住在学校大院。隔壁邻居家有个男孩，比张露大三四岁，喜欢叫她"黄毛杂种"，当然趁妈妈不在时。有一次，男孩手里捏着什么东西，站在不远处朝她使劲挥手。张露想了想，跑过去，仰起小脸问："哥哥叫我做啥？"男孩说："来，叫一声，你叫一声，我就给你吃糖。"从没吃过大白兔糖，张露想了一下，说："黄毛杂种。"大白兔奶糖真好吃，甜得腻嗓子眼，张露连蹦带跳往回跑，可脚还没跨进家门，妈妈一巴掌扇过来。糖从嘴里飞出去，张露的鼻子立刻流血了。真奇怪，一点不觉疼，头皮一阵发麻，脑袋里嗡嗡直响，眼前冒出好多星星，闪呀闪呀闪，五彩缤纷真好看。妈妈的巴掌接连扇在张露屁股上，低声地骂："叫你嘴馋，叫你嘴馋。"打骂声渐渐带了哭腔，突然一把抱住她，哭起来。呜呜咽咽，隐忍着抽泣。张露吓坏了，小脸通红，结结巴巴给妈妈做保证："妈妈别哭，我以后再也不吃大白兔。"奶糖的余香甚浓，忍不住吧唧吧唧，鼻血流到嘴里有点咸，有点铁锈味道。许多年来，张露再没吃过大白兔糖，她记住了那个词——"黄毛杂种"。

小学二年级，张露跟随妈妈回到上海。记得临走的那天，来了好多人，左邻右舍的老师都赶来送行。叫张露"黄毛杂种"的邻居男孩，也跟着他妈来了，但一转眼便踪影不见。大家你一嘴他一句，跟妈妈站院子里闲聊，说话内容不出左右——"杨老师终于要回去了，你总算熬出头了"之类。回上海怎么就"熬出头"了呢？张露那年不满六岁，横竖想不明白。有一件事情，她始终很迷惑，直到现在。当年学校里所有的人，都管妈妈叫杨老师，但张露死活想不起来，妈妈究竟教过哪个年级？哪个班？教过什么课？记忆中，妈妈一直在学校后勤处打杂，每天的工作，雷同且单调。等办公室的老师都去上课，负责把所有的暖水瓶灌满，然后派发每日各种信件与报纸杂志。张露像小尾巴，跟在身后。妈妈到底有没有教过课呢？几次想问，没敢问。临走那天，有个教历史的老师走过来摸摸张露的头，再三叮嘱："露露啊，你要听你妈的话呀，不然就是对不起她。"张露一脸迷茫地点点头。一扭头，发现邻居男孩躲藏在一棵大树的背后探头张望。槐花将开未开，空气中已经有丝丝缕缕甜香，四处飘散，男孩发现张露在看他，嗖嗖几下蹿上树，身体一挺，跃上树干，槐树叶子密密匝匝，阳光细碎斑驳，浓浓的暗影深处，隐约看见小男孩的两条腿，在空中一荡一荡，他猛地探出头来，朝着张露吐吐舌头。张露只想知道，他是怎么爬那么高的？

所有能够找得到渠道宣泄的情感，或深重，或悲戚，会因为这些记忆，在时光中散落成残缺碎片。那些从来不说，或无从说起的忧戚，无法承受，却必须承受的情感，它们日复一日，年复一年，使一个人的绝望，渐渐变得安静。这过程悄无声息，不知不觉。张露后来回想起自己跟陈建宝结婚之前，两个人真正意义上的见面，只有不多几次。第一次，是跟着妈妈去相亲，还有一次，是在自己家。那天妈妈说："时间差不多了，可以请他来我们家吃顿饭。"这其实是妈妈考核女婿的必须环节之一。"吃饭"是个幌子，关键为近距离做一次观察，考核陈建宝的吃相。妈妈说："男人吃饭，吃相万端，不可小觑，这可以直接反映出一个男人的涵养与家教，俗话说得好，看人看细节，细节决定成败，吃相上面见分晓，明白不明白？"张露说："哪有那么夸张。"妈妈立马"咿呀"一声，说："看男观女，饭桌之上乾坤大，你千万不要不当回事，吃饭吃菜，要一筷子，看稳夹牢才下手，你懂不懂？"妈妈眼皮翻翻，又说："这叫一筷子功夫，最烦一种人，"张露不吭声。妈妈加以手势，语气加强道，"吃东西挑来捡去，一只盘子里来来回回瞎划拉，这种人，看了戳气，这种男人顶顶靠不住，女人这吃相，下贱骨头轻，必定登不了大雅之堂，你明白没有？"张露笑笑。"再就是喝汤，你不要不屑一顾。"妈妈说。张露问："跟喝汤也搭界？""那当然，喝汤更加不能小觑。"妈妈的神情严肃起来，"喝汤吃粥，绝对不能吧嗒嘴，惹人厌烦，饭碗不能直接手掌端起来吃，像这样这样……"说着举起一只手做示范，绘声绘色，抑扬顿挫。张露故意说："那怎么样，用兰花指？""拇指跟其余四根手指，要相互配合。"妈妈伸手比划着说，"这样张开，你看，你仔细看呀，小心端着，看到了没？"张露忽然想起一个人。

  那应该算初恋。迄今为止，除了白玉明，那是唯一一个张露真心喜欢过的异性。宁波人。高张露两届，是同门师兄。宁波男孩高高瘦瘦，往那里一站，玉树临风，风度翩翩，颜值高，学习成绩好，当年很多女生心中标准的白马王子形象。论样貌论能力，宁波男孩远远要比陈建宝强得多，完全云泥殊路，但妈妈坚决不同意，举双手双脚反对。问题就出在饭桌上。两个人相处一段时间以后，张露遵照妈妈的指示，叫宁波男孩来家里吃饭。饭桌上，手一时没腾出空，宁波男孩俯下身，嘴巴直接凑到碗边吃了一口，吃的什么早已经忘记了，就因为没有先筷子再勺子，没有一取二端，再往嘴里送，吃出事情来了。妈妈当时便脸一耷拉，再不讲一句话。宁波男孩讪讪地离开，他前脚刚走，妈妈把门一关，眼皮翻翻。"看看看，就那副吃相。"嘴一撇说，"露怯寒酸，根本搬不上台面，这种男小孩，将来能成啥气候？"张露的初恋无疾而终，大幕还未及拉开，已然落幕。之后再也不允许张露自己做主找对象，妈妈说："社会太复杂，到处是坏人，乖囡年纪轻，涉世浅，遇人不淑就晚了！"那年，张露刚满二十，情窦初开。宁波男孩如今早已成家立业，张露道听途说，他后来专门娶了一个上海本地女孩。想到此处，不禁一叹，脑海中又回想起跟陈建宝相完亲的那天。回家的路上，妈妈兴奋不已，不时趴在张露耳边叽里咕噜，一路说，一路讲，基本上是自说自话。"陈建宝看着不错，家庭条件不错，父母人不错，工作单位也不错。"偶尔停一停，扭头看一眼张露，继续滔滔不绝："陈建宝他们那个单位,松江靠近青浦边一个工业园区,我已经去侦察过几趟。"见张露面露困惑,笑眯眯又说:"囡囡放宽心好了,方圆十几里,根本没有什么消费场所。"张露听得莫名其妙。妈妈最后自我总结道:"嗯,这男小孩踏实,我看着放心,就这么定下来好了。"张露心里叹气,她明白,妈妈已经决定了的事,再转述给自己听,其实就是走走过场。固定好的程序模式。张露那天沉默了一路,她想说:"男人靠不靠得住,跟工业园区附近有无消费场所有啥关系?"但闭着眼也猜得出,妈妈会如何言辞激烈,语气间充斥恼怒与不屑,车轱辘话来一遍:"我吃过的盐,多过你吃过的米,我走过的桥,多过你走过的路!"实在不行就抛出那句撒手锏——"我是你妈,我还能害了你?"张露那一刻忽然做出一个决定,她对自己说:"陈建宝就陈建宝,不然能怎么?"妈妈的这种母爱,随年龄增长,时常让张露备感窒息,徒劳挣扎,悲凉无奈,仿佛劳伦斯笔下的《儿子与情人》。

耳挂式耳机里,再次传来刘梅的声音,说中餐厅订餐处有人在等。张露在尘封往事中千肠百转,旧事历历,梦魇一般挥之不去,她重重地叹了一口气,端起杯子。茶水早已经凉了。定一定神,深呼吸,起身出门。

第四章

等张露的人,是王处长。

"好久不见啊王处长。"张露笑嘻嘻紧走几步,迎上前去说,

"以前您一个月至少要来几趟呢。"

王处长笑笑。

前些天在路上,王处长电话里跟张露约好时间。

"贵公子年底要办喜事了啊。"张露双膝微曲,两手互握放在腰间,行了一个万福礼,说:"恭喜恭喜。"

"喜啥喜,养儿子其实是坑老子。"王处长苦笑着摇了摇头,"今天周末,我还要亲自跑一趟,跟你把菜单最后再定定,顺便商量一些婚宴的旁枝末节,我不放心呀,张总说说看,上辈子真是欠下了。"

"可怜天下父母心,家家都一样。"张露转身招呼引领小姐,拿过一本菜谱递给王处长说,"酒店行业,今年更加不好做了,我们中餐部的任务,根本完不成。"脸一耷拉,跟王处长诉起苦,"眼瞅已经九月下旬,怎么办呢?"

王处长没吱声,低头看菜谱。

张露拿过婚宴专用预订簿,开始拉菜单,顺手抓过电子计算器,噼噼啪啪快速敲打,手指上下翻飞,菜单总价不时跳出新的数字。王处长在一边笑着说:"张总年纪不大,俨然老法师。"

张露不好意思地笑一笑,说:"哪里哪里。"

张露一心二用,低头写算,还不忘跟王处长有一句没一句拉呱:"以前,光是靠酒店的签单大客户,我们中餐部足以高枕无忧。您看看现在,哎!"

王处长点点头,"嗯"了一声说:"堤外损失堤内补吧,不然。"

"怎么补?根本不可能。"张露头也不抬地说,"现在会议订餐,单位聚会,也不是没有,有啥用?从前客人来,大多直接给出一个大致的总价,多点少点,无所谓的,一般我看着安排,再看看眼下,基本都是 AA 制。"说完抬头看了王处长一眼,低头继续敲计算器:"王处您想想,吃来吃去,花自家钞票,谁不心疼,还能指望吃什么大菜,不可能。"

刘梅不知什么时候走过来,笑嘻嘻站到王处长边上,跟着诉苦:"可不是,我们今年的年终奖,怕是要泡汤了……"嘴一噘。

海鲜佬从酒店后门走进来,身后跟着一个小弟。这小弟看起来面孔陌生,手里拎着两只海鲜专用的黑色塑料袋,往海鲜池的方向去了。看见张露跟刘梅,海鲜佬赶紧过来打招呼:"张总早!刘经理早!在拉菜单啊。"

刘梅"嗯"了一声。张露则头也没抬。

海鲜佬热脸贴个冷屁股,他尴尬地看了王处长一眼,脸微微一红,站在边上一时竟有些无所适从。

过了一会儿,张露像想起什么,抬头看着海鲜佬说:"哎哎哎,前几天我不是跟你交代过了吗?怎么?"眉头皱紧,瞪一眼道,"这种黑色塑料袋,是垃圾袋呀,只能装生活废弃物,废塑料加工而成,有害成分多得很,你怎么搞的?"

"我知道我知道,可是,"海鲜佬眼中满是无辜与无奈,满脸堆笑,忙不迭地往前走近几步说,"这种塑料袋结实嘛,我的张总,能承受几十斤重的东西,再说,"语速慢下来,"海鲜通常有尖角,而且多会动,包装袋最好耐穿耐刺,耐撕耐裂,这最重要嘛,我的张大总经理,您就高抬贵手,通融通融……"声音低下去,"也只能用这种黑色垃圾袋了嘛……"

刘梅"咦"了一声说:"你那小弟,生面孔,以前没见过?"

海鲜佬马上就叹气,长吁短叹道:"是呀是呀,昨天才从老家叫过来,以前外聘的那个,已经辞掉了。"说着怯怯地往边上看了一眼,又说:"能省一点算一点吧,生意越来越难做,我怎么办?能怎么办?"

张露低头继续敲打那只计算器,头也不抬地来了一句:"拉倒吧,亏谁还能亏得了你?整天就知道跟我哭穷,瞎对付。"

刘梅做了个鬼脸,说:"今天的大闸蟹什么价?"

海鲜佬嘴巴一撇,耷拉着脑袋小声说:"还跟昨天一个价好啦。"

婚宴菜单基本敲定,王处长交了一千块钱定金,酒店甲乙双方各自保留一张底单。

"这是年底的婚宴。"张露给海鲜佬仔细交代,"这可是王处长的公子,明白吗?你的那部分,必须确保新鲜,有问题没有?"

"恭喜王处长!"海鲜佬满脸堆笑,急嘴急舌地说,"我这一块,您尽管放心。"说完递了一根软中华过去,打火机啪嗒一声。

"不会不会,我不吸烟。"王处长摆了摆手,随口问,"海鲜生意,近几年来也不太好做吧?今年大闸蟹,行情怎么样?"

海鲜佬的眼神一闪,黯淡下去。"在以前,每年不到季节,我的订单像雪片。"狠吸一口,烟雾四散中低着头,说,"我有固定供销点,专做京晋两地,通通都是大酒店,起码四星级,稍小点的饭店,我根本不看,足够一年忙活的。"

张露在一边故意讲风凉话:"是呀是呀,王处有所不知,海鲜佬派头大呀,财大气粗,以前见了我,眼皮朝上翻翻,眼珠子长在脑门边。"

海鲜佬脸一红,讪讪地笑笑,低头吸烟。

"江浙沪地区的生意,我以前也的确不做。"海鲜佬看了王处长一眼,为自己辩解,"不是看不上,关键腾不出时间嘛,再说……"他吸烟吸得狠，三两口下去，已经剩个烟屁股，两根手指快速一捻，烟头丢进烟缸，接着说："在巴城，我有大闸蟹养殖基地，自己的饭店开在附近，前店后场，一条龙经营，规模虽不大，充充脸面不成问题。"笑嘻嘻又加一句："货源统共就那么多嘛，根本做不过来。"

海鲜佬祖籍福建泉州，做酒店海鲜生意，算来已近三十个年头。全国各地南北走遍，时间一长，念经念出自家经验。张露跟海鲜佬的合作，眨眼也已两年多，彼此间也算有了些了解。

张露说："话讲起来简单，秃噜秃噜，理由一堆，依我看，你小子是觉着上海人精明，太会算计，怕自己吃亏上当。"

海鲜佬不好意思地看了看王处长，脸上的笑容有些僵，一时竟接不上话。

王处长笑着打圆场："张总真是嘘枯吹生，舌灿莲花，瞧瞧，把个老生意人，硬是说到无话可讲。"扭头问海鲜佬："今年天气好，大闸蟹的长势应该不错吧？蟹的品相高，以前讲究'雌三雄四'，现如今，半斤以上的大闸蟹，也根本不稀罕。"

海鲜佬面部表情瞬间由阴转晴，一听这话来了兴致。

"王处长不愧是行家。"海鲜佬说，"今年夏天高温天少，雨水也少，老天爷倒是真帮忙，可有啥用呢，根本没用呀王处长。"说着就摇头，"从去年开始，海鲜生意一落千丈，我本想着挺一挺，慢慢会好转，没想到，蟹的行情一落再落，一年不如一年，哎。"说到此处一停，点根烟，火头小小一闪，香烟立马下去一截，"今年更加没希望，您看，这都九月下旬了……"他扭脸偷偷瞅了张露一眼，"我半张大单没接到，散客也没有往年多，又赔惨了……"说完头一低，叹气。

"做生意,关键要会看方向。"王处长说,"大海航行靠舵手,审时度势最重要。我们单位前些年,一到中秋,人人两箱大闸蟹,不论级别,人人有份,只是品相不同,你再看看这两年。"苦笑着摇摇头,"今年中秋节,我连月饼的影子都没看见,想吃,自己买。"

海鲜佬嗯嗯着点点头。

大家沉默。

"要是在以前,"海鲜佬说,"上海本地,大小酒楼食肆,不管怎么豪华,我根本不考虑。"似乎意识到什么,他扭头怯怯地看了看。

张露正忙着给刘梅交代王公子的婚宴菜单,注意事项一二三,详细叮嘱,根本没注意到海鲜佬胡侃什么。

"上海城市太大,本埠人,外地人,不远千里,蜂拥而来。"海鲜佬眼光烁烁地说,"真正的老饕,就喜欢这口,每年一到这个时间,人人自驾行,专门来吃大闸蟹,吃完不过瘾,临走还要买几箱带着走。"讲到此处一顿,仿佛眼前,去往阳澄湖巴城方向的车队绵延不绝,长龙蜿蜒。那阵势,王处长也曾无比熟悉。早些年,年年如此,请客吃饭一到季节,不往阳澄湖往返个几趟,吃几顿正宗"全蟹宴",叫人笑话。海鲜佬忽然哎哟一声,烟屁股烫了手,他看了王处长一眼,不好意思地嘿嘿几声。

又闲扯几句,王处长站起身说:"好了,我要走了。"

"王处王处,要常常想着露露呀。"张露紧走几步,赶过来送客人出门。刘梅不动声色,掏出手机发信息:"王哥,方便时叫我。"

王处长的车子发动,张露站在酒店大门前台阶上,轻轻挥手,车子已彻底看不见了,她转身往回走,似乎心事重重。

"张总张总,"海鲜佬跟在身后又开始诉苦,"张总帮帮忙好吧,帮我想想办法,有好的销售方式没有?要不……"他凑近两步,语气一低说,"今天晚上,我们好好聊聊?叫上白总闫总,老地方,港湾美食城?"

穿过中餐厅楼面,张露径直往后厨方向走。关于王公子年底的这场婚宴,要抓紧时间找陈大佬仔细商量一下才行,马虎不得。海鲜佬得不到回应,低头弓腰,跟在后面默默走。两个人一前一后,快到后厨大门口时,张露忽然站住,转身瞪了海鲜佬一眼,说:"电话联系吧,别跟着了呀!"海鲜佬一愣,松了一口气,脸上笑容绽放,忙不迭地说:"好呀好呀,张总您先忙……"张露已经走进去了。

王公子的婚宴菜金,算下来九千六百块每桌。这只是台面价。共计三十(备五)桌。九千六百乘以三十,算一算,将近三十万。这并不包括软饮跟酒水的费用。张露刚才把写好的菜单总价明细递给王处长过目时,注意到一个细节。王处长盯着菜单,越看眉头越皱,张露心知肚明,但她没有吭声。王处长供职于著名大企业,世界五百强,正处级干部,年薪少说也有几十万,儿子是独生子。张露心想:这要是放在从前,哪会纠结什么价钱,眼皮都不会眨一下,不就是花钱吗?大爷有的是。张露想起有那么一次,王处长来休日请客。秘书小张在来的路上,给张露发短信:"速速下楼,财神爷马上就到。"当时有个新来的小妹,不太熟悉客源,有眼不识泰山,她怯生生红了一张小脸,站在王处长边上问:"先生您要吃点啥?"王处长一愣,觉得有点

怪。妹妹把菜谱端在王处长眼前，等着。王处长扭头看看小妹，笑而不语。张秘书转头逗小妹："妹妹，你哪里人啊？"小妹头一低，说话声音像蚊子，说："吾是扬州人。"张秘书立马说："乖乖隆滴咚，韭菜炒大葱。"小妹的脸腾一下红了。王处长说："好了好了，瞎逗啥。"张秘书手一甩，说："去去去，叫你们张总赶紧过来。"说曹操曹操到。张露一阵风似地刮过来，空气中一阵袅袅香风。"哎呀呀，真是抱歉，大老板刚才开会训话，我来晚了是不是？"说着拉把椅子，紧挨王处长坐下，招呼小妹道："倒茶呀，傻愣着干吗？"张秘书问："大老板不是在法国？回来了？"张露说："没有，大老板开会，通常都是电话会议，电脑屏幕一开，跟面对面一样。"说完扭头凑近王处长咬耳朵："王处，今天我们喝三十年？还是五十年？"王处的一只手，从桌子下面慢慢探过去，在张露的大腿上一停，轻轻拍了拍，说："我听张总的，来了张总地盘。"张秘书在边上说："我听领导的。"张露腰一扭，发嗲："我就知道，王处最好伺候。"几天前，休日酒店新进了一批五十年陈酿茅台酒，每瓶售价近两万，张露早就心里痒，据说，光是那只红木盒子，拿出去卖卖，值千把块不止。刘梅仿佛张露的影子，出现得恰是时候，张露抬头使了个眼色。王处长每来休日吃饭，有固定的包房，他前脚一到，后脚就有引领小姐在对讲机里给刘梅汇报。这都是张露的安排，行话叫"盯员"。刘梅专盯王处长，专人专员。盯台小妹当然经过精挑细选，除了长得好看，还必须业务精湛，财神爷要重点伺候。刘梅不但酒量好，又很会讨王处长喜欢，这与她早前在酒吧做事不无关联。酒桌实战经验丰富，服务基础夯得扎实，又懂得察言观色，只要她出场，基本战无不胜。这是后话。此刻与张露心神交汇，刘梅拉过一把椅子，往王处长边上一坐，头一歪，抱着王处长一只胳膊，边摇边晃，嗲兮兮地说："王哥真偏心，只要张总在，你就不喜欢我了，对不对？"张露笑着骂："骚蹄子。"刘梅抱着王处长的胳膊，边摇边给张露使眼色。张露不露声色，端起茶壶给王处长添水，说："王处，你们先聊，我去去就来。"起身的一瞬，王处长抬手在她后腰处轻轻地拍了拍，说："去忙你的。"

王处长喝至兴起，刘梅开始敬酒。一桌人默默看。刘梅站起来酒杯一举，扭头看着王处长说："来王哥，我干掉，您随意啊。"滋溜一声，杯子底朝了天。再满上，刘梅说："来王哥，好事成双，捷报频传。"滋溜又一声。王处长刚要端酒杯，刘梅手一挡，再次开了口："别急呀王哥，俗话说得好，三杯过后尽欢颜，妹妹我先连干三杯再说。"脖子一仰。张秘书在边上笑嘻嘻地说："当代女武松，三碗照过岗。"空杯子握在手里，刘梅看着王处长，眼神绵里藏针，小腰一扭，发嗲道："哪能呀王哥？我表现好吧？我好不好？"王处长低头笑，竖起大拇指，连声说："好好好，有酒量，有酒胆，胆识过人，盖世女英雄。"张秘书在边上打岔："不该叫英雄，直接叫英雌得了。"刘梅瞪了张秘书一眼，伸手捶他一拳，说："滚，就你话多烂舌头，讨厌。"一桌子人哈哈笑。王处长的手从桌子下面探过去，在刘梅大腿上停下。刘梅脑袋一歪，靠着王处长说："王哥，有空打我电话嘛。"张露刚才佯装离开，她一直就站在门外，此刻透过门缝看着里面这一幕，心想："这个女人，刘峰哪是她的对手。"转而胸中欢呼："看这架势，今晚最起码两瓶茅台，这顿饭下来。"不禁悄悄地笑了。刘梅与张露，酒桌上合作默契，想搞定哪位大户，眼神细节，烂若披掌，根本不需要开口。想到此处张露不由长叹，她清楚地记得，王处长那顿饭，吃了四万多将近五万块，再创当日当餐营业额历史新高。大老板特意打越洋电话表示祝贺，他说："露露好好干，年底绝不会亏待。"可是看看现在，张露苦笑着摇摇头，她忽然想起王处长划拳趣事。

上海人喝酒极少划拳，王处长例外。这或许跟他年轻时在大西北做了几年知青不无关联。外表看他，温文尔雅，讲话笃定轻缓，一副谦谦君子模样，但好酒，逢喝必划拳。通常是一桌人轮着喝。喝到谁，各自伸一只手，男左女右，对着比划。手指屈伸而动，手掌时上时下，猜拳行令，并不开口。全程无息无声，仿佛上演情景哑剧。虽说输赢实在看不懂，但张露觉得，比起常见的那种大呼小叫，手舞足蹈，这种划拳模式，要高雅文明许多。休日酒店那么多大客户，不乏腰缠万贯挥金如土者，唯独王处长，让她发自内心的喜欢。总觉得王处长跟白玉明属于一类人，踏雪无痕，城府深。张露始终认为，男人味其实是某种功夫。有一次，王处长在休日设宴。在座一桌外地客。四川的山东的浙江的东北的，一开口，满耳南腔北调。酒至半酣，豪气干云，人人伸出双手，主动出战。张露的眼前无数根手指，攘臂挥掌，叫嚷不断，她一直静静地坐在王处长边上，偶尔小声地说一句。久坐，张露右腿架到左腿上，王处长的手伸过来，自然而然在她小腿上一搭，轻轻摩挲。一点不惹她烦。划拳过半场，在座各位脸红脖子粗，锁眉瞪眼，纷纷自封本土拳王，酒一多，各地方言杂拌糖，此起彼伏，包房里沸反盈天。张露头昏目眩，恍惚间生出一种"云雾深处看厮杀"的幻觉。王处长凑近耳边悄悄地说："露露在床上的样子，实在好看，我一闭眼，你就来了……"想到此处张露脸一红，仔细回忆最早见识过的划拳套路。

有次跟白玉明闹别扭，休假时跟着王处长去济南玩。地主设宴接风。开场前大家都不动筷，坐着等。主宾双方主人，各竖大拇指，拳头握紧，碰到一起，以示欢迎与致谢。接着两个人齐声喊："哥俩好啊！好到底呀！"众人纷纷动筷，酒局正式开始。拳令于十个数字之间来回变换，伴以"三桃园""四季财""五魁首""六大顺"之类，无非大吉大利短语，或当地俚语穿插，借以表达彼此心中美好祝愿。划拳场面经见多了以后，张露慢慢发现，以"哥俩好"开战的拳路，似乎全国通用，方式大同小异。有的地方，开头语单刀直入，比如刘峰划拳，一开口直奔主题："好啊！好啊！"手势套数，并无二致。财务部闫总祖籍内蒙，喝酒也喜欢划拳，掺杂一种蒙古拳，比划着叫喊："高高山上牛一头哇，两个犄角一个头哇，四个蹄子分八瓣哇，尾巴长在腚后头哇……"分贝高，手势夸张，动作幅度大，闫总人高马大，场面更加生动好看，但白玉明不喜欢，他说这是底层人的把戏。在济南那次，王处长喝得尽兴，晚上两个人躺床上，他说："上次送你那件 LA PERLA 内衣，码数合适不合适？也不穿给哥哥看看……"张露其实心情并不好，一整天了，白玉明没有发信息，也没打电话，她趴在王处长怀里默不作声。

　　张露办公室的书柜里，至今还保留着一只红木盒子，王处长那晚在休日请客，一共喝掉两盒。另外的一只，刘梅当晚就抱回家，如获至宝，说要用它做自己的首饰盒。五十年陈酿茅台，一盒两瓶装。紫檀红木盒打开，露出一块黄色丝绒布，下面并排躺着两瓶酒。酒瓶下面垫了一层薰衣草干花。深褐色骨质细瓷酒瓶，颈小肚大。淡淡的薰衣草花香，丝丝柔柔，隐隐约约，包房里气氛美好而浪漫。王处长问张露："刚才那个喜欢脸红的小妹妹,哪里去了?叫她留下来倒酒吧。"张露赶紧招呼道:"还不赶紧说谢谢?"小妹依旧胆怯,小心翼翼走上前,脸憋得通红,手心里面都是汗。

张露说:"紧张啥?王处长又不是外人。"

小妹嘴巴紧闭,不发一言,拿了酒瓶开始倒。一人一杯,按顺时针方向转一圈。小妹倒酒,手法老到,人人面前杯中酒,几乎分毫不差,一滴没洒。王处长看着这小妹,凑近问:"练习倒酒,一定费了不少工夫,花不少时间吧?"小妹脸更红了,两朵绯霞飞上天,她抿嘴笑笑,低低地嗯一声。王处长扭头跟张露说:"妹妹的基本功,不错嘛。"张露说:"酒店员工上岗,必须先经过专业培训,考核过关,才能成为正式员工,走到前台来露脸。"王处长轻轻"哦"了一声。"展肩、挺胸、收腹、提臀,四点一线,"张露抬手遮唇,给王处长仔细讲,"一节课至少站足四十五分钟,可不是傻站,头顶要放件东西,主要锻炼员工保持身体的平衡性,还可以锻炼臂力,有点像模特训练,"说着笑起来,"新员工,往往头顶一本书,或一个本,总还是要掉下来,怎么小心也不行。"两个人正聊着,有人来给王处长敬酒。王处长看也不看,酒杯举起脖子一仰。干了。那人刚走,王处长跟张露努努嘴。张露笑笑接着说:"老员工就熟稔得多,头上顶一本书,一只手要托托盘,长方形,地哩间专用胶木托,当然不能空,至少要放四五瓶啤酒,业务精湛者能放七八瓶,另外那只手,背在身后,身体保持笔挺,"说着加手势示范,"就像这样,来来回回走,上下楼梯,书跟啤酒必须纹丝不动,这才算过关。"长舒一口气,又说:"这才只是基本功。"王处长不住地点头,嗯嗯着说:"看起来没啥,原来还真不简单。隔行如隔山。"拉过张露的手，放自己大腿上轻轻摸索，扭头又去看那个小妹。盯台小妹围绕面前一张大桌，十六人台，这是酒店里最大的桌面。直径两米五。时而顺时针走，时而逆时针转。这边有人喝白酒，那边有人喝啤酒，还有的人要喝干红，盯台小妹一一沉着应战。乱而不慌，忙而有序，手脚不停倒酒，倒倒倒倒，片刻不歇的一顿饭。王处长不时盯住小妹看。看一看，头点一点，不说话。张露眼神活泛，心底四清六活，她抓住时机引导教育。"要记牢啊，"张露说，"王处长财大，可一点不气粗，这样好的上帝，我们的衣食父母，去哪里找？"边上有人哈哈笑。张露又说："下次王处长来，还问'先生你吃啥'吗？还紧张吗？"小妹不好意思地笑了，她鼓起勇气看了看王处长，走近一步说："对不起，王处长，下次记住了。"说完头一低，往别处去忙。那以后，只要听说张秘书电话订餐，前至盯台小妹，后至传菜小弟，上到老总，下到后厨师傅，人人脸上笑开花。一瓶茅台喝完，盯台小妹可凭空瓶到吧台兑换，一个空瓶一百块，一餐一结。许多人以为，喝酒用大杯容易多。以讹传讹。大杯易醉，小杯易多，这是门道，是经验。杯子小，客人喝起来往往不当回事，来干，干干干，左一杯右一杯，喝到最后，自己也搞不清楚究竟喝掉多少。这是张露给员工上"营业额如何提升"课时，培训强调的重点。多劳多得。每个月末，这些空酒瓶会由各酒水供货商集中回收，并结清当月各种酒该支付的百分点。王处长每次来休日吃饭，从来不可能只点一种酒，白酒红酒啤酒，经常轮着喝遍。若是客人多，白酒一般按双数上，红酒啤酒，则一律论整箱，最后酒水这块，往往是本糊涂账。没人会查单。那顿晚饭，王处长他们刚一离开，盯台小妹急忙打开接手柜的抽屉查看。极品高档酒回收酒瓶，中高档跟普通酒，则回收瓶盖跟瓶塞。抽屉里已经塞得半满，小妹"啊"了一声，双眼烁烁有光，迫不及待一把一把抓出来，仔细数一遍。越数心里越开心，估摸着计算一下，哈，这个月下来，酒水提成又要超过基本工资啦！

"后来究竟怎么回事，跟王处长有了亲密关系？"张露问自己。仔细想来，就是从去济南的那一夜开始。以后只要白玉明惹自己不高兴，张露就打电话给王处长，她不记得是谁说过这么一句，"爱情唯一，爱人未必唯一"，觉得这是在保护自己。喜欢王处长还有一点很重要，"酒德"好。张露从未见他喝多酒出丑或闹事。喝酒观人品，酒桌最高境界。王处长的秘书小张，酒一喝多，根本不必领导开口，张露直接给白玉明打个电话，客房部帮忙开间房，两个小弟一左一右，连扶带搀上去，进门往大床上一倒，呼呼大睡。张露觉得，这种男人倒也可爱。喝多了就睡，省事，不闹腾。王处长喝多不睡觉，人变话痨。记得还是那晚，王处长东一句西一句，讲个没完。耳麦里传来刘梅的声音："张总你在哪，请速来收银台。"跟王处长耳语一句，张露匆匆出门。事情忙完重新返回，一推门，只见盯台小妹的手被紧紧攥住，一坐一站，两个人聊天。小妹娇小，年纪也小，站边上像爷孙俩。看见张露，小妹浑身紧张，手使劲往回拽，却怎么也抽不出来，她的脸又红了。张露紧挨王处长坐下，若无其事地朝小妹努努嘴，说："忙你的去。"王处长的手不知什么时候早已松开。小妹躲在门外好一阵深呼吸，看看那只被握红的手，心跳得厉害。王处长照旧笑眯眯，不急不缓，拉过张露的手继续说。人生往事，点点滴滴，笃悠悠讲个不停。"露露啊，露露，"不住轻唤，酒一多，便不再叫张总。这样拨云撩雨，丝毫不使张露感觉生厌，想到两个人头一次云朝雨暮，和谐亲切，这感觉很美，一切发生得自然而然，像邂逅了久失音讯的情人。偶尔酒兴大发，王处长现场要给大家献唱，老派上海男人，拿手的却是一首海派京戏《打虎上山》。一开口——"穿林海，跨雪原，气冲霄汉……"字正腔圆，响遏行云。大家敲盘子敲碗敲桌沿儿，叮叮当当，散板过门——"地得唰地当地当"，场面闹猛而有趣。这些琐碎旧事，让张露感慨万千，一切仿佛就发生在昨天。禁止公款吃喝以来，酒店的发票也用得少了，张露想，王处长这样的绅士，也只有喝多了酒，才会舍得出血，如今再也不问"你想不想我"之类，更别提送她香奈儿爱马仕了……张露天马行空，胡思乱想着自言自语："多好的一个大客户，可惜。"头摇一摇："如今都自掏腰包，公费报销绝无可能，就算挣得再多，花自己的钱，肉疼心更疼。"但转念一想："瘦死的骆驼比马大，像王处长这样的大户，还是要小心伺候。大家只是表面装糊涂，将来万一风向变化，会怎么刮，谁知道？"俗话说，小心行得万年船，曲突徙薪，防患于未然。想到王家公子的婚宴，不打折根本不可能，但这个折扣究竟怎么打，打多少合适？张露觉得，今天真应该感谢海鲜佬。正是他的及时出现，恰恰解了自己的围，要不然，当着王处长的面，立刻做出什么承诺，着实为难。海鲜佬那一通诉苦，加上刘梅在边上煽风点火，张露也趁势苦水大倒，你一句我一嘴，七荤八素，栏杆拍遍，王处长也不好多说什么。送王处长出酒店大门时，张露在他耳边说："王哥尽管放心，过几天我给你电话。"王处长没吭声，张露故意又说："这么久了，也不想我……"王处长伸手在她后腰轻轻拍了拍，微微一笑说："有露露在，我还有啥不放心。"

楼面每日餐前例会已经结束,后厨班前例会也接近尾声。陈大佬坐在一把特制的木质高凳上,一览众山小。这不是一般的木凳,采用广西某地特产,一种稀有品种"铁黎木",俗称"铁木"的木头,根据高靠背婴儿椅的比例构造效果图,一式一样,专门请人定制而成。质地坚硬,分量极重,一个人根本搬不动。这种木头耐烟耐油耐水,还抗腐蚀,最适合厨房重地。厨师长助理张斌,此刻在给大家做最后训话,他说:"厨品能给一个酒店带来口碑效应,口碑效应是什么?"

小弟们站成几队,按各个档口依次成列,人人双脚分开,双手背后,呈跨立式站姿,一双双眼睛紧盯前方。谁也不吭声。

"要比花大价钱打广告,管用实惠得多,"张斌说,"食客口口相传,产生蝴蝶效应,后厨队伍至关重要,我们是酒店餐饮的灵魂,你们明不明白?"

队伍后排中间有两个小弟,边听边微微点头。酒店后厨多是男人,休日也不例外。油烟重,耗气力,一场刀光剑影过后,若是女人做厨师,皮肤容貌,很容易被侵蚀污染,时间一长,受损凸显尤其严重,无论用多么昂贵的化妆品,根本无济于事。陈大佬的后厨队伍,只有凉菜间跟面点房两个档口,安插有两员女将。每天开餐时间一到,这两位"稀有品种"站到明档间去,一身素白衣裤,腰间围系白色围裙,白帽子白口罩,一次性无菌白纱手套,浑身上下雪白一色,花拳绣腿装样子,为让食客们赏心悦目。张露站着默默听,跟陈大佬相视一笑,小声说:"万绿丛中一点红,动人春色不需多。"

要组建一支后厨队伍,绝不亚于演奏一场大型音乐会。热冷搭配,蒸炒煎炸,生鲜加面点,缺一不可。总厨师长兼任行政总厨，粤厨里多称大佬。厨房各档口又分设档口长，独立管理，联合运营，档口与档口之间，要紧密配合作战，同时同步运转。每日高峰时段，上客期一般要持续三个小时左右。最怕就是"一窝蜂"。张露有时去洗手间，十几分钟不到，呼啦啦一下，大厅里已经满座。散座大厅里，标准台（十人桌）三十张，沿窗一圈小卡台（四人桌），十二张，散厅走过去是包房，连大带小十五间。平均一张菜单，按照六热三冷，再带一道汤来计算，这是最基础的食客菜单，点心与主食，另当别论。这一到三个小时里，后厨究竟要走出多少道厨品？工作量令人咂舌。点好的菜单，犹如雪片飞进后厨。数目庞大，保量更要保质，如何二者兼顾，花大心思。为尽可能减缓后厨集中出菜所造成的压力，张露再三地给刘梅交代："每日班前例会，你要提前与陈大佬多讨论沟通，最好能拟定一份临时'机动菜单'，以备突发之需。"于是，刘梅举实例讲道理，举一反三，不厌其烦地给小弟小妹教授"点单技巧"。张露给刘梅做出硬性要求："所有菜，每份点心，具体主辅料，口味特色，烹饪特点，通通做到心中牢记，脱口而出。"后厨习惯把厨房间称"战场"。一忙起来，陈大佬成了大将军，于各档口之间来回不停，随时观察指挥，抽调应急人员。偶尔遇到大菜，或特殊厨品，即使是张斌有时也不敢直接上手，只好来请大佬。三下五除二，分分钟搞定，小弟们看得心服口服。

　　后厨班前会终于结束，陈大佬从铁木高凳上慢慢下来，揽过张露的肩头说："走，去我办公室聊。"两百多斤重的身体，因常年劳作，久积成疾，诸多隐患。厨师们饮食无规律，肠胃不好是常态，长期握刀抢炒锅，腱鞘炎每隔一阵就要甩脸色，疼起来简直要命，严重时手都抬不起，吃饭只能用勺子，筷子夹不住，每吃一口，疼得龇牙咧嘴。陈大佬的颈椎腰椎劳损非常严重，日渐僵硬。每隔几天，张斌要陪师父去酒店附近一家专业盲人按摩店做一次理疗推拿。小腿静脉曲张最严重。每日两顿正餐，往炒锅上一站，至少几个钟头。经年累月，蛛状毛细血管网高低不平，隐隐凸起处遍布，两条小腿肿胀像巨型白萝卜，惊心触目。这也是陈大佬尽可能少站多坐的原因。

张斌眼神活泛，见师父从凳子上下来，忙起身拿过师父的专用茶壶，紧随其后。这是名家顾景舟的一把"柱楚壶"，是送干货的老黄上货时，专门孝敬大佬的。张露办公室里藏有另外一款，也是老黄送的，叫"粉彩花蝶纹"。虽说只是仿制，但手感滑腻，制作精细绵密，壶嘴出水流畅，壶把端拿舒适省力，很适合女性。张露一开始不舍得用，只摆在书柜里觉得好看。后来听白玉明说"好壶要好养"，思路有了改变。

"壶要天天用呀，"白玉明说，"好比再了不起的作家，名气再响再大，作品只是写好不面世，一个人闭门造车，孤芳自赏，别人看不到，无人知晓，还有啥'名家'一说？"

张露觉得此言甚是。

"比如眼前这把紫砂壶，名家之作，"白玉明给张露仔细讲，"若单单停留于凡胎阶段，又有啥意义？能变成仙器？"

张露狠狠心开始用。

"这么好的紫砂，"白玉明说，"上佳的泥料出窑，懂经的行家，用开水泡一下，就能看得出变化。"

张露说："啥？"

"用茶叶净养，半月左右明显温润，"白玉明说，"每周至少要让茶壶休息一两天，叫它干透。"

张露点点头。

白玉明说:"壶表尽量不要用茶汤直接浇,要用沸水冲,淋,会养得更加漂亮干净,光泽看上去,内敛深邃。"

张露拿过小本子做笔记。

白玉明说:"每天用完,开水内外冲洗干净,再用半干茶巾把壶表水渍仔细吸干,"说着笑起来,"千万不要觉得烦,女孩子用紫砂壶,时间久,可以锻炼心性跟耐性。"

张露脸一红,说:"爸爸永远不失时机,又要数落人。"

"壶想养得大气,仅仅泥好工好款好,看起来样样好,根本不够,"白玉明说,"经历这样一段时间的精心伺候,壶本身看上去似乎没什么,看云还是云,但实际上,"语气一沉道,"此时茶壶本身,正在悄悄出现微细变化,更细更润更柔,你若用心观察,哈,这壶神采奕奕起来了,"他看着张露,又说,"温润如美玉,一把好壶养起来并不容易,好比养个女朋友,怎么宝贝都不够。"

张露脸红了,低着头边写边说:"爸爸这张嘴,死人能说活,横竖都是你有理。"但心里微微一甜。

白玉明说:"有的紫砂壶之所以能价值连城,与其材质特征,或精心运用,不无关联,其他器皿根本无可比及,壶与运用者之间,日久能生情,情感相互交流,露露你信不信?"

张露"切"了一声说:"有那么神奇?玄乎。"

"千万不要不信,对它倾泻情感越多,常常加以摩挲抚爱,这壶对你的报答,就越深厚,它越发努力要讨主人欢喜,不信试试看,"白玉明说,"光润古雅由此而来,谁像你,"故意把头一歪道,"那么一把好壶,竟然束之高阁,置之不理,简直……"

张露嘴巴一噘，佯怒，刚要申辩，白玉明笑眯眯地说："乖，逗你呢。"

张露又笑了。

张露是在用了这把壶差不多三四个月以后，有一天闲着没事，忽然又想起白玉明讲的紫砂故事，她端起壶，前前后后，举高拿低，仔细观察了一阵。脑海中跳出一个词——"黯然之光"。明人周高起说过——"壶入用久，涤拭日加，自发黯然之光，入手可鉴。"心里一叹："爸爸讲得一点不错，果然是把好壶！"

在这之前，张露完全不懂茶壶，更别提什么紫砂。她喝茶一直就用那把白瓷壶。最普通的白粗瓷。有次不注意，磕掉一个角，就那么豁着嘴，凑合着用。送干货的老黄人精，看在眼里，嘴上不多说，等下次再来上货时，偷偷溜到张露办公室，就带来这把"粉彩花蝶纹"。壶身有两行颜体小字，左边一行，"紫玉无言，金砂有声"；右边一行，"岁月静好，壶中清欢"。张露顿觉欢喜，她说："老黄，你是我肚子里的蛔虫？"想着想着，不禁又要笑。

陈大佬总随身携带他的宝贝"柱楚壶"。走哪端哪。张斌小心翼翼跟在身后，随时添加将沸未沸的矿泉水。今天的壶里是一大早刚泡好的高山参茶。见陈大佬走路一瘸一拐，张露上前搀了他一只胳膊，小声地问："怎么，大佬身体不舒服？"张斌马上说："我师父的静脉曲张，最近更加严重了。"张露说："大佬多带带徒弟呀，叫他们自己多上手，你也好歇一歇。"扭头看了张斌一眼。"已经放手很多啦，关键是，"陈大佬叹了一口气说，"张总知道，酒店有些大客户一来，点名就是要我做，不然人家就不吃，你说我该怎么办？根本没得选，人在江湖飘，谁能不挨刀，"

无奈地笑笑,"我亲自上手还不算,有的要求登门回访,不然就是不给人家面子,丢。"一瘸一拐往前走。张斌始终低着头,默默跟在身后。张露叹了一口气说:"有钱人,难伺候,他们怀疑眼前这些美味,不是出自陈大佬之手。"张斌说:"后厨每出一道菜,装盘之前,要求贴标签,究竟出自哪锅师傅,责任到人,可对于这些大客户老爷,是聋子的耳朵。"陈大佬笑起来,说:"只有看见我本人,才放心食啦,丢。"张露点点头,不再多说。

　　总厨办公室就设在后厨边,紧挨着味料间跟库房。从管理的角度上讲,这无疑是一大进步。从前不少酒店,厨师长办公室与相对离厨房较远的行政总厨办公室,分属两个人负责,独立管理,联合运行,但因为两个办公室并不设置在一起,有时候,厨房里突然需要找厨师长解决问题,虽说一个电话可以第一时间汇报,但很难做得到,第一时间及时了解真相,掌控实情有偏差,难免耽误事。厨师长与行政总厨,管理职责迥然有别。按分工来讲,行政总厨管理后厨行政事务,他们基本上能够识别,但并不会亲自上灶台炒菜,只负责每日厨房成本控制与毛利纯利点的核算,再就是撰写每日后厨工作计划,确认每日采购货品清单,由厨师长签字。但厨师长的工作性质完全不同,属于实干派,管理后厨各项实操事务,保证各档口厨品的质量。张露有次开玩笑说:"一个政委,一个团长。"休日酒店不但把两间办公室合二为一,后厨所有大事小情,也通通由陈大佬一个人说了算。这是当初大老板的太太亲赴山西太原,诚邀陈大佬加盟上海休日酒店时,他提出的唯一硬性要求。大老板当时在电话里试探着问:"还有别的合作可能性吗?"陈大佬斩钉截铁:"墙头上挂帘子——没门。"毫无商量余地。刚开始,大老板还有些不放心,担心这种"一言堂"管理模式是否会不利于酒店后厨的运营与发展,但没过多久便彻底放心。现在回头再看,此举的确英明果断。

一走进总厨办公室,张斌小心地搀扶师父落了座。张露赶紧把上午刚刚拉好的婚宴菜单递上来,说:"是王处长,大佬也熟悉,酒店大客户,王家公子年底要结婚,三十桌备五,大佬你先过过目。"

陈大佬"哦"了一声,低头看菜单:

  休日迎宾八味(冷碟)
  休日鸿运乳猪全体
  竹荪澳鲍炖老鸡
  黄油汁焗澳洲红龙(伊面垫底)
  雀巢极品酱爆花枝澳带
  香烤烧汁瑞典小牛骨(配时令菜蔬沙律)
  金汤碧绿烩鱼肚
  泰酱百粒灌汤金银虾球
  咖喱汁炖煮帝王蟹
  清蒸红石斑
  鲜百合炒芦笋(根据时令可调换)
  飘香巴塞罗那荷叶饭
  休日美点映双辉
  甜品果盘赠送
  酒水软饮此处忽略不计

整张菜单,干货海鲜是硬头货,差不多要占到一大半。张斌盯着菜单,眉头一皱,口里嘟囔道:"这折扣,怎么打?"抬头看了张露一眼。

陈大佬默默吸烟。小小红光一闪一闪,烟头迅速变短,烟灰颤颤巍巍,硬是没落下。张露不说话,站着静静等。张斌帮师父重新点烟,接过烟屁股小心地在烟缸里一掐,陈大佬深吸一口,一串烟圈散开,慢慢变淡变大,张露看得出神,思想不禁开小差。

每次去K歌,张露有拿手保留曲目。许美静的一首《你抽的烟》。歌词叫绝。写一个痴情女子跑遍小镇,去买心爱男人喜欢抽的烟。电影《人约黄昏》里,女鬼站在梁家辉身后问小店员:"有香烟卖吗?"背景里,熟悉的歌词耳边慢慢回响:"手指间淡淡烟草味道,是记忆中爱的味道……"画面诡异而妖娆。张露很喜欢白玉明抽烟的样子。每回巫云楚雨,张露点一根烟,叼在嘴里假装吸,白玉明接过来说:"男人喜欢香烟,实则是因为有另外一层延伸含义。"

张露穿着白玉明的平角式裤头跳下床,站镜子前挺胸撅臀,看着镜子里的自己,说:"好不好看?像不像超短裙?"

"一男一女并不熟识,坐一起吃饭,"白玉明笑笑说,"男人多主动,话题接不上时,喜欢点一根烟。"

张露说:"想下流事。"

"女人虽然嘴上不讲,但眼神飞扬,心里早已琴瑟和谐,"白玉明吸了一口烟说,"男女之间讲话,细想有意思,大多喜欢用近义词。"

张露说:"啥?"

"女人问,你爱我吗?男人答,我喜欢你。男人问,你要我吧，你为什么不要我？女人答，你能找到比我更好的。"

张露扑哧一声，转过来看了白玉明一眼，说："爸爸在说谁？江湖老手，射手座。"

"男女调情，语言是门技术活，"白玉明说，"话说得太直白，没意思，好比白开水，解渴是不假，但味道全无，入口寡淡，时间一长，总觉不够刺激，男女都不满足。"

张露想了想，嗯一声。

"讲话有时需要转弯，做人要直，作文要曲，盘山公路十八弯，爬起来歇歇停停，这才吸引人，"白玉明说，"像香蕉外面多加层皮，棉花套里藏根针，人亦如香烟，一旦真心爱上，会依赖，上瘾。"

白玉明这一番话，张露听得胸中怦然一动，紧接着惴惴不安，莫名一阵心慌，她跳上床趴在白玉明怀里再不吭声。脑海中，不知怎么王处长的面孔忽然一闪，他看着她，意味深长地笑着。

"吸烟是一种途径，获得力量灵感，"白玉明香烟吸一半，烟灰缸里一按，说，"虽不能真正解决烦恼，但禅房花木深，曲径能通幽。"

张露趴着没动，脑海中王处长没走。

白玉明又说："烟雾朦胧，女人低头一笑，神情羞涩，并不需要开口，但接下去的事情，变得顺理成章。"

张露忽然一惊，想起那晚在济南，王处长紧紧拥着她说："千帆过尽皆不是，回头转舵见伊人。"不禁小声嘟囔。

白玉明低头问："啥？"

张露没出声……

想到此处，张露的嘴角不由微微一翘，她扭头瞅瞅，陈大佬仍在沉思，香烟始终不离口。看眼前烟圈升腾四散，她忽然想到一句歌词，原唱者是谁，早已经忘了，但记得有这么一句——"寂寞数着烟圈，一口接着一口，埋葬了你的天长和地久……"忽然想起跟宁波男孩分手的那天，两个人相拥着痛哭了一场。

手机短信提示音骤然响起，张露吓一跳，低头看。又是陈建宝。只有一句话——"纠缠也是爱，我等你回头靠岸。"她脱口骂道："去死吧！"张斌趴在桌上正埋头琢磨菜单，抬头迷惑地问："张总怎么？"张露摆了摆手，不好意思地笑笑。见陈大佬还不出声，她继续任由思绪游荡。

追溯起来，张露调来休日酒店时，是财务部闫总介绍跟白玉明认识的。大老板的太太是山西人，主管公司人事，酒店所有高层管理人员的调动安排，均由她亲自过问。老板娘特意交代闫总："你带着张露去见见白玉明，再见见酒店的另外几位副总，大家尽早熟悉起来，便于工作。"

见面互相做介绍，闫总右手一伸，说："这是餐饮部的张露。"接着左手一指，又说："这是分管客房部的白玉明，白总。"

那是张露与白玉明的初次见面。

说来真是怪，现在想想，张露第一次看见白玉明，丝毫没有陌生人见面的那种生分与尴尬，完全一见如故，像邂逅了一位久未联系的老友。那天晚上，由闫总出面，代表大老板和老板娘，在酒店贵宾厅设宴，为张露接风。

酒过三巡，闫总一时兴起，忽然站起来说："我唱几句山西传统地方小调，欢迎餐饮部副总张露小姐，献丑献丑啊。"

大家鼓掌。

闫总唱的是一首地道的山西民歌。山西男人把心爱的人叫"小亲亲",感情再深,叫"亲圪蛋"。闫总一开口:"亲圪蛋下河洗衣裳,双圪膝跪在那石头上,呀,小亲圪蛋。"

大家齐声附和:"小——亲——圪——蛋。"

在座各位,人人手举一双筷子,敲桌子敲碗,节奏叮当。白玉明也在边上跟着敲。"听得懂吗?"张露心说。场面欢闹而热烈,张露十分感动,但不知为何,她时不时会瞬间大脑短路,盯着眼前沸腾场面,总觉头顶上方似乎有一个声音,一直萦绕反复。那声音不断地问:"你是哪里人?你是哪里人?哪里人?哪里?哪里?哪?哪?哪?"这感觉陌生又熟悉,听不真切,来了又来,来了又来……也就是在那晚,张露芳心暗动,莫名喜欢上白玉明吸烟的姿势。

男人吸烟,力度有讲究。有人喜欢用力,比如陈建宝,三两口,见了底,草草结束。无关享受。有的喜欢慢,比如白玉明,吸一口,轻轻吐,温柔,儒雅。烟雾缭绕中,烘托出一种男人味。这感觉很怪,说不清楚。张露跟白玉明一起,尤其是深夜,她最喜欢看他吸烟。烟头明灭闪烁,白雾于昏暗灯光中盘旋,弥漫扩散,她缩进他怀中,仿佛自己也化作一股烟,轻盈飘舞。烟头越来越短,红光消失,白玉明隐遁不见。张露的思绪渐渐走得更加遥远。

茂名北路,上海市静安区南部的一条马路。有家"BLACK焰"咖啡馆,已开了好几年。咖啡馆空间不算大,生意极好。从上午十一点钟,一直开到后半夜。若是稍微去得晚,门前立着一块简易木头牌子,上面几个歪歪扭扭的粉笔字:"客满。明日请早。"

第一次跟白玉明来这里，张露并无特殊感受。穿过一楼过道往二楼走，楼梯拐角处，白玉明停下说："你仔细看。"

墙上挂着一幅画。张露盯住看，一头雾水地说："没什么呀，画上那么多人，摩肩接踵，颜色太多太杂，看得我头昏。"

"你再仔细瞅瞅，"白玉明说，"好好看，仔细看。"他伸手往画的角落指一指。

张露的眼神移过去。

"咦？这个人……"张露面露迷惑，扭头看着白玉明说，"怎么有点像你呢？"

白玉明笑了。

两个人上楼。

"这幅画里的全部人物，都是来过这家店的客人。"白玉明说，"自己涂鸦，无关笔力，颜色难免深浅不一。"

张露"哦"了一声说："真新鲜，头次见识，你还真会挑地方。"

张露不认识白玉明以前，也经常来茂名北路闲逛，最喜欢这条路上的旗袍店。比起衡山路跟长乐路上那些大名鼎鼎的旗袍店，这里的价格亲民实惠，手艺却丝毫不差。若是会选，甚至更能穿出个人特色。一直朝北，路的尽头有一家店，门脸极小，从外头看，就是普通住宅的一扇门，但一脚踏进，别有洞天。这家小店专做三十年代老上海旗袍。坐镇的老师傅高个，清瘦，精神矍铄，少语寡言。来得多了，与店员渐渐熟络，有次听一个老阿姨讲故事。

"想当年，"阿姨说，"上海滩各路明星，不论来头多大，只要来阿拉店里做衣服，对不起，通通后面去排队，等叫号。"

边上有人小声地说:"至于吗?有那么厉害?"

阿姨瞥了那人一眼,说:"绝对真人真事,阿拉根本不需要贴金贴银,故弄噱头有意思?你若不嫌烦,四处去打听打听。客人都规规矩矩坐着等,着急也没用,厉害不厉害?有人托门路,拉关系,白天盼月亮,夜里数星星,根本没有用,最后老方子抓药,照旧。"

张露没听懂,说:"啥?"

阿姨说:"来的都是客,一视同仁。想做旗袍,不好意思,排队等着。有人等得心焦心烦,急也没有用。"阿姨说得口渴,转身从身后的置物架上,招财猫背后,拿出一只大号雀巢咖啡瓶来咕咚咕咚,喝了两大口。

"终于听里屋在喊自己名字,"阿姨喘了口气,接着说,"老师傅喊长调:'某某,某某某,立——'叫到的这位,急忙起身,长嘘一口,笑嘻嘻地进去了。"

张露听得紧张,不禁跟着长舒一口。

"客人走进里屋原地不动,站好,又要等一阵。"阿姨往柜台上一趴,语气加重,语速放缓道,"据说早前,我家老法师做旗袍,量尺寸根本无需动手,单凭一双眼,上上下下扫几眼,来一句,'转——'客人急忙转身,老师傅再头上脚下扫几眼,来一句,等着吧。"

"这就好了?"边上有人说。

阿姨"嗯"了一声说:"好了。"

张露听得瞠目:"这也太厉害。"

阿姨拿过雀巢咖啡瓶,咕咚咕咚几大口,缓一缓又说:"这叫胸有成竹,据说成衣做出来,客人上身一试,嘿,简直分毫不差,结棍不结棍?不服不行。"

故事讲完,老阿姨满目不屑,朝刚才那位满腹狐疑的客人,狠狠扫了几眼。

张露后来还真找了一些老辈人打问,老阿姨的故事,虽说多多少少掺点水分,但绝非妄言。几十年光阴荏苒,当年的风云人物老法师,如今已是耄耋之年。做旗袍的客人,一茬一茬换到现在,始终络绎不绝。只不过,如今再想见到老法师真人,完全是"瞎子摸鱼",靠碰运气。

那天在咖啡馆,张露给白玉明转述这故事,白玉明说:"以后再逛旗袍店,累了就来这里坐坐。"白玉明是这家店的常客,但他从来不喝咖啡。店老板说:"白先生似乎素来只喝苹果茶。"白玉明微微一笑,说:"我肠胃不好,来这里因为氛围好,什么也不想,呆坐一阵。"

这家咖啡店后来成了白玉明跟张露约会的一个定点。休日酒店的那些供货商们,一个一个削尖了脑袋,想做成一单生意,脑筋大动。猫有猫路,鼠有鼠道,不知怎么就打听到了这里。再后来,张露与供货商见面,或洽谈酒店业务,都约到这家咖啡店。

陈大佬在菜单上指指点点着,大概是考虑差不多了,张斌拿了笔,边点头做记录,偶尔跟师父说一句。张露没急着去打断,仍旧盘旋于自己的往事旧梦。

两个相差近三十岁的男女,一个久经沙场,白玉明说:"活到我这个岁数,已经开始摇帆回港,而你才朝着对岸的方向,努力踮脚张望。"张露默默不语,低头喝咖啡,感觉身上仿佛多了一双手,身体莫名地紧张,不由自主摸了摸脖子。不久前张露生日,白玉明送了一只玉环。确切讲,应该说是一块"瑗"。边小孔大，直径跟一枚铜钱差不多，通透白润，细细去看会发现，里面隐隐夹杂有几丝碧翠纹路。白玉明说这是上等缅甸玉，他自己也有一只，但稍有不同，边大孔小，边宽为内孔直径的两倍以上。回想那天情景，白玉明说："我这个叫'璧'，也属于环的一种。"张露说："不就一个玉环，还那么多讲究。""这种玉环不一般，"白玉明拉过张露的手说，"玉环分雌雄。"张露被那双手摸得浑身微微一抖。白玉明让张露总有种错觉，恍如遇到从未见过面的父亲，他为她添茶的手，散下一丝淡淡的古龙水味，她一阵一阵头晕目眩，紧张夹杂着兴奋，又有一点期待，像怀里揣着一只小兽。张露听见身体深处有一股清泉涌出，心头一热，她其实很想要面前这只手，可以立刻落到那片芳草地上，脑海中蹦出一句诗："我爱你腹部的万千亩玫瑰，更爱你舌尖上，小剂量的毒。"

想着想着，张露不禁微微笑了。

一晃四年多。

如今细想，往事成趣。幸福是一种虚无感受。张露觉得，她与白玉明之间，似乎有一条无形戒律，如影随形。她从不多问，他也从不多说。但每周一次的约会，多年以来，已经成为某种生活习惯，或者说是规律。咖啡馆、茶吧酒吧、大小食肆，偶尔一起去看一场最新上映的大片，要不就去听音乐会，张露很喜欢小众剧场的新生态话剧。目前的这种生活状态，正是她一直想要的。有次白玉明忽发感慨："感谢上帝，你是我一生中最称心如意的女人。"张露觉得心满意足。

在外人眼中，张露慢慢变得清水芙蓉起来。粉面桃花，身姿柔嫩，像咖啡店木雕茶几里，那一尾一尾善舞能歌的鱼。有一次，张露穿了条纯白色的连衣裙。刚进办公室，白玉明就跟进来。衣服起起伏伏，人随衣动，衣随人动，风一掠，那些曲曲折折，被张露演绎得愈加微波荡漾，白玉明伸出双臂把她一把抱住，舌尖在她耳垂间游走，张露只觉站立不稳，白玉明小声地说："我们该好有个去处咪。"张露没吭声，心头微微一热，心跳加速，像被什么东西揪了一把。白玉明把张露的身体扳过来，看着她，不苟言笑地说："这里，有一个小抽屉。"他指指自己的胸口，"抽屉里藏着一个秘密。"张露笑笑。从前只是听人说，醇酒是男人的鸦片，认识白玉明以后，张露越来越开始明白，男人其实是女人的阿莫西林。

接下来，张露一下班就开始忙碌，三个月里四处奔走，看房子，查房源，比较价格地段，主要考虑出行是否方便，然后以最快的速度买下一处蜗居。很小的一套老一室户，已经花光了她全部积蓄。当房子过户到自己名下那一刻，张露翻遍每件衣兜，统共剩一百块钱不到，她瞬间成了"无产阶级"。但站在真正属于自己的房子里，还是忍不住很开心，她开心地计划着接下去的日子，究竟该怎么享受。一切来得太快太突然，盯着墨绿色房产证上自己的名字，张露感慨万千。一切恍如做梦。而所有这一切，白玉明都无知无觉。房子买在公寓楼第16层，张露知道，白玉明永远都不可能带她登高，不如干脆选一处僻静处远眺，想想也不错。买房子是件大事，预先自然要跟妈妈说，张露没想到，她立马就同意了，二话没说，当即送过来十万块现金，说是刚刚才去银行取来。抱着厚厚几捆现金，张露的眼前一片模糊，妈妈留了一句话就走，她说："有间属于自己的房子，要比男人可靠安全得多。"忽然被感动。这么多年来，第一次，对妈妈有了另外一种陌生而全新的感受。

矜持与含蓄,骨子里带来。张露从不主动打电话给白玉明,甚至信息也极少发。若是工作上有什么要紧事,在酒店直接去他办公室。张露觉得,自己仿佛一直是生活在水晶棺里的白雪公主。直到那天,当白玉明再次打电话邀请吃饭,张露想了一下,给他发了一条微信,写了新房地址。

把张露拥在怀里,白玉明依然什么话也没说。两个人就那么默默相拥,在阳台上站了许久。她与他之间,一切语言都显得多余。一番温存过后,白玉明半坐半靠在床头吸烟,他低头看着怀中的张露,轻轻地说:"你这个女人,实在太聪明。"张露揣着明白装糊涂,嘻嘻一笑,趴着没动,说:"我乖不乖?"她心里清楚,眼前这个男人,最见不得女人嗲,软枪一抢,未及出手,他已经输了。白玉明生于上世纪五十年代,青春小鸟的成长,伴随铿锵玫瑰,张露难以想象,那是怎样一个如火如荼的时代。"身体一日一日老去,时光残忍,男人的无奈更多是怀念,不知不觉,演变成身体的一部分。"白玉明幽幽地说,"无数个深夜,邓丽君从梦中慢慢走来。"张露轻轻地咬,白玉明伸手在她屁股上打了一巴掌,说:"唇边永远一抹浅笑,一开口,淡淡如水,这感觉抚慰着无言老去的英雄。"顿一顿又说:"哪像现在的女人,一张嘴,哇啦哇啦,男人立马性冷淡。"张露用手指撩拨。白玉明说:"男人对女人的向往,其实是种感觉,温婉美丽,水一样的气息,姿态身形,说话声音,很可惜,大多数女人根本弄不懂,柔情似水最厉害。"张露的脑海中立马闪现但丁《神曲》里面一句话:"人在世上留下的痕迹,就如同空中的烟雾,水上的泡沫。"白玉明伏在她耳边小声地说:"你是我摆过最好的局……"床头柜上的手机,突然铃声大震,白玉明拿起来,扭头看看张露,竖起一根手指放在唇间,做了个手势。是白太太。只言片语,一问一答,临结束时,白玉明鬼使神差般滑出一个字:"乖。"话音一落,她跟他同时都愣住。电话挂上,张露再也忍不住,倒在床上哧哧哧哧笑个不停,说:"收么总归是收不回来了,乖,乖……"香肩抖抖,小脸涨得通红。白玉明伸手在她屁股上啪啪打了两记,佯装生气道:"笑笑笑,这下宝宝开心了。"张露说:"爸爸这下惨哓,回去看姐姐怎么收拾。"

张露胡思乱想着,不时笑出声,时间久远,那些枝丫细节,依然栩栩如生,竟仿佛就发生在昨夜,她不由又红了脸。

"张总,张总。"张斌接连喊了好几声,张露"啊"了一声,缓过神,脸更红了,她不好意思地低头,假装看菜单。

总厨办公室大班台的一角,摆着一个随手泡。靠边有整套茶具。正宗的"茶道六君子"。茶匙、茶针、茶漏、茶夹、茶则、茶桶。其他配件小物,也依次排开,摆了一溜。茶盘、茶席、茶巾、茶宠、茶垫、养壶笔、茶滤网。一应俱全。张露看完菜单,走近去看。只见茶桶身刻着两行蝇头小字:"一毫无复关心事,不枉人间住百年。"张斌现在每日上岗头一件事,就是打开总厨办公室的门,将随手泡里纯净水灌至八分满,放电磁炉上煮,他在一边看着。以前给陈大佬泡茶,用的都是自来水。有一天,陈大佬忽然叫张斌到办公室,说有要紧事情。张斌急急忙忙奔来,一进门,陈大佬从工作服兜里掏出一张报纸问:"昨夜电视新闻坊,你看了没有?"张斌摇摇头。陈大佬说:"主持人再三交代,有关部门专家说,上海市民靠黄浦江水生活,普通江水送入自来水厂,先要经过氯化处理,清除微生物等杂质,但同时,氯与水中残留有机物又会相互作用，形成卤代烃、氯仿等等有毒致癌化合物，所以，吃水必须要烧开，但单单烧开还不够，必须再揭开壶盖，让水继续沸腾几分钟，这样喝，才放心，关键最后这一句，你记住没有？"张斌一愣，"哦"了一声说："记住了，师父。"陈大佬再喝茶，心理作用，总觉这水的味道有什么不对，看茶的色泽也有点怪。是不是张斌没有烧够时间？或者水沸腾的时间太久？想来想去不放心，后来干脆改用纯净水煮茶。但张斌已经习惯了烧自来水那一套程序，依旧坐在一边守着。紧盯着看。水温渐升，再升，壶中渐渐徐吟有声，最后沸腾。水咕嘟咕嘟煮沸三两分钟，电磁炉关掉，给师父冲当日的第一泡茶。张斌上岗的序幕，也就此拉开。陈大佬的紫砂壶，除了那把"柱楚壶"，另外一只年代更加久远，据说已经跟随主人至少十几个年头。壶的颜色，已呈很暗很暗的褐色。陈大佬喜欢喝红茶，时间一久，紫砂的泥色由红棕色渐渐变为红褐色，甚至暗紫色。张露爱喝绿茶，她的茶壶则由原来的亮红棕色，渐渐变成棕褐色，有点像上海人常说的"咸菜色"。

张露正端着这把茶壶瞎琢磨，陈大佬在身后忽然开了口。

"张斌刚才讲到点子上了，"陈大佬说，"海鲜干货，是酒店婚宴包席最主要的毛利增长点，我们全靠这个赚钱，当然最好不打折。"

"根本不可能啊。"张露苦笑着说。

"非要打，要想办法。"陈大佬说，"比如'竹笙澳鲍炖老鸡'，这是道大菜，干鲍换成鲜鲍，口味不降，但品相更好，客人哪里懂那么多。"

张露连忙拿笔在菜单边上做标注："干鲍换鲜鲍"。

"老鸡换成仔鸡,烹饪时间大大缩短。"陈大佬说,"婚宴讲究上菜集中,时间又不能等太久,临上桌前,加一勺高汤进去,提鲜,客人应该更喜欢。"

张斌在小本子上飞快地记录。

张露则直接在菜单边标注:"仔鸡加高汤"。嗯嗯着点点头。

"还有'黄油汁焗红龙',这一道,"陈大佬低头喝口茶,慢悠悠地说,"澳洲红龙成本太高,当然也要换啦。"

张露低头说:"那,换青龙?"

"无错啦。"陈大佬说,"换青龙,成本降低近四成,可以省下一大块。"说着一停,抽出一根香烟,张斌立马打火机啪嗒一响。陈大佬一吸一吐,烟圈由大到小,排成一串,张露看着那些烟圈,忍不住又要发呆,大佬再次开了口。

"这鱼嘛,"陈大佬说,"张总点了红石斑,不好调,就这样啦,但……"

张露立马说:"我打算去找海鲜佬,叫他前一晚弄三十条急冻的石斑,烧出来味道,与活鱼相差无几,客人哪里吃得出,又能省不少。"

陈大佬微微一笑,头点一点,看着张露说:"叫海鲜佬来一趟,跟张斌再碰一碰。"

张斌抬头问:"师父,那'瑞典小牛骨'呢?怎么换?"

张露说:"我们本来应该上小牛肋骨部分的。"

陈大佬吸了一口烟,说:"婚宴要量太大,哪里有那么多小牛肋骨啦。"

张露眉头微蹙,小声地嘟囔道:"那怎么办……"

"可以稍微掺些牛仔骨进去,吃口一点不差,硬度脆度都足够。"张斌得意地补充道,"客人即使吃得出来,还以为是配料,关键也不破坏这道菜的卖相。一举两得。"

张露"切"一声,笑着说:"你小子,就知道担心后厨总成本,脑瓜子转得倒快。"

陈大佬笑笑,拿过紫砂壶喝了两口,说:"张总看看,你还有什么补充?"

"大菜差不多先这样。"张露嘟一嘟嘴,长舒了口气,扭头看看陈大佬说,"这几天,我再好好想一想,看还能调换些什么菜。"

陈大佬跟张斌交代:"你也多想一想啦,多动动脑子,不要学算盘珠子,总是等人拨。"

张斌赶紧点头,说:"师父,我知道。"

陈大佬烟不离嘴,屋子里烟雾弥散,张露不禁咳嗽起来,她抬头看看屋顶,自言自语道:"这排气扇,是不是又出问题了?"说着就去开房门。门刚一开,有个后厨小弟急急忙忙冲进来,看到陈大佬,小弟一紧张,结结巴巴地说:"陈……陈大佬好,我……我……"张斌眼睛一瞪,骂:"丢你老母!连个完整的屁都放不响,我我我,我你个头!"小弟更加紧张,脸憋得通红,胆怯地低了头,杵在门口不动了。张露推了张斌一下,走过来问小弟:"到底啥事?不要慌,你慢慢讲。"小弟鼓足勇气抬头说:"我,我是来找张总助的……"说完怯怯地看了张斌一眼,"最多十几分钟,中餐厅爆满,后厨单子太集中,炒锅上实在忙不过来了,二锅师傅叫我来、来、来……"小弟呼哧呼哧直喘。陈大佬手一挥说:"去去去,你赶紧出去看看。"张斌眉头一皱,说:"那我先出去。"出门时踹了小弟一脚,两个人急急忙忙地走了。

张露继续跟大佬忙着谈论菜单,耳挂式耳机里,此时传来刘梅的呼唤,声音略显焦灼:"露露姐,你人现在哪?在哪?"张露回答:"我在后厨办公室,跟大佬商量王公子的婚宴菜单。出什么事了?"刘梅急急地说:"那你现在不要出来,千万别出来,出厨房的时候,最好不要从中餐厅楼面过。"张露问:"有啥事?""有桌客人投诉。"刘梅的语速极快,"其实根本没什么,无非是嫌菜上得慢。"刘梅埋怨道,"今天上客太集中,哗啦一下,这桌客人非嚷嚷着要见老总。"张露"嗯"了一声说:"我知道了。"把修改后的菜单收好,跟陈大佬又商量一阵,大局基本敲定,张露忽然想起一件事,她说:"每次婚宴包席结束,这一餐的原料,不论主辅,要剩不少,有的根本就放不到第二天,通通要坏要变质,那这次?"

陈大佬说:"是呀张总,婚宴好是好,楼面忙也就一阵风,菜一上齐,大放宽心啦。"张露接过去说:"后厨也省事,全部厨品都一次性出锅,暴风骤雨短平快,忙也一阵子。""可是,婚宴菜相对平时,量比较大,菜式固定,原材料用不完,要直接扔掉,这可都是直接成本,无形中提高了后厨当月成本,毛利点就降低啦。"陈大佬停下来吸烟,想一想,说,"不如我们推几道'特色推荐'试试?"张露"嗯"了一声说:"好,这主意好,边角料一样可以派大用场。"

"对厨师来说,'特色推荐'其实令人头痛。"陈大佬说,"以前还好,通常是一到两个月,菜式更换一次,如今生意日渐萧条,竞争日益激烈,餐饮行业如何生存中求发展,无非要靠'求新求奇求变求特色',这不仅是食客对自己盘中美味的要求越来越高,也是酒店老板对后厨队伍的基本要求,精益求精,更进一步。"张露叹息道:"以前那种'一招鲜,吃遍天'的时代,一去不复返了。"

客人来酒店吃饭,一落座,楼面小妹常常拿出两种菜谱。一本是酒店的正式菜谱,制作精美,图文并茂,典型高大上。另外一份则非常简易,通常就是一张硬卡纸,两面塑封,可以直接插在标准菜谱里。陈大佬给这张活页菜单上的菜,起了个好听的名字——"特色推荐"。有时也叫"当季主打"。于食客而言,可供选择的菜式越多越好,点菜时并不会注意到菜单上的某些细节。比如正式菜谱中,一年四季,酒店必备菜品,沽清的可能性很小,而这个单页简易菜单,内容常常随季节更换。逢年过节,还会根据当地民俗风情不同,几日一换。所有这些菜式变化,说着轻松,真要实际操作,并不简单。

"菜单的作用,力求最大极致化。"陈大佬说,"插页简易菜单更换频率,自然而然跟着大幅度增加。"

张露"嗯"了一声说:"有的客人上次来吃过一道什么菜,味道赞,心里惦记,这次又想吃,菜单前后左右翻遍,踪迹全无,心中迷惑,不卖了?卖完了?啥时候还有?"

陈大佬笑笑说:"不会再有了。"

两个人你一句我一句,陈大佬忽然又叹气,他说:"靠'特别推荐'吸引食客,后厨每周至少要推出一道新菜,厨师们千方百计,绞尽脑汁,经常想得脑仁疼。"

张露说:"新菜想不出来,怎么办?"

陈大佬无奈地苦笑,说:"原材料所供开发的资源,本来就十分有限,我们只能靠挖掘边角料,与调味品相互合理穿插结合,创新一道菜容易吗?简直搜肠刮肚!"大佬讲得口干舌燥,停下喝茶,吸烟,眉宇间出现一个深深的"川"字。

张露在边上沉默。

"光苦思冥想有用?"陈大佬说,"闭门造车,根本于事无补啦。"

张露笑着点点头。

"现在经常要去图书馆。"陈大佬说,"厨师必须开始学做文化人,大家集思广益,众人拾柴火焰高,我专门让张斌办了两张长宁区图书馆的借书证。"他看了看张露,"我每天交给张斌一张纸头,上面每周必答曲目,一二三四五,张斌亲自负责去找相关的书来查,他看好还不行,回来要上网,尽可能多方面搜罗资料。"

张露说:"查什么?"

陈大佬说:"查资料查案例,顺便也要留意一下其他酒店同行的回馈,看看人家都如何进行留言交流,这样才能心中有数嘛。"

张露"哦"了一声,说:"知己知彼,百战不殆。"

陈大佬语气间满是感慨:"这已经变成我的每日必修功课啦,丢,想起早前在国外学徒那时,我都没有现在这么辛苦。"

张露没吭声,一脸严肃。

张露跟陈大佬经常带着张斌,错开酒店生意高峰期,跑到相邻的几个区,虹口静安或是闵行,找一些跟休日酒店规模级别差不多的酒楼,有时也选择比较有特色的酒店,花自家钞票去吃一顿。行话把这叫"尝菜"。若是偶尔遇上大老板在,几个人一道,这是最开心的时刻。省心省力,关键是有人买单。只可惜,大老板整天全世界飞,这种机会,寥寥可数。更多时候是陈大佬买单,这也成为后厨每月一项固定不变的支出。一想到是花自己的钱,张斌每次去尝菜,难免带着情绪,有那么几次,故意搞恶作剧。平时被客人挑毛病投诉,这下逮着机会,张斌把胸脯一拍,说:"我今儿是上帝!"手一挥,招呼店里的小妹:"哎妹妹,你来你来!"说着把面前的盘子碗筷指一指,"这这这,洗干净没?那那那,到底洗过没?你自己好好看看!"盯台小妹的脸憋得通红,一语不发,站在边上动也不敢动,看着面前这几位上帝,妹妹实在搞不懂,心里寻思:"我究竟是哪里得罪了?"小妹越焦灼难安,张斌心里越得意,每次到最后,看见小妹几乎要哭出来,张露说:"差不多行了啊,张斌。"陈大佬照旧微微一笑,他安抚小妹:"别怕别怕啦,他故意逗你。"小妹一愣,迷惑,但很快就会意,长长地舒了一口气。小妹心里其实一直担心的是,自己这桌客人若真投诉,传到主管那里,等到月末,会直接影响当月奖金。心里轻松,小妹渐渐恢复如常,端茶倒水愈发殷勤,偶尔还笑嘻嘻地跟张斌有问有答。张露凑到陈大佬耳边小声地说:"唉,做咱们这一行,想想也真不容易。"陈大佬点点头,他忽然瞪了张斌一眼,说:"你究竟干什么来了?干吃豆腐?丢!"张斌嘿嘿笑着往左右瞅瞅,趁没人注意,把手机掏出来,对着酒店的"特别推荐",咔嚓咔嚓拍一通。能拍的都要拍下来,若是机会好,干脆直接偷一本正式菜谱带回去。但这种机会屈指可数,衣服穿得再多,菜谱又沉又大,稍不留神,偷鸡不成蚀把米,说出去让同行笑话。不过这倒是提醒了张露。第二天一早,张露把刘梅叫到办公室谈话,其实是下达"最新指示"。张露说:"即日起,休日酒店每天的楼面班前例会,你要追加一个重要条例。"刘梅说:

"啥事情那么严重?"张露说:"此事非同小可,你要在会上多强调,菜谱菜单,今后必须按人头分配,责任到人,明白了没?我已经考虑过了,为公平起见,就采用流水作业形式,每个员工,都有机会与菜谱同生共死,话虽严重了点,但人在菜谱在,人与菜谱共存亡,这直接涉及我们酒店中餐部的命运,你听清楚没?"刘梅当日就在例会上照章办事,重点强调菜谱的重要性,她说:"中餐厅楼面全体员工,当月奖金从此就跟菜谱息息相关。"小弟小妹听得心里哆嗦,躲在队伍最后角落的两个人,低着头小声地嘀咕:"太严重了吧,这不成了株连九族?不就一本菜谱,至于?"但也仅仅牢骚两句,规矩板上钉钉,废话少说。刘梅学着张露的腔调,一脸严肃地说:"打仗丢了枪,这仗还怎么打?啊?你们还有什么话好说?"

张露正沉浸在纷杂思绪中独自信天游,陈大佬追问道:"张总,你有没有在听?到底怎么样?关于'特别推荐'这建议?"

"哦……这办法好呀。"张露回过神,扭头看着陈大佬说,"我这就去交代刘梅,务必要鼓励楼面的小妹小弟,大家集体努力'极推',现在餐饮行业越来越不好做,我建议,"她强调道,"楼面是不是可以再增设一项'月末提成奖'制度?大佬你看?"

陈大佬想一想,嗯一声说:"办法总比困难多嘛,活人哪能被尿憋死,我看此举可行,以后就跟后厨炒锅师傅的厨品质量一并挂钩吧。"

张露表示赞成:"这样一来,厨房人人干得卖力,楼面人人推得卖力,大家甘心情愿,多劳多得。"

陈大佬笑笑说:"互惠互利,双赢啦。"

"极推菜式"的方案,张露与陈大佬意见达成一致,最后又在菜蔬与主食上稍加推敲,陈大佬说:"王公子的婚宴,算一算,还有近半年,具体视情况最后再定,到时候再讲啦。"

张露"嗯"了一声说:"好,那就先这样,我走了。"

陈大佬笑眯眯地说:"张总真是越来越靓啦。"

张露已经走出去了。

第五章

从地哩间主管处得知,刚才那桌客人投诉,缘于一道"休日粤式水晶鸡"。地哩间,有的酒店也叫班地哩,是PANTRY的音译。有个小弟开玩笑说:"听起来怎么感觉像搬地雷?"地哩间里绝大多数是小弟,偶尔也有一两个小妹,工作服与楼面员工的颜色或款式都不同。这个岗位比较特殊,编制隶属楼面,但工作地点却在后厨。比楼面服务辛苦许多。

酒店餐饮楼面服务,通常要求能够做到"眼勤手勤嘴勤腿勤",行话叫"四勤"。只要人勤快,基本没什么大问题,但在地哩间要再增加两条。一是重体力,二是好记忆力。地哩间员工每天要赶在开餐前,把所有"走菜"时所需的各种家私,通通清点完毕,并保证清洁消毒达标,而后搬运至楼面,交给各区域的服务员。生意繁忙阶段,运送厨品的食梯往往运力不济,传不过来时,要靠人工完成各散台与包房之间所有的传菜任务。厨房与楼面有专门步行通道,虽说只是两层楼,近三十级台阶,关键是"负重托运"。地哩间员工必须保证以最快的速度,从后厨把每道厨品传到客人面前,再迅速折返。一餐下来,至少要跑几十趟,甚至更多。对体能绝对是巨大考验。其次考验记忆力。每道菜出锅,在被传出去前,有专人"划单",通常由地哩间主管负责。菜要走去哪一桌散客,哪一间包房,竖起耳朵听,主管喊:"走——"立马端走。一旦忙起来,灶头、上闸、配菜、砧板、外带跑中线,各岗位加起来,少说几十号人。锅碗瓢盆撞击声,煤气点火的轰轰声,菜入油锅时刺刺啦啦声,嘈杂纷乱,鼎沸盈耳。主管只喊一嗓子:"走——某桌,某包房。"注意力稍不集中,常常杳不可闻。许多厨品除主菜外,需跟味碟与酱料,必须同时一起走出去。这些都需要心中有数。忙起来,各管各,谁也顾不上提醒。出错要扣本人当月奖金。荤素冷热,煎炸蒸煮,主辅搭配,即使已经背到滚瓜烂熟,一紧张仍难免出错,比如今天。

  刚才只十几分钟时间,楼面全场爆满。上客过于集中,每一桌的出菜顺序,需要地哩间主管与厨房师傅相互紧密配合,随时联系。不然容易出岔子。把这桌的菜上到了另外一桌,等发现再去补救,人家已经吃过几口。怎么办?忙不迭连声道歉,为时已晚,客人风轻云淡地来一句:"我们还以为酒店特意赠送。"遇到客人不通融,这道菜就真的只能算白送。而这些上错的菜,最后通通要算进后厨的总成本。张露给员工培训时曾一再强调:"后厨炒菜快还是慢,需要随时掌控上菜时间,根据楼面客人的实际情况随机应变。"地哩间主管眼观六路,耳听八方,随时与楼面主管保持联系。楼面催菜分急缓,像一个人生病去医院,先挂号,再排队,要耐心。炒菜一个道理。哪桌客人催了又催,楼面主管通过对讲机呼叫地哩间主管,而后地哩间主管马上扯开嗓子，朝灶台方向大喊："几号桌，某某包房的什么什么菜！加急！"休日酒店地哩间主管是个女孩，刚二十出头，人长得细细瘦瘦，平时很文静，但只要一上岗，像换了个人，开口音量暴涨，分贝直升，简直叫人弹眼落睛。

地哩间里忙到四脚朝天，刘梅从楼面大厅急急忙忙冲进来。她来做替补队员，帮地哩间主管划单走菜。这种情况并不鲜见。不久前才刚清洗过的油烟排气通道，此时好像失了灵，大厨房里烟雾弥漫，排风机有气无力哼哼个不停，似乎根本不管用。张露扭头看灶台。头锅二锅三锅尾锅，师傅们人人埋头挥汗，分秒必争，手中大勺上下翻飞，灶眼中不时"轰"的一声，火苗蹿起来一人多高。跑中线与负责打荷的小弟，听到哪一桌的菜催"加急"，要立刻把预先配好的主辅料，迅速传递给炒锅师傅。此时地哩间主管"划单"重要性凸显。走菜的顺序应该是，凉菜——炖汤——海鲜——主菜——小炒，最后上主食。顺序不能错。并不简单。地哩间员工队伍里有几个小妹，这是新招来没几天的新手，安排在地哩间尽快熟悉厨品。等她们能单打独斗上阵迎战，就被调到楼面去盯台。而楼面服务的员工如果犯错多，会被打回地哩间重新锻炼。是一种变相性惩罚。

刘梅的面前是一堵墙，不锈钢质地，这是专门定制来粘贴菜单用的"划板"。百十多张菜单，密密麻麻，看得头晕。趁走菜的空当，刘梅不时趴在地哩间主管耳边大声地叮嘱："要多注意啊，跟陈大佬与张斌多多沟通交流。如何能在第一时间获取楼面客人对厨品的反馈信息，并且准确及时传达，便于陈大佬对每位厨师每道菜品质的优劣，做到心中有数，你这一步非常关键，记住没？"

地哩间主管不住地点头。

若非高峰期，点单后通常由盯台服务员将单子送进后厨，休日酒店这样的星级酒店，满客时菜单起码一百多张，靠人力送单不现实，地哩间安装电子出单机，服务员在大厅或包房点菜，输入菜肴与桌位号码，出单机自动出单。

一个楼面区域主管端着一盘菜，急急忙忙奔进后厨，一看见刘梅，他皱着眉头开口喊："家常红烧肉，客人投诉太咸啦！"

刘梅随手拿过一根筷子，筷子头在汤汁里蘸了蘸，放舌头上尝了尝，扭头对地哩间主管说："你来尝尝。"

出现退菜投诉，地哩间主管本身有尝菜的权利，她尝了尝，说："不咸啊？"

楼面区域主管又说："这桌是本地人，说菜味道不对，后来我仔细问过，他们其实是想吃'上海红烧肉'！那是甜口！"

刘梅一股火气上蹿，朝楼面区域主管大喊："这桌是谁点的菜？点菜时为什么不预先问清楚？'家常红烧肉'，咸口！'上海红烧肉'，甜口！为什么不问清楚？还嫌不够乱？"

楼面区域主管噤了口，脸腾地一红。刘梅端起红烧肉，转身走到张斌身边嘀咕几句，张斌眉头紧皱，往这边瞪了一眼，不知骂了句什么。红烧肉重新入锅，张斌拿过边上的半瓶可乐"唰唰"两下，顺手加半勺白糖，立马关火，迅速颠勺翻几下。前后最多十几秒钟，红烧肉重新装盘。张斌指挥小弟："鲜花香菜！"

刘梅端起来扭头大声地喊："上海红烧肉，走！"

楼面区域主管赶紧接过来，低头急匆匆地走了。

当客人对某道菜的质量或品相存有疑虑，"品尝"是最直接有效的检验手段。刘梅回过身交代地哩间主管："尝菜，是为了

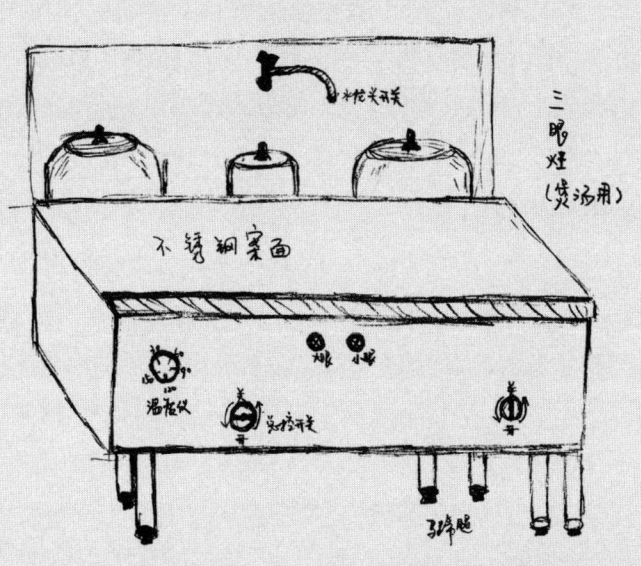

避免客人退菜，只要不退，就不会影响到厨房的直接成本，记住没？"又加一句："你这里是保证厨品质量的最后一道关，明白吗？"

地哩间主管不住地嗯嗯，点头说："记住了，刘经理。"

"休日粤式水晶鸡"是新近后厨刚刚推出的一道秋季时令主打菜。中秋节临近，因这道菜价格亲民，吃口嫩滑爽利，来者必点。刚才投诉那桌，因盯台的小妹才调出地哩间没几天，一看今天客人多，眼晕心怯，方寸大乱。这道"休日粤式水晶鸡"，蒸制时间要根据鸡的大小与火候具体把握，至少蒸足一刻钟至二十分钟。蒸的时间过长，鸡肉不够嫩滑，吃起来发柴，鸡肉就老了；若蒸制时间太短，鸡肉则可能不熟，蒸不透。但所有这些，客人才不管。一旦投诉，只管扯嗓子大喊："你既然已经给我点了，就立马给我端上来！快上快上！"遇到有的客人心情不好，越发没耐性，眼睛一瞪呵斥："你们酒店上座集不集中，人多还是不多，后厨能不能迅速出菜，什么蒸啊煮啊，什么至少需要多少分钟，不要瞎啰嗦！跟我有半毛钱关系？我花钱来干吗？快点给我上！不上就退菜！"常常是按住葫芦起了瓢，邻桌的客人也跟着嚷嚷："这是我点的鱼吗？这明明是条死鱼！端走端走！"

通常服务员点好单，活鱼活虾活蟹，要到海鲜池找海鲜佬先称重，再迅速折返，拿给客人过目，双方确定无误，才能落单，把菜单底联交给收银台生成海鲜价格，再返回海鲜池把另外一联交给水台，开始现场宰杀，剖鳞去内脏，小心苦胆破裂，等这些通通都做好以后，由水台的小弟负责拿到上闸，交给专门负责蒸菜的厨师。很显然，这桌点的鱼，预先没有拿给客人确认就落了单。叫嚷声此起彼伏，对客投诉往往会产生蝴蝶效应。只要有一桌投诉，邻桌多多少少受其影响："怎么搞的？那么慢？鸡呢？我的鸭子呢？到底还能不能上？"有客人脸露愠色发脾气："去催催呀！赶紧！不然就退菜！"盯台的小妹阵脚彻底大乱，抬眼四望，哈利路亚救世主，祈祷救兵能从天而降。不远处，区域主管正站在靠窗的位置，一只手抓了三个点菜簿，低头写不停，不时俯身去征求客人意见。再看边上别的盯台小妹，人人像陀螺，手脚并用，忙得团团转，谁还顾得上帮谁？小妹跟客人说几声抱歉，转身一溜小跑，冲进地哩间，她站在门口高声喊："哪个区，几号桌的菜！快点快点呀！客人叫啦！"刚一喊完，发现刘梅正瞪眼，身体一哆嗦，红着脸吐了吐舌头，掉头跑出去了。

灶台上，师傅们人人埋头炒菜。张斌站在头锅位置上眉头紧锁，双手翻个不停。最苦要数打荷的小弟，手忙脚乱，人人一脑门汗。他们努力想做得更好，无奈常常人仰马翻，欲速则不达。张露曾经问过很多以前做过"打荷"这一工种的厨师，究竟应该叫"打荷"还是"打盒"？谁也说不出标准答案。此时站在后厨角落，望着眼前这蒸腾景象，张露不禁百感交杂。一扭头，陈大佬从面点房那边急匆匆地走出来，看了张露一眼，说："去各档口又转了一圈，今天这客上得太集中，丢！"说完慢腾腾爬上那把专用的铁木高背椅，拿过茶壶喝了一口。

张露走过去，关于"打荷"与"打盒"，向大佬寻求答案，她说："究竟应该怎么叫才对？"

陈大佬笑笑，说："其实这个'荷'或'盒'，音同字不同啦，但意思都不准确，确切地讲，应该用'河'字啦。"

张露抬头问："为啥？"

"'河'字，流水本意。"陈大佬说，"所谓'打荷'或'打盒'，在后厨，即掌握流水速度意思啦，专指协助炒锅师傅，将菜看尽可能迅速利落精美完成，所以叫'打河'才最贴合嘛。"

张露恍然，"哦哦"着说："大多数酒店，都习惯这样讲这样写，看来都是以讹传讹。"

陈大佬说："其实也无啥大碍啦。打荷人员配置，多由炒锅师傅的数量而定。一般情况，一个炒锅师傅配备一个打荷小弟，酒店规模大，比如我们休日，打荷的小弟会适当多配备一两个，充当机动调配人员啦。"

张露点点头，心中释然。

"要按工作能力说，打荷小弟也分等级啦。"陈大佬说，"打荷既琐碎，又繁杂，颇具挑战性啦，头荷二荷三荷，最后是末荷。"

张露默默地听。

"打荷小弟不仅要负责每天炒锅的开档收档工作，每天还要按实际所需，提前添加准备好当餐全部的调味料。"陈大佬说，"自己去库房填表申领，并负责核实验货，确认种类与数量，物料不足时还要提醒库房阿姨及时补缺啦。"

张露点点头。

"说到上灶台炒菜，"陈大佬低头看了看张露，说，"要想成为炒锅师傅，那就先做好打荷小弟啦，这是每个厨师的必经之路，无有其他任何捷径，好比你们地哩间员工想调出楼面，一个意思啦。"

张露"哦"了一声，说："就是炒锅师傅的前身？"

陈大佬笑着点点头，说："菜炒出来要装盘，盘中要有点缀装饰物，鲜花或蔬果，造型如何拼摆，摆左还是摆右，这也要打荷的小弟独立完成。"

张露嘴巴张大，说："真没想到，做个后厨小弟还有这么多讲究，要具备一定美学知识。"

陈大佬说："后厨最繁忙时段，打荷小弟基本等同于'打通关'，啥意思，明白吗？"

张露笑笑，摇摇头。

"不仅要通过对讲机，随时与传菜部主管联系沟通，确保客人所点厨品的数量与名称准确无误，再一点，"陈大佬强调道，"要了解上菜以及催菜的适时变化情况，这样才能随时协调地哩间与后厨各道厨品的出菜顺序，速度快慢均衡，这点相对来说更关键啦。"

张露"嗯嗯"点头，神情若有所思，扭头看，见刘梅还在地哩间不停地忙碌。划单的红色记号笔大概不出水了，连甩几下，现加墨水来不及，刘梅随手抓过一支记号笔，目不转睛，紧盯菜单继续划，划出的道道变成蓝色。远远看去，红红蓝蓝一大片。刘梅上看下划，口里不停地喊："走——"喊喊划划，划划喊喊，一刻不歇。

后厨有个小弟，估计是新来的实习生。不知是没记清楚，还是脑子发蒙，他端过一大盘米饭递给头锅。张斌抢起大勺，就要往小弟脑袋上落。要不是看张露在，大勺就砸上去了。这小弟显然被吓傻了，愣在原地不动。打头荷的小弟上来就骂："仆街仔！我丢你老母！"一把抢过实习小弟手中的米饭随手一甩，咣当一声，打荷台下面米饭撒了一片。

张露与陈大佬四目相对，无奈地笑笑，小声地说："张斌这脾气，简直吓死人。"

张斌转身眼睛一瞪,大吼一声:"去拿个簸箕!"

打头荷的小弟一哆嗦,扭头指挥那位实习小弟:"你他妈还傻子一样杵在这里干什么?快点去拿呀!去拿簸箕!"

实习小弟像是没听清楚,或者根本就没听懂,他呆若木鸡立在原地,眼中一片茫然。

打头荷的小弟又骂:"你他妈挺尸啊!"

实习小弟犹豫再三,终于酱紫着一张脸,一溜小跑出去了。

没多大一会儿,实习小弟回来了。手里提了一只吊烧鸡,他刚才跑到烧腊部去了。张斌扭头一看,气不打一处来,手中的勺子迅即砸下,打头荷的小弟条件反射,身体往边上迅速一闪,勺子砸到左肩头,他"哎呀"大叫了一声,面部表情痛苦,哪敢再多说一句话。狠狠又瞪了实习小弟一眼,嘴里连着骂了几句,自己跑出去找簸箕了。

张斌此时也顾不得张露就站在不远处,正盯着他看,一肚子火气,朝着打头荷小弟的背影大声地骂:"丢你老母,废柴!脱了裤子放屁!靠屁吹火!"

原来,实习小弟把"簸箕",听成了"烧鸡"。

砧板小弟够不着配菜原料,用力推了实习小弟一下,说:"让开放开!杵这儿干吗?"

砧板,具体包括切配、刀工、墩工。他们负责所有厨品的配菜切剁。一道菜要用什么材料,提前准备齐全,并迅速切好。休日酒店这种星级酒店的后厨,配菜有专门人员,配好后交给刀工或墩工。刀工只负责切,墩工则只负责剁,但不包括凉菜间。

耳边盈满叮叮当当声,只有实习小弟站着一动不动。

张露忽然于心不忍,但又觉好气好笑,仰起头问陈大佬:

"头锅就一定不可以炒饭?"

陈大佬沉默,像是在斟酌应该怎么解释,拿过茶壶喝了一口,俯下身给张露仔细地讲。

"常听说,一人巧作千人食,五味调和百味香。"陈大佬说,"末锅,也叫'炸锅',但凡与煎炸有关的菜肴厨品,通常都由末锅来完成,单从灶头上看,末锅的地位,属于师傅里最低一级,依次往上排,炒饭炒面,炒家常大众菜,炒中高档菜,最后是头锅,也就是张斌这个位置,一般只负责高档菜啦。"

张露"哦哦"着说:"只负责燕翅鲍极品类。"

"但也并非绝对。"陈大佬说,"平时灶头上不忙,客人不多,头锅偶尔也炒几个不值钱的菜,家常小炒一类,炒饭也不是绝对不可以,"他加重强调,"主要是给小弟们做手势示范,但今天忙成一锅粥啦,张总说说看。"说着摇摇头。

"怪不得,张斌火气那么大,简直要吃人。"张露抬头笑笑说,"我发现,后厨各位师傅,甚至打杂的小弟,脏话怎么随口就来,似乎是后厨特有的腔调啊。"

陈大佬"嗯"了一声,似乎没听明白。

张露说:"张口闭口,丢来丢去,整天丢人家老母亲。"

陈大佬笑起来,他说:"广东佬嘴里,这句话从早到晚不离口的啦,其实并非专指骂什么人啦,就是一种语言习惯,好比国骂'他妈的'啦。"

张露也笑了。

陈大佬接了刚才的炒锅话题,继续给张露深入地讲下去。

"不要小看这炒锅啦。"陈大佬说,"头锅二锅三锅尾锅,由上至下炒菜,你随便炒啦,一点没有问题,但末锅要想向上炒,必须先请示师傅得到允许,这是后厨的规矩,明白吗?"

张露说:"啥讲究?"

"主要还是担心厨艺不够精湛啦。"陈大佬想了一下说,"功夫不够,火候不到,结局会怎么样,张总想想啦。"

张露点点头,说:"没有规矩,不成方圆。"

陈大佬"嗯"了一声,说:"冇错啦。"话音刚落,忽听尾锅师傅突然"啊呀"大叫一声,手中的大勺差点甩到了地上。

张露吓得一哆嗦。

陈大佬从椅子上慢慢下来,张露紧跟其后,两个人走过去。

尾锅师傅的脸上,已经出现两三处红斑。刚才炸货时不小心,有几滴热油溅出来,所幸并无大碍。"这种烫伤,根本防不胜防的啦,完全家常便饭。"陈大佬轻描淡写地说,"还好啦,油没有溅到眼睛里。"

张露听着心里紧紧一缩。

"有时候,火苗突然蹿出来,"陈大佬转身往回走,说,"燎掉半只眉毛,烧掉几撮头发,一点不稀奇啦,最惊险要数放花炮。"

张露说:"放花炮?"

陈大佬又慢慢爬上铁木椅坐下。

张露扭头再看,那个被烫伤的尾锅师傅,似乎已经恢复镇定,时不时把手伸到水龙头下面去冲,手中大勺忙而不乱。

张露说:"哎,看来被烫得不轻。"

陈大佬喝了两口参茶,缓一缓,又给张露接着讲。

"后厨灶台所有炒锅,"陈大佬说,"比如我们休日,用的是天然气鼓风灶,每次开火,要先点子火。"

张露说："是不是类似于家里煤气灶的点火棒？只不过，鼓风灶的火头，藏在灶台里？"

陈大佬点点头，说："一点无错啦，子火是长明火，这样的好处，是第一时间就可以上手炒菜，不需要不断开火点火，省时省事啦，但……"话题一转，"如果子火不小心被水浇灭，或者偶尔遇到瞬间供气不足，那就要出大问题啦。"

张露抬头说："啥意思？"

"火突然就灭，厨师并没有及时发现，会怎么样？"陈大佬低头问。

张露没吭声。

"火苗看起来以为熄灭，但实际上，天然气仍然暗中继续供给，这时候。"陈大佬眼睛瞪大说，"炒锅又恰好压住灶头下面的天然气火头，此时若是猛然一开火，张总想想……"

张露明白过来，"哦"了一声说："原来大佬说'放花炮'，是这个意思。"心里不由又一惊，浑身泛起鸡皮疙瘩，她想起不久前，发生在酒店后厨的一起事故。

那天，三锅师傅正在熬煮糖醋汁，为晚上的三十桌包饭做准备。煲仔炉的火势太小，熬煮半天不得，师傅心中焦急，于是干脆把几十斤重的大汤桶，直接抬到大灶台上。就在此时，味料库的管库阿姨打电话来询问包饭所需的主辅料明细与数目，让他马上过去再清点核对一下，师傅顺手把大勺递给边上的小弟，交代一句："不停搅不停搅啊，再搅大概十几分钟，改换大火，再熬煮片刻就关火，记住没？"小弟"嗯"一声说："我记住了。"三锅师傅转身走了。一刻钟以后，这小弟想都没想，直接去开火，只听"砰"一声巨响，糖醋汁汁水四溅，灶头对面的墙上，斑斑点点,瞬间糊满厚厚一层。厨房间里满地猩红,连小弟头顶上方那一块天花板也没有躲过,汤汁溅得太高,现场一塌糊涂。张露虽非亲眼所见,后来只是听别的小弟随口讲述,仍觉心惊肉跳。据说,陈大佬那天正带了新认识的小女友,在静安寺一家咖啡馆里你侬我侬,听闻此事,着实被吓一跳,他放下电话,打了个出租车心急火燎往酒店赶,搞得小女友一肚皮不开心,到后赔情道歉了许久。再讲起此事,陈大佬仍然心有余悸。"万福吉祥玛利亚,感谢耶稣感谢主,感谢上帝!"陈大佬说,"要不是这个小弟鬼使神差,在开火之前,把大汤桶桶身朝外呈三十几度倾斜的话,后果简直……"张露听得汗毛直竖,嘟囔着说:"参加万圣节晚会,估计根本不用戴面具了。"

　　据说三锅小弟登时就被吓傻,往地板上一瘫,彻底没了反应。等别的小弟听到声响,纷纷围聚过来询问,眼前景象恐怖,有人提醒,说:"哎哎,你走几步呀!你站起来走几步!"三锅小弟纹丝不动,不是不想动,根本就迈不动步子,两条腿已经完全不是自己的了。别的小弟后来给张露聊起此事,说:"三锅小弟浑身抖抖簌簌,像打摆子,一直抖不停,问什么也不说,估计落下后遗症了。""哎,累锅草海,没多久就辞职啦。"陈大佬看着尾锅师傅,说,"估计这以后,这个小弟是再也做不了厨房这一行啦。"张露"嗯"了一声说:"有心理障碍了。"陈大佬又说:"不幸中的万幸啦,还好当时是午休时间,厨房里也没什么人。丢。"据在场的几个小弟事后回忆,具体细节模糊不清,就只记得两耳突然一阵轰鸣爆炸声,根本来不及反应,扭头去看,三锅小弟已经杵在那里,吓傻了。"糖醋汁浇了一身,哎呀我的妈。"二锅小弟给张露比划着说,"红彤彤的一个人,从头到脚,好像蜘蛛侠。"此事很快在酒店上下引起轰动，热议很久。

酒店后厨，配备有大量灭火器材。灭火器、灭火毯，饭店专用的灭火锅盖。新酒店万事俱备，需经当地消防部门实地检验考核以后，颁发临时消防许可证，并允许进入"试营业"。休日酒店试营业阶段，张斌带领后厨全体人员集中培训了两个月，演练的重点，就是防火安全。厨房门口摆放两组灭火器，墙上悬挂两组灭火毯。那天，三锅小弟瘫倒在地，大家冲进来七嘴八舌，有人举着灭火器对准灶台就是一通乱扫，不知是谁大声地说："后厨五组十桶灭火器，自打开业就没派过用场，这次总算……"有人则举着灭火锅盖，胡乱挥舞。这个锅盖由一个两米左右不锈钢钢管，与一个定制的大锅盖组成。"厨房最原始的消防配备，是灭火器和灭火毯。"陈大佬看看张露，说，"灭火锅盖是最近两年才引进的啦。"张露说："防火毯的效用大不大？"陈大佬想了一下，说："消防毯灭火，效用比较大，但如果火势扩展得太快，人员根本无法靠近，这消防毯就失去作用啦。"他走过去，取下防火毯给张露做演示。"灭火毯和灭火锅盖，灭火方法有差别的啦。灭火毯必须靠近火源，才可能灭火，但是用灭火锅盖灭火，人只需要站在两米以外，"说着退后两步，手拿锅盖一头的不锈钢管，看着张露说，"把锅盖快速盖在火苗上就好啦。"张露"哦"了一声，背诵安全守则："目前多采用'一压二盖三喷'，一旦发现油锅起火，后厨人员要先用灭火锅盖压住火苗，火势得到控制，再把灭火毯迅速盖在上面，最后用灭火器灭火。"陈大佬说："顺序必须记牢，才可能有效灭火，开业时集中培训两个月。"他笑着摇摇头，"哎，一帮草海，真到关键时刻，一个也记不住的啦。丢。"张露也笑起来，说："群龙无首。"

等到正餐高峰基本结束,张露才从后厨出来。地哩间的侧门可以绕到楼面中餐大厅,此刻还剩下零零散散三两桌。张露心里嘀咕:"又是一场不见刀枪的混战。"区域主管不知从什么地方钻出来,紧走几步凑到张露身边,说:"张总,喏。"他嘴巴往靠近大门的位置努了努,"就是那桌,难缠得很。"话题一转,"多亏有我们刘经理,兵来将挡,水来土掩,我就没见过她搞不定的客人。"张露假装不经意地抬眼朝那边扫了一下,没吭声,找一处靠近凉菜间明档的角落坐下来,说:"讲讲吧!你们刘经理究竟是怎么水来土掩的?"

刘梅的酒量了得,这在休日酒店早已尽人皆知。想当初,刘峰纠结再三来找张露,因为担心她会不同意,还专门拉来白玉明做说客,好说歹说,终于把刘梅弄进了休日酒店,安排到张露的手下,真是费尽心思。刘峰打听到张露常用的化妆品牌子,花一万多买了全套,佯装到张露办公室闲坐,笑嘻嘻地说:"露露姐花容月貌,上帝对你多好呀,哪个女人不羡慕,千万要小心呀,仔细保养着。"说着把精美包裹着的礼物,慢慢推过来。张露瞪了一眼,说:"你这是干啥?"刘峰照旧嘻嘻一笑,说:"姐,这就是弟弟的一点心意,刘梅日后跟着你,就是姐姐的左膀右臂,我也好放心了。"

刘梅早前一直在酒吧里工作,每月的全部收入,完全要靠卖酒提成,卖得多,挣得也多,没有所谓旱涝保收的"保底工资"。一段时间下来,刘梅一张嘴巴历练得舌灿莲花,简直赛过得胜葫芦了。说起刘梅怎么就跟刘峰走到了一起,故事盘根错节,情节趣味盎然。

有一天,刘梅休息,她跑去古北路上的一家酒吧玩。刘梅有个小姐妹叫阿林,在这里打工。刘梅没事时常过来。刘峰那天恰好在。恰好一个人。坐在吧台前的高脚凳上,看刘梅在吧台里面忙着调酒,刘峰随口问:"妹妹是新来的?瞅着面生。"刘梅没搭理他,手中依旧忙活。这天正逢周末,阿林一个人手忙脚乱,恨不能生出三头六臂。阿林随口道:"她是来帮我忙的。"刘梅这才抬头微微一笑。阿林问刘峰:"峰哥,今天喝点啥?"刘峰因为没有得到刘梅的回应,稍觉无趣,讪讪地扭转身朝后面看。表演台上,有一个金发美女正在表演钢管舞,几近全裸,只在两只乳头上粘着两朵梅花形乳贴,下身粘着一根长长的白色羽毛,刘峰不禁想起一部动画片《妖精的尾巴》。金发女人脚下踩了一双至少十二厘米的全高跟,鞋底透明,足足有五厘米厚,不时做出大V坐姿、火红太阳或埃及回旋等专家级舞步,时不时还要来一个单腿高悬倒挂,挥舞之间,空气中荷尔蒙的味道骤增,台下不时爆发出一片"好好"叫声。口哨声此起彼伏。刘峰看了一会儿,提不起兴致,转过身说:"给我来一杯威士忌加苏打水。"说完凑近阿林问:"跳舞这女人,是你们新招的?""正宗俄罗斯品种!"音乐声震耳欲聋,阿林大声地回答,开始调威士忌,她问刘峰:"条顺不顺?"刘峰盯着刘梅看。翻瓶、横转、纵向旋转、抛瓶、卡酒回瓶、立瓶,刘梅的手腕时而翻抓,时而背后反转,时而滚瓶绕腰,一系列动作下来,如流水般娴熟流畅,刘峰不禁眼花缭乱,看得呆住。

刘梅只要没事就过来找阿林,一来二去,刘峰注意上了。阿林有时太忙,场外卖酒这事,根本顾不上,刘梅微微一笑,说:"有我呢!"转身出外场,又帮着阿林卖酒去了。刘峰发现,刘梅卖酒与别的吧妹不同。她首先要征求客人自己的意见:"阿哥,要不,请妹妹先来一杯?我先帮您尝尝?"自然而然,半蹲半跪在客人边上,笑嘻嘻地等着。酒吧有专职的陪酒小姐,但价格不菲,刘梅轻车熟路,得心应手,卖酒加陪酒,一举两得。酒卖得又多又快,阿林只看不说,心想:"不干活,拿钱还多,管她呢!"

  时间一长,刘峰发现,刘梅似乎是天生会照顾人的那种女人。面对一桌子客人,刘梅一个一个挨着敬酒,一口一杯打通关。一圈一圈喝下来,客人没有喝不舒坦的。刘峰静静地看着,暗自琢磨:"这女人,有点意思。"再后来,刘峰打听到刘梅自己打工的酒吧,阿林这里渐渐就来得少了。刘峰当然要去给刘梅捧场,虽说舍近求远,但有钱难买乐意。刘峰不但自己去,但凡在生意上有往来的客户,无论大小新旧,通通带过去,逮着机会就开始介绍,指着刘梅说:"这是我妹子!"刘梅有一次问刘峰:"比起阿林他们那儿,我这里路远了不少,峰哥你这是何必呢?"刘峰笑眯眯地说:"我贱嘛!谁叫我喜欢你呢。"

  刘梅很快便不再跟别人合挤在破旧肮脏的出租屋,她搬进了刘峰的公寓楼。阿林已经很久不跟刘梅联系,她最后发来一条手机短信大骂:"怪我瞎了眼!过河拆桥的贱货!你等着!"刘梅一点不生气,举着手机给刘峰看,笑嘻嘻地说:"我就是雕花刻凤绣花枕头咋的?气死她!"两个人嘻嘻哈哈。

  功夫不负有心人。进入休日酒店差不多半年时间,刘梅已经做得风生水起,相当出色。上至酒店老板,下至酒店员工,再到酒店客人,无一不说刘梅好。刘梅的人缘好到连张露都自叹弗如,想起外婆在世时常说,"女人千般娇,不如好性格。"有次跟白玉明聊到刘梅,白玉明讲了一个故事。

"我有个台湾朋友，女的。"白玉明说，"来上海办事时，喜欢四处兜兜转转，来的多了就发现一个问题。"

"台湾女人在上海有自己的房子，"白玉明说，"巧了，就在古北区，邻居是上海本地人，两夫妻天天拌嘴，小吵天天有，大吵三六九，女人动不动就哇啦哇啦，骂来骂去其实就一个意思。"

张露说："啥？"

"隔壁女人大嗓门，天天要自家男人去死去死，嫌他一副死腔，不上路。有一次，隔壁女人看到台湾女人，非拉她聊一会儿。"白玉明吸了一口烟说，"站在小区车库门前又开始哇啦，噢，侬讲讲看，伊整日就是这副死人腔，一句软糯甜话不会讲。"

张露的手往上移，停在白玉明胸口。

"隔壁女人讲话时头往前伸，手势夸张，瞪着一双麻黄黄眼睛。"白玉明说，"若细细去看，上海本埠新闻里所谓'略具姿首'的痕迹，依稀可寻。"

张露"扑哧"一声笑了。

"邻居女人一直讲，"白玉明说，"自家男人的种种劣迹，控诉斥责，长吁短叹，满嘴恨铁不成钢，面孔怨尤深似海，仿佛眼前滔滔黄浦江。"

张露说："那男人从不回击？"

"那男人极少附和，据说……"白玉明低头看了张露一眼，"偶尔发声，也很低很小，几乎听不清楚，隔壁女人大多时候等于孤掌难鸣，于是越发不开心，有时是深夜，女人吵着吵着要摔东西，噼里啪啦好一阵子。"

张露说："河东狮吼。"

"台湾女人说，偶尔在小区散步，遇见过隔壁男人。擦肩而过时大家点一点头,那男人戴副眼镜,高高瘦瘦,见人习惯性一抹微笑,儒雅安静的一个人。"

张露没吭声,用牙齿在白玉明肩头一阵轻咬。他点了根烟深吸一口,又缓缓地说:"情绪幽幽起伏,堆积无数,时候一到终于爆发。"

张露说:"惨了。"

"听台湾女人讲,"白玉明说,"那天隔壁女人刚开始吵,男人咆哮似火山,一下子就爆发了。"

张露抬起头问:"吼啥?"

白玉明说:"没人教,没人养,没心没肺。离就离,就算是七仙女下凡,老子不要了总可以吧。"

张露"哦"了一声说:"兔子急了也咬人。"

白玉明说:"接下去一连好几天,隔壁女人家里都悄无声息。"

张露舒了一口气,说:"老实了。"

白玉明"切"了一声,说:"怎么可能?江山易改,本性难移,台湾女人先前也暗自这样庆幸,谁知道……有天凌晨,天刚蒙蒙亮,被一阵哭声吵醒,仔细听,是隔壁那女人,像在跟什么人倾诉,听不清楚,好不容易挨到天亮,笃笃笃有人敲门。"

张露说:"隔壁女人。"

"门一开,来不及进屋,隔壁女人站在门口开始哇啦哇啦,侬讲讲看噢,伊说离就真要离,现在天天催我去办证。"白玉明笑着说,"隔壁女人哭哭讲讲停停,也不进屋,一把鼻涕一把泪,说男人已经搬出去好几天了,现在该怎么办,怎么办。"把吸了一半的香烟掐灭,低头问:"这女人作吧?"

张露"嗯"了一声:"作。"

白玉明说:"我这个台湾朋友,其实一直纳闷。"

张露"哦"一声。

"台湾女人不能理解,大陆很多女人,一式一样的心理,自己明明是离不开这男人,嘴里偏偏要那样这样地说,怪不怪?"

张露点点头。

"传统幽怨,是一种小小不满,并不强悍。"白玉明低头在张露头顶吻了一下,总结道,"于美好向往前提之下,寻求生活改良,女人要不强硬不要求不直接,要懂得曲径遥幽,迂曲婉转,这才是聪明女人,明白吗?"

张露趴着没动。

白玉明又说:"以柔克刚,水滴穿石,这种小怨哀而不伤,若是分寸把握得好,男人反而更喜欢,心里愈加怜悯疼爱这女人,只可惜……"

张露换了一个姿势,说:"女人跟男人较劲,同时也在跟自己较劲。"话题一转:"如今这世界,到处女汉子伪娘,自我感觉良好,哪管别人什么感受。"

白玉明说:"其实也没啥,觉得符合自己的逻辑就好。"

张露爬起来问:"那你觉得,男人究竟该啥样?"

白玉明想一想,说:"这个并无具体,完全要看个人。"他把手放在张露头发上轻轻摩挲着,"通常情况是,但凡男人不迎合,女人立马要愤怒,要吵要闹不开心,男人迟早被吓跑,矫枉过正,物极必反。"

张露"哦"了一声说:"看起来,怨妇的最高境界,好比武林高手。"

白玉明低头在她额头轻轻吻了一记,说:"宝宝讲讲。"

"不见棍棒刀枪,不出声,不听响,"张露说,"看似通情达理,实际上早已暗中掌控,这是女人中的极品。"

白玉明笑而不语。

"女人修炼成精,常常具有驯化本能。"张露接着说,"精神健旺,百折不挠,尤其面对一群人,尤其在公开场合。"

白玉明问:"这话怎么讲?"

张露说:"聪明女人,常常沉默,一声不响最厉害,时间一久成习惯,表面永远一副菩萨面孔,别人根本看不清。"

白玉明"嗯"了一声,说:"男女之间,并非谁对谁错,高手过招,表面上看起来风轻云淡,女人躲在角落默默观赏,以静制动,男人无形中成了配角。"

"女人懂得如何欣赏,最关键,彼此感觉都好,情趣自然多。"张露忽然说,"你觉得,女人喜欢上一个男人,尤其像你我这样,年龄相差这么多,就肯定是有所企图?"

白玉明"嗯"了一声,一脸疑惑地问:"啥意思?"

张露说:"不止一次,不止一个人问我,你跟白玉明在一起,到底图什么?"

白玉明点了根烟,深吸一口,烟雾弥漫中淡淡地说:"这些人,完全不懂女人,更不懂什么是生活,世界上最怕两个字……"

张露问:"啥?"

"非黑即白,非对即错,这不是人生,"白玉明说,"万法皆两相,有人欢喜有人愁。世间本无对错,只是认为有对错的人多了,于是有了对错,对错本无分明,但认为错是对的人多了,错于是就变成了对,反之亦然……"

张露似懂非懂地看着白玉明,没有吭声。

"《金刚经》里说,凡所有相,皆是虚妄。"白玉明说,"每个人的思想与立场不同,观点自然不一样,根本无法说清楚,这才是真实的……"

见张露依旧若有所思,白玉明又说:"戴着红色镜片看天空,能看得见蔚蓝一色?"

张露有点恍悟。

"真相永远看不清楚,或者说,世上没有绝对,只有相对,但现代人已经习惯了用自己的道德标准衡量约束别人……"

张露"嗯"了一声,说:"圣经里说,犹太人要神迹,希腊人求智慧,而我们却是传教,钉在十字架上的基督……"

白玉明笑着说:"聪明宝宝。"

张露想了想,又说:"对我而言,爱情就是一种感受,没有为什么,纯纯粹粹一股温暖,或者一个瞬间的感动,女人靠美好的回忆,照样可以幸福生活。问我这种问题的人,有男也有女,我已经懒得解释了……"

想到此处,张露白玉般的脸上,醉了一抹红。

刘梅能言善看,最厉害当属洞悉察观。废话一句不多,重点又一句不落。拿白玉明的话来讲,她简直就像别人肚子里的蛔虫。很快她获得了张露的信任,没多久便被越级提升为休日酒店楼面经理。单是"解决对客投诉"这一项,中餐厅一百多号小弟小妹,人人心悦诚服。但时间一长,开始有人暗地里颇有微词。"刘经理与客交流,解决大小投诉纠纷,每次都离不开喝酒。"有人嗤嗤笑着说:"毕竟是小姐出身,除了买醉拼酒,还能有啥招数?"这些流言蜚语自然也传到刘梅那里,但她充耳不闻,若无其事,照旧每天笑嘻嘻,张露有几次也试着跟刘梅商榷过,关于"如何解决对客投诉方案"一事。

"刘梅,你的解决方式太不讨巧。"张露说,"拿陈大佬的话讲,每次都真枪实干,真拼真喝,你就不能偷梁换柱?"说着眉头微微一皱,"你总这样解决问题,简直有些愚蠢。"刘梅听完只是微微一笑,并不做太多辩驳,过后照旧该喝就喝。时间一长,张露暗自寻思,反正能解决问题就好,皇上不急太监急,我瞎操什么心。

刘梅解决投诉,完全靠喝酒。真喝。从不弄虚作假。一杯酒,杀遍天下无敌手。男女通吃,颇有些江湖风骨。从没来过休日酒店的客人,好奇心大增,真有这样的女人?耳听为虚,眼见为实。一传十十传百,刘梅渐渐成了休日酒店中餐厅的一块活招牌。客人一落座,茶菜不点,先来一句:"你们刘经理在不在?叫她过来再说!"这招百试不爽,大家美其名曰"刘梅式招牌效应"。比如今天这一桌,也不例外。

"张总,我今儿可算是开了眼。"区域主管眼光烁烁地说,"刘经理简直女中豪杰啊,真正女汉子,海量。"

张露笑笑不吭声。

"我在对讲机里三言两语,简明扼要讲几句,刘经理分分钟就赶到,快得仿佛一阵风。"区域主管说,"刘经理一张嘴,抱歉抱歉抱歉啊,然后这就开始了。"

张露笑着说:"好戏开场。"

"刘经理好像马王爷。"区域主管瞪大着眼睛说,"不知什么时候,她已经知道这桌客人点单时点了什么酒,红的白的还是黄的,她早就心知肚明,有的放矢。可她根本还没有来看过呐,厉害不厉害?"

张露没吭声。

"刘经理使了个眼色,盯台小妹立马会意,搬过一把椅子。"区域主管说,"刘经理笑嘻嘻径自落座,并不等主位上客人开口,马上对我招手,我赶紧过去……"

"默契配合。"张露抬头问,"叫你做啥?"

"拿酒呀!"区域主管说,"那桌客人点单时点了两样酒,白酒'天之蓝',五十二度,还要了本地三得利,说既然到了上海,自然要喝当地啤酒。"

张露"哦"了一声,说:"是外地客,看来这啤酒广告,钱没白花。"

区域主管"嗯"了一声,说:"酒很快端上来,这可不是一般酒,张总不知道。"

张露"嗯"了一声,抬眼问:"有啥不一般?"

区域主管左右看看,身体前移,故作神秘地说:"刘经理对付客人,办法多得很,也真邪门,招招都灵验,百试不爽,比如这瓶酒。"

张露打断说:"不是'天之蓝'吗?"

区域主管笑着摇一摇头,说:"是'天之蓝',一点没有错,高度酒,瓶子看起来一模一样,只不过……"

张露眉头一皱,说:"别卖关子,说主题,快点说。"

区域主管笑笑说:"我们刘经理,胆大心细,老方子抓药。"

张露说:"哪来那么些俏皮话,赶紧说主题!"

"其实都是老一套。"区域主管难掩得意地说,"平时,楼面员工开例会,刘经理经常反复教导,顾客是上帝,顾客是我们的衣食父母,只要客人提出的要求,不论对错,我们都要不遗余力,无条件服从。办法总比困难多。"

张露催促道:"说酒说酒!废话少啰嗦!"

区域主管脸一红,说:"张总不要急嘛,我这就要说到酒了,这瓶高度'天之蓝',其实是一瓶'百家酒'。"

张露吃了一惊,眼睛一瞪说:"啥意思?"

"瓶里乾坤大,奥妙尽无穷。"区域主管意味深长地说,"平时我们最喜欢酒店有包饭了,桌数越多越好,多多益善。"

张露说:"楼面厨房都省事。"

区域主管笑笑,说:"也不完全是,张总有所不知。"说完稍一顿,眉头轻轻一挑,"楼面后厨省时省力,这只是一个方面,大家忙乱一阵,不拖泥带水,也鲜少投诉,关键是……"

张露听得有点不耐烦起来:"讲话简直乌龙入海,刚才是在说酒呀!你接着说酒!"

区域主管说:"每逢酒店有包饭,最好十桌以上,菜稀里哗啦上完,我们刘经理要在对讲机里仔细叮嘱吩咐了。"说着抬头看着张露,"叮嘱吩咐啥?张总一定不知道……"

张露瞪了他一眼。

"若是熟悉的客户,这一餐酒水,通常按照整箱点。有人本来计划要自带酒水,但星级酒店要收开瓶费,喝得多,不划算,最后还是现喝现点。"区域主管侃侃而谈,"白酒啤酒红酒,通通按照整件下单,喝到最后一起结算,但客人喝得尽兴,常常人仰马翻,最后买单时,谁还顾得上一瓶一瓶仔细核对数目?"

张露似乎明白了什么："哦，究竟喝掉多少，主家自己其实也并不清楚。一本糊涂账。"

"每次剩的真不少呢。"区域主管接着说，"大多时候，都是喝剩的半瓶酒，丢掉可惜。"

听到此处，张露胸中恍然："真有你们的！精打细算，小算盘打得噼啪乱响。"

区域主管笑嘻嘻地说："不得不佩服呀，我们刘经理，真真是一顶一的高人。"说完长舒一口气，语气一沉，"张总可千万别小看这些残酒，一日一积攒，千日千积攒，绳锯木断，水滴石穿，经年累月下来，您想想？俗话说得好，好钢用在刀刃上，羊毛出在羊身上，我们何乐而不为？纯粹无本万利么，比如今天这桌……"

张露笑着吐出一个词："见微知著。"

"刘经理当时只是扫了那桌客人一眼。"区域主管说，"一共六个人，五男一女，女的不喝酒，男的面前有白酒也有啤酒。"讲至兴起，加以手势，随手抓过一个白酒杯跟一个直桶酒杯，往面前一摆，给张露做动作示范，"白的倒一圈，四杯，满上。接着倒啤酒，也倒四杯，倒满。"

张露说："嗯，这是要干杯。"

"刘经理绝对女中豪杰啊，绝对不是吹水。"区域主管满眼钦佩地说，"只见她小腰一扭，站起来，酒杯端在手里，先环视一周，然后往主位身边一站，就是叫得最凶的那位。"说到此处一顿，看着张露，着重强调："这个人，哎呀，张总你没看见，火气大得蹿上房。"

张露笑笑。

区域主管说:"刘经理二话不多说,咣咣咣咣,四杯白酒下了肚,接着又连干四杯啤酒。"

张露"哦"了一声,说:"还混着喝哪?"

"我再去看这位'怒火上帝'的面部表情,"区域主管说着笑起来,"简直是'吕布见貂蝉',顿时就被迷住了,眼神倏地变了样,他紧紧盯住刘经理看,脸上分明已经繁花朵朵向阳开了……"

张露说:"不生气了?"

区域主管语气不屑地说:"哪还顾得上生气?根本就是曹操下江南,来得凶,败得惨。"

张露听着笑出声,说:"你这些俏皮小话真多,都是你们刘经理栽培的?"

区域主管不好意思地笑笑。

张露说:"你继续。"

"桌上已经开始有人起哄,说妹妹妹妹,你再干一个,再干一个。"区域主管看看张露,"刘经理事后跟我讲起这桌人,她说,切,还想灌我?姥姥!本姑娘就怕他们当时不让我喝!"

张露笑着说:"瞌睡给了个枕头。"

"就是。"区域主管越讲越兴奋,眼神烁烁,面泛红光,"看着那么苗条一个刘经理,啧啧啧,就这么左一杯右一杯,干干干干,干到后来,那桌再也没有人主动说要跟妹妹干杯了。"

张露问:"投诉呢?还投诉吗?"

区域主管笑笑,说:"半句不提了,哪还投诉?一笔勾销还不算,到后来,那桌客人追着要留刘经理手机号码。"

张露"哦"了一声说:"线上联系,线下互动。"

区域主管眼皮一翻，说："主位上这一位，就数他废话多！说他们公司在上海刚刚设立一个什么办事处，以后免不了经常来，还说，我们休日酒店今后就是他们的家。"说着忽然转身，伸手快速地指了指，回头看着张露，"张总你看你看，现在还吃着呢！"

张露顺着方向瞟了一眼。

区域主管又说："主位上那位，后来又多加了两道菜，红烧石斑，爆炒辽参。真邪门！"

张露不解地问："怎么？"

区域主管说："石斑鱼，他非要红烧，一看就是乡巴佬！"

张露笑笑站起身，说："好了，忙你的吧，我走了。"说着朝后门方向去。

穿过大厅时，从包房经过，张露瞥了一眼。"桂花厅"的房门没有关严，露着一道缝。只见刘梅正在里面训话。背对着房门，面前小妹大概有二十几个，站成前后两排。张露注意到，站在前排最中间那几个，应该都是新来的。有人似乎发现了张露，顿时显得紧张起来，眼神不时朝门口的方向一掠。只听刘梅说："大家将心比心呀！摸摸自家兜里票子，兼顾公家场上面子！眼下流行'光盘行动'，讲啥明不明白？吃多少点多少呀！我们要主动为顾客着想，急人所急，培训时这些内容都讲过无数遍了，一到关键时候，你们就当成耳旁风，怎么搞的？"小妹们立定不动，人人面无表情，紧紧盯着刘梅看。张露停下脚步，躲在边上继续往下听，她其实很想知道，刘梅此时此刻，脸上究竟是什么表情。

"真是朽木不可雕，烂泥扶不上墙！"刘梅讲得口焦舌燥，停下来扭头往边上看。

包房的接手柜上,放着一把白骨瓷壶茶,不等刘梅开口,站在前排最中间有一个小妹,眼疾手快,上前迅速拉开柜门,找出一只干净茶杯,倒茶,洗杯子,倒掉,再倒茶,双手恭恭敬敬端到刘梅面前。大概因为太紧张,手有点发抖,茶水溢出来,小妹忙不迭地说:"哎呀对对对不起,刘经理您,您喝茶……"声音越来越低,话一说完,快速退回到原位上站好,小脸红得赛关公。

张露看着这一幕,不由想笑,心说:"人小鬼大,倒是蛮机灵,紧张啥?"

刘梅低头喝茶。

大家静静地等。

"如果上客多,又集中,比如今天。"刘梅放下茶杯重新开了口,"大多数客人的菜,都没有上齐,这说明什么?"手一指,问刚才倒茶的小妹:"你来说。"

小妹立马向前一步,脸涨得更红了,迟疑几秒钟,终于鼓足勇气回答道:"这说明,后厨一定已经忙翻天了,上菜速度慢,就就就……"还想多补充什么,大概一时心里又没底,底气不足,嘴上开始结巴。

刘梅点点头,鼓励她:"讲得很好。"

小妹得到表扬,嘴巴抿紧长舒了一口气,抬头朝张露的方向,偷偷地扫了一眼。

在场各位人人立定不动,屏息凝神,全神贯注地听。

"需要长时间烹制的菜,比如'蒸''酿''炖煮'一类,这个时候,能少点就少点呀!比如今天这情况。"刘梅说着语气一沉,厉声道,"凉菜间的师傅干什么用,啊?你们倒是先推一推凉菜呀!不也可以延缓一下后厨出菜的时间?这还要我怎么说?怎么教?话说千遍淡如水,一个一个木头人!"

小妹们仿佛大梦初醒,有人脸上茅塞顿开,有人仍然沉默,但照旧呆立着没有动。

刘梅哭笑不得地说:"大眼瞪小眼,都瞪着我干什么?快点记下来呀!真是!"

小妹们纷纷掏笔掏本子。

刘梅又说:"做餐饮,服务基础三件宝,圆珠笔、瓶起子、笔记本。俗话说,好嘴头不如烂笔头。"

张露不由想笑,这些都是当初她教刘梅的常识。

小妹们人人低头写,刘梅继续说:"要多学多练,要多想多写,关键自己要主动呀!这样才记得快,记得牢。笨鸟先飞,勤能补拙!不要总是算盘珠子,我不拨拉你们就不知道动?记住没有?"

小妹们众口一声回答:"记——住——啦——"继续低头写。

张露不禁笑起来,自言自语:"这个刘梅,拾人牙慧,倒是学得快。我前脚刚跟她讲过的,原样照搬来训话了,现炒现卖。"

小妹们笔记做好,纷纷抬起头继续盯着刘梅看。

"要想点单点得好,并不简单。"刘梅说,"老人宜软,小孩爱啃,什么意思明不明白?菜若是点得好,色香味俱全,主宾皆欢,自然就事半功倍,你们说对不对?"

小妹们人人点头,像一群小鸡啄米。

"菜若点得不好,客人多花银子,我们吃力还不讨好。"刘梅说,"比如今天这一桌,投诉本该可以避免的呀!"

张露注意到，有个站在右边角落里的小妹，此刻一张小脸红了白、白了红，头低下去，低下去，更低更低，紧张得直咬嘴唇。

张露想，这个小妹，应该就是那桌投诉客人的盯台小妹了。

"女士跟小朋友多的话，可以适当多点素菜，甜品必不可少。"刘梅侃侃而谈，"若是男士多怎么办？点冷菜时要多花点心思，道理很简单，喝酒要有下酒菜呀！"

小妹们点头，不停地点。

"浏览菜单，要多留意'蒸、煮、炖、拌'等等字样。"刘梅进一步强调道，"烧法并不鲜见，但所费工序与时间，相差甚远，直接影响到上菜速度。"说着一停，语气加重，"这一方面，我还要三令五申多少遍，你们才能记得住？啊？你们自己说说！"

刘梅说话的语速越来越快，语气夹杂无奈。

张露心里叹气："恨铁不成钢啊。"

小妹们人人低头不语，满脸惴惴不安。

刘梅拿过茶杯喝了一口，缓一缓说："后厨出菜，凉菜自然最快，大部分都是提前准备好的半成品，菜单一跟进来，直接装盘就可以端走。"语调升高，"今天上客这么集中，像这种情况，点凉菜就显得尤其重要，还要我怎么教？怎么讲？你们自己说！"

后排有几个小妹面面相觑。站在前排的小妹重足而立。大家低着头，没有一个人回答。

刘梅得不到回应，叹了口气，重新又开了口："其次是热菜小炒一类，也要分主次点呀！"不耐烦起来，"蒸菜煮菜炖菜，通通也要分门别类点呀！我有没有给你们讲过？啊？"

前排中间的那个倒茶小妹，嘴唇抿紧，偷偷朝门口看了看。

"比如一道清蒸鱼，"刘梅开始举实例打比方，"最快也要蒸够七分钟，时间不够，鱼肉太嫩，有腥味，时间蒸得太久，鱼肉则可能发柴发干，这并不包括从海鲜池打捞上来，先称重，接着拿去给客人过目，待客人确认后，再重新拿回水台宰杀，最后才能进后厨，这些时间如果通通都算进去，你们自己动动脑子！要多久？"

有几个小妹从工作服口袋里，重新把小本子掏出来，低头默默地写。只听刘梅又加了一句："厨师需要做的，是拿捏好每一道厨品烹制的时间，要是提前就把菜都烧好，放边上等着客人点，可能不可能？啊？不被投诉那才见鬼呢！"

张露站在门外听着，心中不住地叹息："要想做好餐饮这一行，真不是听起来那么简单。"

"最慢的厨品，要算面点主食，其实也不准确。这并不是单纯指时间快慢，而是说，面点主食这一类，要放到最后才能上。"刘梅耐着性子进一步强调，"岗前培训的时候，我再三跟你们说，楼面点菜的好与坏，与后厨的出菜速度，二者有直接关系，我讲得嘴皮子薄了三分，你们还是记不住？自己一点不过脑子，我说得再多等于零！到底还能怎么办？现在你们自己说！"

小妹们人人低头记笔记，包房里一阵窸窸窣窣声。站在前排靠右的一个小妹，此刻忽然抬起头，好像想问点什么，但想了想，终于还是没开口，头又低下去了。

刘梅见状，瞪了一眼，说："想问啥，你痛痛快快问呀！今天你这桌客人，一共点了六道菜，其中有四道属于蒸炖煮。其他两个菜都快吃完了，第一道蒸菜才刚端上桌，这种情况，你只知道跑后厨去催菜催菜，有用吗？啊？催死厨师也没用呀！"

大家纷纷扭头看。

小妹面红耳赤，下定决心似的小声说："我我我……我以后记住了。"

张露在门外听不大清楚。

刘梅厉声地说："别以后以后，你现在就给大家说说，你今天的问题，究竟出在哪了？"

小妹抬起头向前一步，沉默着，眼睛里一闪一闪。

包房里真安静。

刘梅叹了口气，鼓励道："你不要紧张，尽管大胆说，说错也不怕。"

小妹的脸已经红到了脖子根，鼓足勇气回答："我应该多推荐一下凉菜……"有点犹豫，见刘梅没有吭声，变得唯唯诺诺起来。

刘梅扭头问："完了？没有补充？"

小妹迟疑地摇了摇头，退回队伍里。

站在后排有一个小妹主动举手，刘梅点点头。举手小妹退后一步，高声地回答道："今天客人来得太过集中，点主食的时候，应该主动先提醒客人，上主食请提前一刻钟叫起，不然很可能上不来，催也没有用。回答完毕。"

"说得好。"刘梅补充一句，"只顾着看客人你一杯我一杯，喝得倒是高兴，就知道惦记酒水提成，要是冷不丁有人来一句'上主食'，你该怎么办？"说完，目光又落回刚才那个小妹身上，"你就是把厨房的师傅们都催死，有用吗？除非孙悟空转世！"

小妹们又纷纷低头做笔记。

"说到底,"刘梅语气放缓,开始做训话最后总结,"归根结底,如果是零点来的散客,楼面正常去催菜,后厨也好协调,对不对?最怕就是今天这种,一窝蜂上客,一窝蜂下单,一窝蜂催菜。"停下来喝口茶,话题一转,"古希腊哲学家赫拉克利特说过,人不能两次走进同一条河流,啥意思?你们懂不懂?"

张露站在门外,差点笑出声。

刘梅悠悠地说:"客人是上帝,上帝怎么能有错?客人说什么都对。但关键在于餐桌服务,我们岗前培训的意义何在?要是今后再犯同样的错误,"刘梅厉声强调道:"是谁的客人,谁自己去搞定!搞不定就自己买单!不要再来找我!记住了没?"

小妹们异口同声回答:"记——住——啦——"

队伍中有几个胆大的小妹,一喊完,忍不住小声哧哧哧哧笑起来。

刘梅叹了一口气,说:"还好意思笑?还能笑得出?再不用心努力,月末奖金通通扣掉!你们哭都来不及!"说完她也笑了。包房里的紧张气氛,顿时舒缓轻松了许多。

训话完毕,刘梅转身往外走,一开门,迎面一张脸。

"吓了我一跳!"刘梅说。

张露笑着来一句:"走吧,叫上赫拉克利特一起!去我办公室坐坐?"

刘梅一愣,抬头问:"叫谁?"

张露说:"你都快成哲学家了呀!"

刘梅如梦方醒,低头边走边说:"露露姐别笑话,这都是听刘峰讲的呀。这个赫拉克利特,我昨晚才听说……"不好意思地笑。

张露抬手遮唇,凑在刘梅的耳边说:"床上说的?还真是工作情趣两不耽误。"

刘梅轻轻捶了张露一下,说:"就他?根本不是对手。"

两个人一前一后,往张露办公室的方向走。

经过一排包房向右转,头顶上方出现一个指示牌——员工更衣室。休日酒店所有部门员工,上下班打卡,换工作服,都集中在这间屋子。更衣室边上是酒店的后门,负责酒店员工进出安检的王师傅,六十几岁,退休前在某国营企业做库管,此刻正坐在门口打瞌睡。刘梅笑嘻嘻地走过去打了声招呼:"王师傅好!"王师傅马上来了精神,回头看见张露,站起来说:"张总好!刘经理好!"张露笑着说:"王师傅辛苦了!"

出酒店后门,对面是员工休息室。员工就餐也在此处。五十时液晶显示屏上,一对白眉大侠呼呼哈哈,正打得热闹。几张凳子临时拼成床,有员工和衣而卧,玩手机。有人看书,有人闲聊,也有人望着窗外两眼发直。通常情况,午餐收市基本在两点钟左右,如果翻台多,则可能忙到三点钟以后。客人全部离开后,各区域的盯台人员负责清理各自台面,残羹剩饭入泔水桶,桌面清洁要求一烫(滚烫的抹布过一遍)、二热(热抹布再过一遍)、三擦干(干毛巾擦拭),至少要擦三遍。脏餐具送至地哩间,再换上干净台布与餐具,最后按规范摆台。全部工作彻底结束,很可能已经到了晚餐时刻。连轴转。

海鲜佬显然已经看见张露,快走几步从里面奔出来。"张总张总。"满脸堆笑凑上前小声地说,"今晚的房间,我已经安排好了……"话说一半忽然停住,眼神闪躲。

张露说:"叫刘梅一起去,可以帮我挡挡酒。"

刘梅一听这话,抬起胳膊肘在张露腰上轻轻捅了一记,佯装生气地来了一句:"姐,我又不是酒囊饭桶。"

海鲜佬"哦"一声,如释重负,笑嘻嘻地说:"港湾美食城818,我已经给闫总跟白总分别发过邀请信息了,晚上我准时到。"

张露抬起手跟海鲜佬挥了挥,转身跟刘梅乘电梯上楼。

第六章

"港湾美食城"在上海,鲜少人知。长宁区伊犁路,靠近一条小马路上,不是很起眼,店面也不大,三四百平米的一座小二楼。这其实是家分店。总店则设在山西太原。

九十年代初期,美食城老板在山西太原开办第一家酒店,店址靠近迎泽大街,繁华闹市黄金地段。此地原为华北兵工物资厂的办公大楼。人多粥少,和平年代的兵工企业连年亏损,渐渐资不抵债,员工工资都经常发不出来。经总公司董事会商议研究后决定,把办公大楼底层的所有门面房,通通向社会公开出租。合作方式有两种。可以直接一次性买下房屋的长久使用权,也可以承包制经营,按年交房租。美食城老板就是在这个时候,正式成为第一批合约租户。租期一签十年,一次性缴清头五年的租金,其他部分,则按照年利率续补。这笔租金在当年到底是多少,不便直接向外界公布,但据内部知情人士透露,虽说无法彻底拯救一个大型国有企业,的的确确解决了相当一部分下岗职工的生存温饱问题。想必这笔资金的数目,应该相当可观。不担心投资失败吗?后来有人问及此事,美食城老板淡淡一笑,说:"上世纪八十年代,是中国恢弘奋进的激情时代;上世纪九十年代,则是中国变幻莫测的潮流时代。投资要靠啥?关键看方向。方向看得准,心里不慌神,上海话讲就是'笃定'。'以经济建设为中心',绝非只是一句口号,改革浪潮已经从某种意识形态,逐渐落实渗透进老百姓的经济行为与日常生活中。直接反映出来是什么?就是对物质的高标准。追求享受没有错,金钱消费意识观念的快速扭转膨胀,苗头火速蔓延,大有日益扩散之势。民以食为天,谁能不吃饭?"美食城老板一番话讲得头头是道,听者无不咂舌,心里暗暗佩服。

上世纪九十年代初,山西煤老板突然之间成为"土豪"最新代名词,身影随处可见,酒店饭店尤其欢迎。财神爷理所当然也成为休日酒店的座上常客,人手一张专门定制的VVIP贵宾卡。再回首,煤老板来吃饭,阵势堪比皇家,声势浩大。堆盘子落碗,根本不考虑是不是吃得完。腔势做足是关键。燕鲍翅参,极品海鲜,一式一样不能落。端端端,上上上,层层叠叠,摞满一大桌。豪吃海喝到最后,常常还剩大半。有的菜几乎一筷子未动。楼面小妹小弟,后厨各位师傅,甚至打扫卫生的保洁阿姨,人人脸上笑嘻嘻。情难自禁。煤老板们所点都是大菜,根本不问价钱,你说点啥就点啥,只点贵的,不点对的。点,点,点,点。点单完毕,盯台小妹转身一溜小跑,恨不能生出两只翅膀,飞快地奔去收银台急着划价落单。极品菜燕翅鲍参,每点出去一份,都有提成。等煤老板刚刚抬脚走人,陈大佬躲在凉菜间后门悄悄地交代徒弟："去去去！赶紧侦察一下啦！"张斌就从明档间的大玻璃窗探出头，朝盯台小妹使劲招手，压低嗓子说："靓女，快快快，快过去看看，山西煤老板那一桌，还剩……"话音未落，小妹嘻嘻一笑，心有灵犀一点通："那，你下班可要请我吃哈根达斯哦！"有几只南非鲍原封未动，小妹端回后厨，只需稍作加工，下回继续卖。

山西煤老板最喜欢买单。上世纪九十年代去酒店吃饭，结账并不流行刷信用卡。"老子不喜欢，"煤老板皱着眉头说，"没球感觉！"主位上喊一嗓子："买单！"一桌子人坐了静等。众目睽睽之下，小妹毕恭毕敬上前，账单轻轻奉上，并不多言，站在主人边上等。煤老板眼皮不抬，一只大手往身后的鳄鱼皮包里一阵抓挖，抽出厚厚一沓钞票，啪的往台面上一拍，大声地说："妹妹自己数哇！多了不用退！少了可以补！"语气豪情满怀。小妹微微笑一笑，照旧恭恭敬敬，钞票拿在手里，理理好，哗哗哗哗开始数。一桌人或喝茶或吸烟，有人干脆什么也不做，就盯着看，看小妹数钱。眼前这一桌，人人神态各异，表情复杂，只有主位上这位煤老板，始终泰然自若，满面春风。这样的暴发户，酒店里几乎每天都有，小妹见多不怪，不卑不亢，只管埋头默默数。数钱其实是件苦差事，数得太多，手指头偶尔会抽筋，一张一张数，数一次还不行，要多数几遍，数额完全对得上，准确无误才放心。哗哗哗哗，小妹不停地数，数数数。为啥不用点钞机？煤老板不喜欢，就要小妹亲手数，还必须面对面，要亲眼看着，心里才觉得舒服。感觉不错，这饭吃得才值，不然不来了。看小妹数钱，有人没话找话："够呀不妹妹？钱够不够？多不退，少可以补！剩下都是你的！权当是哥哥给你买件新衣服！"边上哧哧哧哧地笑。小妹并不搭话，不动声色在心里骂："烧包货，臭显摆！"

小妹埋头数钱的工夫，一桌人呆坐无聊，有人开始讲故事。一个说："我有个朋友，晋中煤老板，前几天去北京买车，悍马，一买十二辆，论打买！硬不硬？"山西人习惯把一个人很牛逼，叫做"够硬"。有人哧哧哧哧地笑，说："还以为买烧饼。"这人继续说："车看好，叫保安，说你们自己看着搬哇！"边上有人不解："搬啥？""付款通通现金！硬不硬？"这人接着说下去，"卖车的小姐直接吓傻，最后哭着送出来。"边上问："哭甚？""高兴呀！"这人嘻嘻一笑，"喜极而泣。这是幸福的黄手帕。"席间有一位是五台人，脱口而出："歪成堆成堆跌钱，啊哒哒，门就是益气歪真正儿跌金山银山，哭死门也值跌么。"大家爆笑。

主位上买单的煤老板听罢只是点点头，默默吸烟。对面有人接过话题继续："这有甚，少见多怪。我家煤老板并非山西本地人，靠近河北张家口，我家老板每到饭店里吃饭，最喜欢逗妹妹，套路不同。"说着抬眼望了望数钱的小妹，小妹全神贯注，还在数呀数呀数不完，这人说："山西坊间，'黄米'这个词似乎并不常用，但凡要讲，后面也一定要加多一个'饭'或是'糕'字。"边上有人插一嘴："啥说道？"这人说："有的地方，把黄米叫'糜子'，'糜子'与'妹子'谐音，我老板的家乡，自古就有'粜黄米'说法，'粜'是会意字，意为'出'，就是指卖米，有卖自然就有买，但买也并不直接说。"边上那人又插一嘴："那说甚？""要说量。"这人回答，"买米就是量米。"主位上买单煤老板听罢照旧笑笑，头点一点，不吭声。"黄米外形品相绝佳，黄澄澄眼前一亮，黄格莹莹，看着就食欲大开。"这人笑起来，"我老板想也不想,说哎哎哎小妹妹,你们酒店有'黄米'卖没有?大的还是小的?"一桌子人哈哈哈哈。

主位上买单的煤老板此时终于开了口。"这有什么稀罕?"他正捏着一根牙签,往后槽牙深处鼓捣着,笃悠悠地说,"张家口一带,早前晋煤外运,主要就靠101国道,别的地方,也没路可走。"说完扭头朝地上呵呸一口,"煤炭生意日渐红火,一辆大车,车老板通常要安排两个司机跟车押运。"边上有人问:"为啥?""煤老板行当里有个讲究,叫'人歇马不歇',车轮子必须一直转,转转转,从头到尾转不停,不然不吉利。"众人哦哦。"常常是两个人押一辆车,一路上轮换着开,昼夜不歇。"煤老板说,"大老板吃肉,小司机喝汤,腰包渐鼓,长途辛苦。"说着故作神秘,语气加深来一句:"跑大车的司机,往往都正值壮年,年纪太大也挣不了这份钱不是?"众人纷纷点头。"想一想,长年累月跑下来,哪个男人顶得住?顶球不住哇。"煤老板眼睛朝上翻一翻,牙签伸到另外一边牙缝,继续挑剔着说,"内火上树,憋球得难受。"边上有人笑着说:"要赶紧找个地方泻泻火。""有需求就有市场。"煤老板接着说,"供求关系应运而生,根本不用商量,101国道沿途两旁,供人'小憩'的饭店挨挨挤挤,数不胜数,一家挨着一家,每到晚上不等天黑透,粉红色的灯光忽忽闪闪,像天上的星星,好看得很!"他抽出一根软中华点上,狠狠地吸了一口。边上有人笑着说:"黑煤酸醋灰麻麻的天,最不缺就是俺们太原小姐。"大家又哈哈笑。"不用专门挑,哪家有哪家的特色,都不缺生意。"边上又有人说,"金玉满堂女儿红啊!"煤老板话题一转,说:"你要是白天路过,完全看球不出来。"有人不明所以地"哦"了一声。煤老板扭头朝地毯上吐了一口，换个姿势，说："家家门前立一块巨大木头板子，上面歪七扭八四个大字——加油吃饭。"在座有一位估计是广东佬，一开口，说广东普通话："我哋家乡，沿途一路也有店家啦，窗户的大玻璃上面也写鸡（字）啦，内容两样。"边上人问："写的啥？"广东佬说："也系（是）系（四）个字啦！加水洗猪。"有人说："洗猪？为啥必须是猪？洗牛洗羊就咋？"大家又哈哈一阵。

买单的煤老板接了刚才话题继续。"101国道两边这些饭店，多雇用年轻的本地农村女娃娃，一个个穿红戴绿，搬把椅子坐自家门前，嗑瓜子，发呆，远远看见有大车，'嗖'地蹿出去，也不开口，说话反正也没球用，大车司机根本听不见。女娃娃们只管伸出胳膊上下挥舞，歪阵势，啧啧啧。"边上有人"嗯"一声，说："场面丰富，喜感十足，一派乡村亮丽景色。"煤老板扭头看了看还在数钱的小妹，绘声绘色地说："有更大胆点的，甚至干脆就直接冲到公路中间去，堵在大车车头前面不远，扬起脸，原地等着，大车司机早就远远瞅见，知道按喇叭也没球用，只能减速，一脚刹车踩下去，减速慢行，慢慢靠近，再靠近，更近再近，最后停下来。女娃娃们一步三扭搭，几步上前，下巴扬得高高的，司机面前出现一张一张脸，脂粉涂得雪白，厚厚一层，风一吹，簌簌簌簌直往下掉。好家伙，从脖子处又硬生生被黑白截成两段。"有人哈哈笑着说："泾渭分明，曹操张飞。""这些女娃娃们根本无所谓，你要看就看个够！她们毫不畏惧，只管咧开猩红大嘴，望着司机嘻嘻嘻嘻笑。"煤老板悠悠地说，"时间一长，这种场面见得多，习惯成自然，也渐渐叫顺了口，一张嘴，哥哥哥哥，俺的亲大哥！你快下来歇歇哎！"一桌人笑得前仰后合。买单的煤老板风轻云淡总结道："这种生意日见红火，钱来得也真他妈快，简直日进斗金。"有人插一句："发家致富，让小部分人先富起来！"

买单的煤老板自己始终不苟言笑，话题忽然又转回去了："我们那地方，黄米其实地位极高，逢年过节，请席待客，必不可缺的稀罕东西。"他忽然扭头问数钱的小妹，"哎妹妹，你们酒店有'米'卖没有？现在什么价？"小妹的脸唰一下红了，厚厚一沓钞票抓在手里，多出来几张，她飞速地往桌上一放，说："这是多出来的。"一扭身，飞快地逃出去了。她的身后爆发出一阵哈哈哈哈，简直要笑岔气了。

港湾美食城的老板眼睛毒，看准了就干。敢干。由于经营有方，酒店的生意越做越大，规模也逐年拓展，名声在外的同时，分店开到了北京上海广州多地。这是后话。在太原，当年一度盛行这样一句话，老百姓去饭店吃饭，讲究"一不入城，二不进村"。"城"即是指"港湾美食城"，"村"说的是另外一家叫"北海渔村"的酒店。这两家店，档次规模不相上下，秋色均分，开业时间也相差无几。但这句话其实有引申一层意思，主要是针对人均消费而言。酒店的菜价实在太贵，简直令人咋舌。随随便便一顿饭吃下来，动辄就要大几千块。普通老百姓敢进去吗？最多站在外面看看，观西洋景。

港湾美食城，单就一本菜牌，腔调绝对高大上。均采用古体奏本式样，通通八开十六页，采用专门的铜版纸精工制作。这在当时的酒店行业中，是绝对的翘楚。所有菜名，字体均采用隶书撰写，找专家定制，刻板出模，花了大价钱。菜名也绝非普通概念，新意迭出。任何一家酒店，客人若单单看一眼菜名，便已经

心中了然，那不行，没深度，不讲究。比如港湾美食城的土豆，不叫土豆，要叫"淀粉果子"；炸豆腐不叫豆腐，叫"金屋藏娇"；鱼块跟鸡丝红烧，成了"游龙戏凤"。酒水单也华丽夺目。客人一落座，盯台小妹笑意盈盈上前问："请问各位喝点啥？"紧接着一句："'啤酒茶'要不要尝一尝？"客人一愣，好奇心吊起来，暗自寻思，啤酒就啤酒，凭空怎么又变成了茶？客人好奇就好办，正中妹妹下怀。其实就是往啤酒里加多了一撮龙井或毛尖，通常卖到两三百块，一扎。不管能喝不能喝，人人来一扎，面前一摆，身价倍增。有人浅尝辄止，眉头一皱，心说这他妈啥玩意儿，真难喝，怪味道。嘴上又不好意思说。盯台小妹站在一边察言观色，永远笑意盈盈，时不时上前添茶倒水，貌似不经意地说："这茶可是本店首创，全省独家代理，各位慢慢品，要细尝慢咽，才尝得出特别的好。"客人于是再次举杯。这次喝得刻意慢，更慢再慢，喝一口，嘴里停半天，终于咽下，眉头微微一挑，心里一叹，咿？味道似乎跟刚才完全两样？真他妈怪。一桌人低头专心致志喝啤酒茶，喝一口，停一停，互相瞅瞅，不说话。主位上的客人忽然间开了口："嗯好！好好好！这啤酒茶的味道，果然殊绝！"大家跟风而动，纷纷点头附和："嗯好！这茶推荐得好！的确就是不一样！"盯台小妹长舒一口气，心中石头彻底落了地，躲一边暗自偷笑去了。有次张露跟白玉明闲聊，说起这些旧事，她说："像这样一壶茶，之前因为没卖过，销量没把握，但卖一壶就有一壶提成，小弟小妹热情高涨得很。"白玉明笑笑。张露又说："为防止有的客人点了又要退，战果需要巩固，盯台人员口齿伶俐，好话一箩筐，毫不吝啬。您一看就是行家呀！这茶到底好还是不好，滋味到底咋样，不亲自品尝，没有发言权。客人于是愈发感觉，自己这茶钱，花得值得！"白玉明笑笑，说："周瑜打黄盖，一个愿打一个愿挨。"

想当年，来港湾美食城的吃客非富即贵。政界商贾多为签单，有的按月结算，也有的按年。这要看双方合作的时间长短。"吃饭"也渐渐成为一种身份与地位的象征。港湾美食城一度客聚如潮。大老板并非山西本地人，祖籍北京的法籍华人，下海前，据说是北京某区公安局一位副处级干部，旱涝保收。但墨守成规，和尚敲钟过日子，时间一长，衙门生活好像坐井观天，毫无出头之日。大老板年轻时当过兵，还曾在山西某地插队四年，个性强，脾气倔，与领导意见稍有不合，要争要辩，非说出个子丑寅卯。"指鹿为马，谁他妈能说得清？"大老板说，"情绪日积月累，我渐渐心如死灰，满腔热情皆成空。姥姥！"有次跟顶头上司又发生争执，一时情绪激愤，桌子一拍："合着我那点儿吐沫星子全打水漂儿了！你丫老子不伺候了！"就此正式下了海。大老板讲故事时的语气，颇有一点壮士断腕的悲壮感。俗话说，天时地利人和，人算不如天算。美食城老板开第一家店过了没几年，已经赚得盆满钵满。许多年过去，同行间聊起此人，无不长吁短叹，满肚皮嫉妒羡慕。当资本积累到达一定程度，美食城老板开始琢磨，视野放宽，胆子更大，很快便涉及其他领域。高速公路，服装贸易，还开了一家洗浴中心，业务也渐渐拓展到上海。"请客吃饭"是日常生活的一种常态，时间稍长，美食城老板心思又动，在哪吃饭不一样？肥水不流外人田，干吗整天给别人家送钱？他跟山西感情深厚，暗中调查摸底，一段时间后决定，不如干脆再开家分店，也算给山西老乡在上海弄一个吃喝玩乐的聚点。在上海，要是有人问"港湾美食城"，估计应者寥寥，但若是问"山西同乡餐饮专属酒店",众人恍然。来这里的大多是熟客,散客也有,多为周边小区里的住户。海鲜佬是港湾美食城山西总店以及北京分店的海鲜全权代理供货商,上海分店一开,只要有生意洽谈,一律在此进行。海鲜佬跟刘峰,各自有固定包房。海鲜佬是818,刘峰是616。"自家地盘嘛,"海鲜佬在电话里跟张露笑着说,"吃啥喝啥,大家随意嘛。"

那天,海鲜佬不知从什么地方搞到一只熊掌。张露在陈大佬办公室的地板上,看见了这东西。一般酒店的厨师,即使看见这玩意儿也不敢接。擀面杖吹火,一窍不通,见都没看见过,怎么做?黑麻麻肉乎乎一个巨型巴掌,黑毛寸许来长,就那么趴在地上。张露总感觉它在动,心里一吓,皱着眉头小声地嘟囔:"这东西怎么吃啊?能吃吗?真恶心……"海鲜佬在电话里再三地恳求:"千万啊张总,务必要请陈大佬一起去。"张露不吭声,他在电话那头千方百计讨好卖乖:"张总,我们都是刘姥姥进大观园,反正谁也没吃过,趁机长长见识,品尝一下也好嘛,不然真是暴殄天物,很贵呀!"

陈大佬见多识广,别说是一只熊掌,进口野獾子、南非鳄鱼、鸵鸟炖锅,通通不稀罕。张露记得有那么一次,大老板的一个朋友来休日酒店办事,带来一只孔雀。羽毛通体一色,浑身赤蓝,只脖子处一撮蓝色,要稍稍更深一些。孔雀的嘴巴呈白色,银灰色的一对爪子,头顶上有几朵冠羽,湛蓝耀眼,就那么站在大老板办公室的地板上,一动不动。张露头一次在动物园以外的地方见到孔雀,它瞪着一双圆圆的眼睛跟她四目相对,眼珠乌黑,神情漠然,安安静静盯住这世界,忽然尾巴一抖,哗哗响了几声,张露只觉眼前华丽地一眩,看得呆住。她觉得这只蓝孔雀有种孤傲绝世的气质,即便是命运已经显而易见,仍安之若素,面无表情。这只蓝孔雀到后来成了桌上美味,如今想想真是作孽。陈大佬听出了张露话中情感复杂,微微一笑,风轻云淡地说:"冇咩讲啦,既然拿来,那就烧了吃啦。"张露跟陈大佬闲聊:"吃过猫肉吗?"陈大佬微微一笑,说:"当年可真没少吃。"张露一吓,说:"什么味道?"陈大佬想一想,说:"肉质极细,味道极好啦,只可惜一只猫也吃不了几口,肉实在是太少啦。"开始给张露讲年轻时的旧事。

陈大佬的青年时光在乡下。家里穷,买不起肉,自己想办法。办法很不雅,就是等到夜黑风高的某个晚上,叫几个哥们儿去附近的人家蹲守。通常都提前踩好点的。谁家的猫既肥又大,目标选好,等天一黑透,带上一个预先备好的麻袋,躲在门外轻轻呼唤。喵喵,喵喵,学猫叫,手里拿着一块诱饵。诱饵是前几天夜里,偷了隔壁五保户王大爷家的鸡打边炉,吃剩下的边角料。鸡内脏鸡屁股,此时大派用场。这只猫与大家素日里低头不见抬头见,所以毫无陌生感,听见熟悉的召唤,尾巴轻轻摇一摇,应声而来。喵呜,喵呜,放心大胆开始吃。陈大佬讲着讲着笑起来:"好简单的啦!它自投罗网。"张露说:"然后呢?"陈大佬笑:"一旦得手,几个人立马抱头鼠窜,找一处没人的荒地,举起麻袋一顿狂甩乱打,这只肥猫一开始还呜嗷呜嗷惨叫,不多一会儿便气息全无。死翘翘啦!"张露皱着眉头说:"我的天,你们简直!"陈大佬摆摆手,说半生普通话:"有乜事?嗳!没有什么的啦,那个年代常有的嘛。猫一死,要趁血还没有凝固,抓紧时间加工,猫肉吃起来才新鲜,几个人分工合作,烧水的烧水,我负责剥皮啦。"陈大佬像在讲别人故事,点根烟,看了张露一眼,"猫肉等唔及炖烂,人人急不可耐,嗳,这东西全身细碎骨头太多,埋头一通乱啃,也没有几两肉的啦,有人性子急,又不舍得浪费,干脆连骨头带肉,就那么胡乱嚼嚼,囫囵吞下。"张露听得心惊肉跳,不住地皱眉咧嘴。陈大佬语气中无限美好,昔日往事如在眼前,眯起眼悠悠地说:"谁说猫肉发酸?一派胡言啦。"张露小声地说:"太残忍。""其实没有什么大惊小怪啦,我早些年去泰国,去老挝越南,"陈大佬说,"当地人通常会在农历每个月的初一,专门吃猫肉啦,大小饭店门前醒目位置,悬挂巨幅广告标语,名字很赞——'小老虎料理'。客人现场挑选,厨师把活猫四肢绑好,直接按进水缸里,淹死要迅速拔毛剥皮,猫肉切成小块,加大蒜头一起入锅炸,热油旺火,猫肉炸好外脆里嫩,嗨呀,销量极好的啦!"张露撇了撇嘴,心里发颤,说:"听外婆讲,吃过猫肉的人,容易招鬼上身,因为猫通灵,跟别的动物不一般,都说猫有九条命,想想多可怕,你们还敢吃?猫一死,九个冤魂缠上身,白天找,夜里寻,是谁是谁?是谁把我生吞活剥,还碎尸万段?"陈大佬哈哈大笑:"嗳!哪里管得了那么多,那年头,能活命最重要啦。丢。"抬头看了看张露,"你们这个年纪,完全不可能理解的啦……"

张露走进总厨办公室的时候,海鲜佬已经等在那里了。她把海鲜佬在电话里的原话,一字一句又模仿了一番。"丢你老母!"陈大佬听完笑着骂道。海鲜佬嘿嘿几声,递上一根烟,打火机啪嗒一响,麻利地帮大佬点上。

陈大佬深吸一口,唇边飘出一股白烟,他说:"你请吃饭是幌子,还不是我一个人受累,你们坐享,丢。"

张露笑笑。

海鲜佬的脸有点泛红，说："总归是好东西嘛大佬，我可花了大价钱。"

说起来，陈大佬与海鲜佬相交甚久，从港湾美食城太原总店开业至今，一直合作不断。陈大佬一直奔波往返于北京太原两地，要兼顾两头的大厨房。虽说钞票大把大把赚，但想想也真不容易，毕竟五十多岁的人了，落下一身的疾病隐患。海鲜佬纯粹一个生意人，心里的小算盘时时刻刻噼啪响，今晚这一顿，陈大佬说得一点不错，请客只是个噱头，海鲜生意今后究竟该何去何从，如何能够做长做远，这才是饭局的关键。他心里明白，要想混好这碗饭，势必要仰仗休日的几位老大，而陈大佬在酒店的地位，虽说与几位副总平起平坐，但身价似乎要更高一些。大老板每趟回国，言谈举止间可以看出，陈大佬的面子，无人可及。想当初，大老板的太太坚持要从山西太原千辛万苦把陈大佬挖过来，可谓殚精竭虑。也正因为有了陈大佬，海鲜佬才得以顺利进入休日酒店上海分店，这也才有了后来与张露跟白玉明认识的机缘。这些都是后话。海鲜佬时时刻刻在心底告诫着自己，陈大佬在业界的地位举足轻重，绝对不容小觑，俗话说得好，行船靠掌舵，打狗看主人，自己这也算是"母鸡吃了放光草"，心里亮堂堂。他拉过一把椅子，笑嘻嘻望着张露说："张总您请坐，您坐下说话。"接着转身，从大班台一角，拿过那把柱楚紫砂壶，恭恭敬敬递给陈大佬，满眼堆笑地说："大佬您喝茶。喝茶。"海鲜佬人很瘦小，一米六出头，但人小鬼大心眼多，老鼠替猫刮胡子，马上又开始奉承上了："张总您有所不知，"点了根烟，"想当初，港湾美食城在太原的总店即将开业，陈大佬是大老板打着飞的，特意飞香港去请回来的老法师呀！"

张露笑笑没吭声。

"头一次去请,大佬根本不给面子。"海鲜佬说,"你想请就请?说得简单。但大老板吃了秤砣铁了心,不达目的誓不罢休,如今细想,老板就是老板,高瞻远瞩有眼光!几次三番去请,甚至不惜放下千万身价。"语调提高了几度,"简直赛过三顾茅庐啦!还心甘情愿!"他眼睛瞪大,看了张露一眼,"张总想想看,那得是多大的派头!"说完回头看了看陈大佬,嘿嘿笑着。

陈大佬佯装喝茶,心里其实很受用,脸上一阵春风荡漾,不禁脱口而出:"嗨!丢你老母!大年初一见到人,记得倒清楚!丢。"

张露笑着说:"真有那么厉害?"

海鲜佬立马就说:"陈大佬名气大,绝非空穴来风啊!十二岁不到开始学徒,师从法国雷诺特专业厨师学校,皮埃尔大师啊!"把烟蒂一掐,"皮大师呀张总!那是一般人?"

张露"扑哧"一声,说:"真的假的?"

陈大佬将近两百斤重的身体往沙发深处一靠,吸烟,喝茶。笑而不答。

"千真万确啊张总,圈内圈外尽人皆知的啦。"海鲜佬继续说,"不然休日酒店大老板的太太,艰辛历尽,百舍重茧,死活要挖他过来,图个啥?"

张露笑笑。

"想当年,太原鼎鼎大名的'北海渔村',后厨大佬是我们陈大佬的同门小师弟。"海鲜佬语气不屑地说,"身价上先差了一截,他每回看见我们大佬,师兄长师兄短,叫得那叫一个亲,简直毕恭毕敬!"说着开始鞠躬,动作示范给张露看。

张露哈哈笑起来:"你小子,简直是毛驴瘸了腿,卑躬屈膝到家了。"

陈大佬照旧笑眯眯地吸烟喝茶,冷不丁探出一只脚,在海鲜佬的屁股上踹了两下。

海鲜佬"哎哟"一声。

张露偷偷扫了陈大佬一眼,他的脸上,分明已经开出两朵大丽花。

"九十年代初期,"海鲜佬摸摸屁股继续讲,"太原港湾美食城,渐渐成为业内翘楚,生意火爆,完全仰仗着陈大佬。"

张露跟陈大佬相视一笑。

"很快就有人犯红眼病,说这钱挣得太容易啦。"海鲜佬说,"饭店酒店,大小食肆,仿佛雨后春笋,一夜之间异军突起,哗啦啦遍布山西省城各处角落,好像只要店门一开,钞票就滚滚自来。"

张露打断他逗趣:"今天我才发现,海鲜佬的口才,这么好?"

海鲜佬嘿嘿了几声,接着说:"酒店开得再多,无论装修如何豪华气派,但要跟港湾美食城相比,始终无法一概而论。"

张露问:"为啥?"

"翘楚地位,对于餐饮业而言,全凭口口相传。"海鲜佬严肃起来,"半天云里吹喇叭,口碑效应的张力,哪里是说话那么简单?"

张露点了点头。

海鲜佬又说:"人人都想开饭店,想得高,摔得惨,路遥知马力,日久见人心,港湾美食城此时此刻,地位早已是至尊至贵,别家根本无可超越!"

陈大佬在身后时不时笑着来一声："丢！"脸上的笑容愈发灿烂。

"港湾美食城的后厨队伍，通通香港主力军啊。"海鲜佬往下接着说，"夹杂几个广东籍小弟，都是学徒工，主要跟着打荷小弟，熟悉后厨的大环境，虽说只是跑腿打杂，但也必须先经过陈大佬的法眼，精挑细选以后才飞洋跨海，从香港从广东，朝山西太原云集而来。"讲到此处一停，故作神秘地看了看张露，"陈大佬究竟身价几何？美食城老板当年究竟开出什么样的价码？业内一直七言八语，众口不一。至今也没人能说得清啊。"讲得口干舌燥，他拿过桌上的杯子咕咚咕咚，喝了几口。

陈大佬踹他一脚说："丢你！张斌看见骂不死才怪！"

张露催促："还有啥？快点说呀！"

海鲜佬卖关子，脸上闪过一丝狡黠，扭头看了陈大佬一眼，弱弱地问："能说吗大佬？能不能说？"

陈大佬笑着"嗨"一声，摇摇头说："丢！"

"大佬的花边新闻可不少，张总要不要听？"海鲜佬笑嘻嘻地说，"美食城的一个小保安，眼观六路，耳听八方，这小子脑瓜子活泛……"

张露听不明白，抬头瞪他一眼："什么乱七八糟！"

海鲜佬说："这小保安发现，有一个女孩经常来美食城找人，来了也不急不慌，坐在大厅一角，默默等着，常常一坐就大半天，问她也不说话，怪不怪？"

张露说："等谁？"

海鲜佬说："女孩被小保安问急了，说我找陈大佬，他让我在这里等。时间一长，小保安多长了个心眼，他发现来找陈大佬的女孩,并非同一个人,但她们有共同之处。"

张露笑着说:"啥?"

海鲜佬把烟蒂掐灭道:"云容月貌,杨柳细腰。"

张露"哦"了一声:"香港人讲究,胖妻瘦妾,登得上台面。看来绝非戏言。"

海鲜佬话题一转:"休日酒店老板娘,当初为了挖陈大佬过来,可费了大功夫!"

张露"哦"一声。

海鲜佬说:"老板娘不知何处打听到,陈大佬前前后后换了好几位女朋友,天南地北,还都不在一座城市,但最喜欢的一个靓女,是现在的这位,上海本地小姑娘,据说在一家外企做财务,老板娘几次三番地游说,我们大佬这才答应来上海分店……"

张露笑起来:"有情人终成眷属。"

海鲜佬接着说:"游说成功的第二天,老板娘再次飞赴太原,当机立断,她亲自接大佬回上海,啧啧啧,这得多大的面子?"

张露瞪他一眼:"你小子,八卦挖掘起来还真多。"

海鲜佬嘻嘻一笑:"飞机上,陈大佬双手抱紧,怀中金灿灿一包东西,始终抱牢,人家空姐连说几次,'先生,请把行李物品放进头顶上方货物架',陈大佬把头摇一摇,照旧紧抱。行程过半,空姐发放乘客配餐软饮,问大佬,'先生喝点啥?'他又把头摇一摇。不吃不喝一路,双手始终不分开,就那么死死抱着。空姐后来笑眯眯地再问,'先生抱的究竟啥?'陈大佬看了她一眼,说,天机不可泄。"

张露又笑:"邪乎!"

"不能讲啊张总！"海鲜佬的面部神情严肃起来，"佛祖老爷脾气大，万一怪罪下来，哪个吃得消呐？陈大佬于是就抱了一路，不吃不喝不动，厕所都不敢去。"

张露扭头问大佬："抱的啥？"

海鲜佬立马说："关公关老爷！酒店的财神爷呀！"

张露恍然，"哦"了一声说："那怪不得。"

"陈大佬专程飞回香港，就在来上海的前一天，赶在旭日东升之前把关老爷请来。时间不对，不灵验的啦！"海鲜佬讲到此处稍稍一顿，眼神远眺，缓缓地说，"天空微微细雨，陈大佬徒步来到黄大仙庙前，来得太早，就地坐下歇一歇，只等庙门一开，赶在第一个进去，焚香进贡，三拜九叩。"语气一沉，"俗话说得好，请神容易送神难，讲究多，说法自然也多，稍不注意，则有可能带来诸多麻烦！一点马虎不得啦。"海鲜佬绘声绘色地讲述，给人感觉，他也一同跟着陈大佬，去了一趟黄大仙庙。

黄大仙庙，张露知道，两年前她跟白玉明去香港出差时，曾去过一次。香港当地也叫"黄大仙祠"，原名"啬色园"，是香港香火最旺的庙宇之一。那次是酒店公派，跪在蒲团上求签时，张露心里默念："关爷你好好看看我身边，为了这个男人，我等了三十几年……"此刻张露心中不知为什么忽然有种虚空感，脑海中浮现出白玉明的脸，口是心非道，"做酒店，生意好坏，完全要拜关老爷所赐，这事当然马虎不得。"

海鲜佬"嗯"了一声，扭头问："大佬，我讲得全不全？有没有遗漏什么细节？"

"丢！"陈大佬眉开眼笑地骂。

张露忽然想起一个人。名厨朱师傅。早前在北京分店工作，朱师傅专门负责制作国宴宫廷菜。只要得闲，张露就喜欢找朱师傅聊天，最喜欢听他讲老故事。

"老北京那味儿，啧啧啧。"这是朱师傅惯用的开场白，"名厨是什么？有几个人知道？"

张露笑。

"走在大街上，远远儿听见有人叫，谁呀，扭头循声而望，看见一张脸，从汽车里，从自家的大套车里，或者从一台轿子里面钻出来，"朱师傅说，"走哪儿都能被人家认得出来，在过去，那才算名厨！"说着语气一转，"拿多少证书有嘛用？根本一钱不值！谁认你哪！"

朱师傅年届古稀，张露当年调去北京分店任职，他出门迎接。精神矍铄，走路生风，嘴巴一张，一口醇厚的京腔迎面而来："来啦！您。"目若朗星，一头花白头发三七开，梳得一丝不苟。让人立马想到京剧里的"角儿"，上海话叫"头势清爽"。印象深刻。

朱师傅很健谈，讲话风趣幽默，"京油子卫嘴子"，不枉此言。聊天讲故事，朱师傅常常声情并茂，脸上永远带着浅浅一抹微笑，香烟从早到晚不离嘴。说一说，停一停，吸两口。"知道吧，梅兰芳当年，"朱师傅说，"吃道点心，要先打个电话来，'焦圈儿俊王'在不在（焦圈儿是一种老北京小吃）哪？一听人不在，梅大师压根儿就不来！哪儿像现在。"看一眼张露，"马连良爱吃烤鸭儿，照样也先打电话来问，'鸭胡'在吗？瞧瞧，这才叫名厨哪！"

张露屏气凝神，听得入境。

"当年勤行，就是现在的餐饮业，并无什么所谓的'大师'一词儿。"朱师傅说，"却有因为名厨名菜，而名声大噪的饭店。这话一点不假。"

朱师傅有时也会讲一些自己的故事。讲一段，停下来看看张露，问她："眼下好些个星级酒店，四九城遍布，缺大师吗？名厨的头衔儿多了去，简直铺天盖地儿！但真就那么有名儿？"说着就叹气，人沉默下来。

张露安静地坐边上等着。

"厨师们个个儿绞尽脑汁儿，要考证，要晋级，中的洋的，本埠的外地的。"朱师傅说着摇头，"都以为外来的和尚，一准儿会念经？邪门儿哪！"

张露说："豆腐变成肉价钱。"

"吃客们日益揪心哪！"朱师傅说，"数学里'1+1=2'，走哪儿，您都不能说它错，但烹饪大不同，一人一个味儿，口口喜好不同，哪儿能循规蹈矩照本宣科哪？"

张露点点头，说："道理听起来简单，适口者珍。"

每次想到朱师傅，张露仍觉得在北京的那些时光，受益匪浅。时光飞逝，一转眼，自己回上海已经多个年头。想起有一次，听朱师傅讲以前的后厨旧事。

"勤行苦，不勤不行哪！"朱师傅说，"勤，自然就是要吃苦。"

张露心生好奇："您当初，是怎么想起入这行的？"

朱师傅若有所思，想了一想，慢慢开始讲。"我老家在河北承德丰宁县城一带，真正的穷乡僻壤。十四岁那年，父母双逝，我只得辍学回家，靠帮人打零工凑合着过。有一年，县里来选人，说是要招一批去北京啥啥大饭店里做学徒工的年轻人。我一听'管吃管住'，立马心思大动，那是什么年头？能喂饱肚皮才是天大的事儿！人家问我，愿意不愿意去？当然求之不得哪！"说到此处笑起来，"那时候招人招工，可不易着哪！"

张露问："啥？"

朱师傅说："首先要过政审关。政治上合格，这是首要关键，咱不怕这个，咱是名副其实的贫农，根正苗红哪！"

张露笑笑说："听着倒像是选拔干部。"

"学徒工什么都得干，苦得很哪。"朱师傅说，"打杂满两年，因为有眼力见儿，人又勤快，师傅就派我去做了墩子工。"

张露"哦"了一声。

朱师傅说："拿现在的行话说，该叫砧板。"

张露点点头。

"算是升了一级，"朱师傅淡淡地说，"这一做，又是五年。每天要切几十盆子菜哪！"

张露见识过朱师傅的刀工，切一盘土豆丝，细到几乎能穿针。

"早年可没冰箱。"朱师傅说，"北方的冬天气温低，室外等于自然大冰窖，完全没问题。"

张露说："那到了夏天，怎么办？"

"靠凿冰哪！要储藏起来备着。"朱师傅问张露，"听过'固若金汤'没？"

张露点点头。

朱师傅再问："怎么来的，知道吗？"

张露摇头。

朱师傅说:"护城河里藏兵百万哪!"

张露一呆,嘴巴张大:"真的?"

朱师傅笑起来,说:"这话虽是夸张了点儿,但藏冰上百万块儿,也绝非浪得虚名儿,一块儿冰大约一个来平方,你想想。"连说带比划,"厚度大约40厘米左右,一块冰约摸有四百多斤哪!"

张露"哦"了一声:"此'冰'非彼'兵'哪。"

朱师傅说:"学徒工,少不了做一件事儿。"

张露说:"啥?"

"凿冰哪!天天要进新冰块儿。"朱师傅说,"好比现在,后厨天天要上货,一个意思。"

张露"哦"一声。

"上冰也是一门手艺,可没动动嘴皮子那么简单。"朱师傅说,"先用冰夹子夹住,要夹牢夹紧,两个年轻后生抬进店里头,砍成六到八块儿,再用刀铲铲平。"说到此处一停,强调道:"可不是菜刀哪!是专门的砍刀,砍冰用的。面儿上撒一层盐末儿,然后码放到木桶里头,那桶也是专门儿定制的,高一米二左右。"朱师傅比划比划,"把冰垫好,最后才能入小坛儿哪。"

张露迷惑地问:"坛子里装的啥?"

"肉哪!"朱师傅说,"坛子里都是切好的肉。"

张露不住地"哦哦",追问道:"为啥非要装小坛儿?"

朱师傅笑笑,低头吸口烟,说:"肉不能直接碰冰哪!一来是考虑到冰脏,不卫生;二来因为肉与冰会粘一起,原料尽毁那可不是小事儿!"

张露彻底明白过来:"那,肉就不会坏?"

朱师傅眼神定定，回一句："怎么会？老辈人儿的原始设计，相当合理，天再热，食物放进去，根本不必担心变质。"

张露将信将疑地说："真厉害。"

"桶的下边儿，有个出水口。"朱师傅说，"冰水自此处流出去，这还不算完，"他进一步解释，"坛子与坛子之间，要撒满砍下来的碎冰碴子，沟沟缝缝，边边角角，塞得越满才越好。"

张露眼睛瞪大："这木桶，现在还买得到么？"

朱师傅笑起来："早没影儿喽！改朝换代，后来都改用水泥池子了，这都是上世纪五十年代的事儿。"

张露正独自沉浸在往事回忆中，忽然被陈大佬的一阵笑骂声打断，她缓过神来，瞪了一眼海鲜佬，说："你小子，就是蛇钻竹筒一条道，这辈子怕是要跟定陈大佬了？"

陈大佬在边上附和："哑巴拜年。嗨丢！"

海鲜佬没听明白："给谁拜年？"

陈大佬笑着摇头，张露说："大佬是叫你小子少讲话，多磕头，听懂了没？"话没说完手机响，跟陈大佬努努嘴，出门去接电话。

张露的办公室，位于休日酒店二十二层，这是酒店的行政楼层。隔壁是白玉明。闫总的办公室则在斜对过，走廊的另外一头，紧挨着电梯。张露办公室的大班台，前几天刚刚调换过摆放位置。这是刘峰的主意。刘峰是休日酒店各位老总办公室里的常客，每回来张露办公室闲坐，都要老生常谈："这桌椅板凳的位置，摆放有问题呀，露露姐！"说着就皱眉头，"怎么看，怎么感觉别扭。"张露说："就你事儿多！怎么个别扭法？"刘峰一时也答不上来。

张露跟陈建宝去民政局办理离婚手续的前两天，刘峰有次从酒店布草间出来——每天上午员工餐之前，是刘峰来收取酒店各部门干洗布草的固定时段。中餐厅这一块，分为散座与包房两大块，分别由各部门当日值班部长，把前一天收档以后换下来的脏桌布脏台布口布，仔细清点数目，做好记录，然后抱去库房跟管库的阿姨重新申领干净的一批，回来换上，等刘峰第二天准时出现时，各部门值班部长再负责把头一天换下来的脏旧布草，数目重新核对一遍，交给刘峰拉回去清洗。这也是中餐厅每天工作正式开始的前奏。员工的工作服干洗，也分为两大块。普通管理层人员，经理级以上的工作服，可以随时脏随时洗，本人登记签字即可。而酒店各部门普通的员工，每人每月清洗工服的次数，不得超过两次。且时间固定，就是员工餐开餐之前的这半个钟头。

刘峰那天从布草间一出来，扭头直奔二十二楼。副总级别的工作服清洗，跟其他人不同，高档面料特殊工艺定制的衣服，如果不小心呵护，洗一次就毁了。刘峰有次临时出差，走得急，交代一个小弟去休日，小弟把白玉明刚穿了一次的西服跟部门经理的工作服一锅洗了。被张露埋怨许久。现在老总们干洗衣服，刘峰亲力亲为，确保万无一失。走进张露办公室，刘峰再次车轱辘话开始。"该换一换了呀姐！"他说，"这次必须要换换了，连同陈建宝那个二逼，通通都他妈滚蛋！旧的不去，新的不来么。"

张露当时正烦着，扭头瞪了刘峰一眼，说："去去去！滚一边去，哪跟哪呀这都，什么乱七八糟！"

刘峰一点也不生气，笑嘻嘻向前一步，嗓子压低："露露姐，我有个朋友，专门研究风水的。"他拉过椅子在大班台前坐下，

"今晚我来做东,叫上这哥们儿,仔细帮露露姐说道说道?"

见张露没吭声,刘峰又说:"要不,姐自己定个时间?让这位大师过来实地看看,好好看看这些桌椅板凳,到底该怎么摆弄?"

张露只是笑了笑,并没太在意。她其实并没什么特殊讲究,尤其对于风水一类,完全四六不通,觉得文化人不该迷信,但刘峰几次三番地强调,信则有,不信则无,也就没再坚持多说什么。

这天夜里刚过八点钟,张露接到刘峰的电话,说他已经等在休日酒店楼下了。张露捏着电话犹豫着,想推托不去。白玉明推门走进来问:"是刘峰吧?"张露点了点头。"他刚给我打过电话,还是去去吧!去去也蛮好的。"白玉明说着走过来,双臂轻轻一绕,把张露拥在怀里,在她耳边轻轻地说,"就当是去散散心也好,别总一个人在屋里待着。"张露觉得脖子里一股热气,心底小小一颤,身体柔软下来,一转身趴在白玉明怀里,忍不住小声地抽泣起来。白玉明摸摸张露的头,轻轻叹息一声说:"好了,乖,不要哭,都会过去的,一切都会越来越好。"

电话铃又响,白玉明刚一接起来,只听刘峰催促道:"赶紧呀白哥!叫露露姐赶紧下楼,晚了路上堵得厉害。"

白玉明放下电话,张露仍然趴着不动,但心情已经明显平复许多,他俯下身轻声地说:"乖,我们走吧。"关灯锁门,两个人一起乘电梯下楼。

眼下聚会,每聚必谈养生。最近有啥病痛,身体是否有恙,人人张嘴就来,还讲得头头是道。已渐渐成为一种社交流行新势力了。这一晚,一桌子人刚落座,马上进入热聊。你一嘴他一句,初初聊时,尚且和风细雨,渐渐热烈吵嚷,很快便七颠八倒。张露一直默默地呆坐,几乎动也不动。她没情绪。自打从民政局办了离婚手续,这一个多月以来,陈建宝时不时要发来几条手机短信。张露已经把他的电话号码从微信里彻底删除,手机号码也拉进了黑名单,但有时又实在忍不住,鬼使神差,点开那些被屏蔽了的手机短信看一看,想知道陈建宝都说了些什么。看完再删掉。不由自主。不管白天还是黑夜,陈建宝的短信如约而来,内容并无具体,无非不咸不淡一句问候:"你好吗?吃了吗?喝了吧?睡了吗?"张露就在心底骂:"狗拿耗子猫护院!咸吃萝卜淡操心!"陈建宝有时会发过来一条邀请信息,请求张露重新加他为好友,一而再再而三。张露从来不回复,但时间一久,心里越来越厌烦。可若是忽然有那么一天,张露的手机没有收到陈建宝发来的骚扰短信,又似乎感觉哪里不对劲,心中隐隐泛出一点失落感。

此刻,张露盯着手机里陈建宝刚发来的一条短信:"爱你比我的生命都重要!"心底一阵腻烦,不禁骂出声:"戳气!药渣!"

刘梅以为是跟她讲话,扭过头来问:"露露姐说啥?"

张露摆了摆手,刘梅嘻嘻一笑,又忙着跟别人聊去了。

眼前气氛喧嚷,众人相聊甚欢,张露始终有点迷惑,"养生"这东西,真靠谱么?真有那么神奇?

刘梅一回头,看见张露发呆,拿胳膊肘捅捅她说:"想什么呢,姐?"凑过来跟张露咬耳朵。"姐,"刘梅说,"女人一过三十,身体可千万要仔细了,尤其像你我这样的……"

张露抬头问:"什么?"

刘梅说:"做餐饮行业,辛苦程度非比平常工作,一天下来,身心俱疲。"

张露苦笑着点点头。

刘梅说："哎，俗话说，嫁汉嫁汉，穿衣吃饭，可问题是，嫁老公时千万要瞪大眼睛仔细看，万一是陈建宝那样。"说着来了气，骂道："典型的手机用户！"

张露说："什么意思？"

刘梅说："自己窝囊，死狗一条，还一天到晚跟别人伸手要钱，真不要脸！废物男人，分内的事情都做不好，还天天抱怨别人给得少！这种男人，一点不懂得怜香惜玉，嫁给这种男人，女人好得了么？那还要他做什么？"长舒了一口气，"姐，你离婚就对了！早离早脱身！"

张露低着头，没吭声。

"姐，"刘梅顾自往下说，"女人首先要学会宝贝自己呀！天下乌鸦一般黑，落到一起赛煤堆，男人其实都一样，没有一个靠得住！"

张露被逗笑了，扭过头悄悄地说："那刘峰呢？靠不靠得住？"

刘梅嘴巴一撇，语气不屑地说："眼下看得出吧？一切都是表象，我还这样年轻，冰肌玉骨，娉婷袅娜，将来总有一天，我老了，鹤发鸡皮，白发垂垂，只怕他跑得比兔子还快也说不准。现在看得出？"说完夹过一块红烧肉放进嘴里嚼起来，"将来的事情，我根本就不去想，计划永远赶不上变化，想也没用。还不如眼下这红烧肉，享受！"

张露心里一紧，暗自嘀咕："一直以为自己很了解刘梅，这女人比自己小个几岁，真没想到，她竟如此七窍玲珑，道理一说一筐,简直就是马小辫儿弯弯绕,一脑袋的九曲十八弯,快赶得上盘山公路了。"这样想着,不禁抬眼朝刘峰偷偷地瞅了几眼,但很快就对自己说:"杞人忧天,瞎操心什么?"

紧挨张露坐着的男士,就是刘峰今晚特意请来,帮张露查看办公室家具到底该如何摆放的风水大师。初次见面,大家才聊没几句,这位大师忽然站起来,说:"风水这东西,其实并不简单,道行深处能通灵,你们明不明白?"

众人面面相觑,一时怔住。

"我现在的功力,已经相当了得。"风水大师开始王婆卖瓜,刘峰站在边上跟着附和道:"啊对,对对对,大师的功力,基本已达天九级了!"

张露一听,心说:"吹牛不上税,上税不嫌贵。"

刘梅凑过来小声地说:"哎姐,这'天九级'不是鱼翅的专属名词?咋气功习武,看相看风水,啥时候也开始讲究'天九级'一说?"

张露低着头笑笑,没搭话。

风水大师并不在意,他或许根本就没听清刘梅在讲什么。一米八几的大块头,站在众人面前。张露用眼尾的余光扫了一眼,只觉头顶上方乌沉沉一团黑影,犹如泰山压顶,不由得眉头一皱。风水大师身体健硕,中间小腹凸起,自说自话讲个不停。场面一时似乎有点僵滞住了。刘峰见状,赶紧解围打圆场,开始尽地主之谊。

刘峰开始敬酒。敬到风水大师时,他说:"来大师,今天尤其要感谢你,我们张总办公室的那些桌椅板凳,你务必要抽个时间,专门到现场给归置归置。"说着端起酒杯,在胸前划拉了一下,"吃完饭,你跟张总再单独聊聊,好好说道说道,来,小弟我敬你。"

一桌人听得云山雾罩,白玉明坐在边上笑,低头小声地说:"啥桌子椅子,戆大捣糨糊。"

张露无奈地笑笑,只好顺着刘峰的话题接过去,说:"叨扰大师了,真是不好意思。"也把面前酒杯端起来,"来大师,我也敬敬你,感谢你。"

风水大师看了一眼面前的三两直筒口杯,站着没有动。上海人喝酒,通常规矩是,各人自扫门前雪,莫管他人瓦上霜。不劝酒不拼酒不主动倒酒,完全的"三不主义"。能喝你就多喝,不能喝就随意。人人面前一只口杯,开餐前已经平均分配好的半杯酒。风水大师想了一下,自己把杯中酒加满,眼光扫了一圈,说:"啊呀!张总大美女,张总亲自敬酒,我喝半杯怎么行?"酒杯一端,脖子一仰,咕咚咕咚几大口,干了。嘴巴一抹,又说:"张总你随意啊!美女喝酒,意思意思就行了!"

张露笑笑,抿了一小口,说:"大师真是好酒量。"

做酒店行业这么多年,张露其实是有一些酒量的,但喝酒完全看心情,心情不好,一口就倒,她今晚本来就不打算喝酒。把酒杯慢慢放下,小声地说:"大师善解人意,谢谢你,你自己喝尽兴。"说完瞪了刘峰一眼。

白玉明在边上看着这一切,低头喝茶,吸烟,紧皱眉头沉默着。

风水大师一口杯白酒落了肚,话匣子彻底打开,渐渐开始反客为主,接替刘峰开始打通关,一桌人挨着敬酒。"敬各位啊!"风水大师干一杯,讲一句,别人干不干,喝多喝少,他根本不管。包房门正对着主位,张露跟白玉明坐在最当中,一左一右,分别坐了风水大师跟刘梅。

今晚刘峰做东,负责安排座次。"男女依次岔开来坐啊!"刘峰说,"男女搭配,喝酒不累。"刘梅趁人不备,伸出一只手在刘峰的大腿上使劲儿拧了一把,刘峰哎呀一声。

刘峰一喝酒特别能说,嘴皮子像抹了油。"今晚这顿酒,大家可以自由组合配对啊!"刘峰说,"喝过半场,允许一帮一,一对红。"刘梅瞪了刘峰一眼,朝着张露努努嘴巴。

风水大师来时并非一个人,带来一个女伴。单从面相上看,这女人似乎已不年轻。这女人被安排坐在风水大师的另一边,跟张露一左一右,大师夹在当中。这女人毫不怯场,像是场面上混惯了的,还未等风水大师开口,已经站起来自我介绍上了,笑意盈盈大声地说:"在座各位,都是我的前辈,初次见面,大家叫我舒娟就好。"说完又径自坐下。

刘梅在桌子下面探出腿,踢了刘峰一脚。

张露的手机忽然叮咚一响,低头查看。刘梅发过来一条微信,两个字:"骚货。"张露佯装喝茶,漫不经心地扫了刘梅一眼,两个人微微一笑。

这天晚上,港湾美食城上海分店的生意出奇火爆。应该跟周末有关。再加上中秋节临近,食客愈发扎堆赶趟。散座基本已翻台翻过一遍,新来的客人依然不断。后厨跟楼面都忙得有些吃不消。盯张露他们这间包房的有两个小妹,一个专门负责端茶递水,不停地倒酒,渐渐心慌人乱,恨不得能生出四只手。另外一个小妹则出出进进,脚不点地,忙着下单跟单。一会儿有人要加香烟加酒水饮料,一会儿又有人要加菜加饭,这边喊,那边叫,小妹的脑袋开始发胀。就餐过程中，客人临时要加任何东西，酒店有明文规定，盯台人员必须第一时间下单，飞奔至收银台划价落单，电子点单器才能出单，计入总价，如果没有先下单就直接先给客人上了东西，稍有疏忽，跑单是常事，而所有这些损失，最后都要由盯台服务员自己负责买单。小妹渐渐忙到人仰马翻，生怕顾此失彼。正忙得不可开交，只见舒娟站起来，也不多言，接过小妹手中的酒瓶说："来，让我来，我负责斟酒，你忙你的。"小妹脸一红，不住地说着谢谢，额头上一层细汗。

舒娟倒酒手势轻车熟路，面部表情平静怡然。她一边倒酒，一边笑嘻嘻地安慰盯台小妹："自家人，还客气啥？以后我会常来呀！"说完抬眼扫了风水大师一眼，眼神荡漾。

刘梅一切看在眼里，轻轻"哼"了一声，又凑过来趴在张露耳边咬耳朵："瞧她那副下贱样，骚给谁看呢？浪货！"

张露拿胳膊肘碰了刘梅一下，低头轻轻"嘘"了一声。

刘梅绷着脸坐回去了。

风水大师完全没有留意到眼前这一幕，他还在忙着跟一桌人敬酒，也不管别人喝没喝，自己滋溜滋溜，一口一杯，喝得起劲儿。

这间包房为日式软包格调。银白色菱形拼镜，一小块一小块，贴天贴地，贴满整堵墙，灯光一打，流光溢彩，从不同的角度看去，立体效果顿现。舒娟跟在风水大师边上，转圈给在座的各位倒酒。顺时针倒满一轮，停一停，紧挨风水大师坐下。张露眼角的余光中，出现无数双大手。平面摄影，照片抓取于一瞬之间，镜头转换动态，影像立体虚幻交叠，于特定的环境之中，变得生动。张露眼前无数双大手，在舒娟的后腰部位一停，摸索揉捏,时上时下,缓缓下滑。张露佯装起身添茶,只见舒娟一脸的静如止水,身体纹丝不动,她刚夹过一块东坡肉,吃得专心致志。张露扭头望了白玉明一眼。眼前这欢闹场面,她的思绪渐渐剥离开,慢慢走入往事回忆中。

婚后的某个夏日。晚饭后,张露窝在沙发里看电视。美女镜头不断。迷你裙、吊带衫、低胸装、露脐装,轮番上阵。"眼下盛行透视装,"陈建宝啃着一角西瓜,在边上忽然冒出来一句,"以为进了红灯区。"说着哈哈笑起来,"感觉真不错,看看反正又不花钱的。"

张露眼皮不抬地说:"你以为自己是美院学生?时装大师?"

陈建宝紧盯电视屏幕,答非所问来了句:"我们隔壁单元,新搬来一个女人,就喜欢穿露背装,出小区门我遇见过几次。"

张露说:"没注意过。"

陈建宝说:"几次路口等红灯,这女人恰好就站我前面,白花花半个背,我想不看都不行。"说着嘻嘻笑。

张露瞪一眼,说:"老帮瓜!骨头轻!"

陈建宝一听这话,大声嚷嚷起来:"啥人骨头轻啦!巴掌大块地方,你叫我往哪里看?"话题一转,说起他去超市的艳遇。

张露他们小区的大门临街,马路对面是一家连锁"世纪联华",陈建宝平时闲来无事,就喜欢进去瞎溜达。冬暖夏凉,免费空调是关键。陈建宝说:"有一天我进去,迎面一个女孩,正蹲在地上挑东西。丁字裤。外面超低腰的黑色蕾丝裙。哦哟哟,大半个屁股露出来了。"说话语气夸张起来,"雪雪白两瓣,好像无锡水蜜桃。"

"下流胚!"张露剜了一眼骂道,"回回不过两分钟!"

"两分钟"这个词,是张露对付陈建宝的致命法宝,具体含义,仅限于两个人知道。陈建宝果然立马噤了口,也不嘻嘻哈哈了。两个人都沉默。

挨到夜里上了床,终于还是憋不住,陈建宝讲话的声音极低极小,他知道,隔壁克格勃老太婆,耳朵正支棱起来听着。还有那只钟馗猫,想想就来气。陈建宝于是压低嗓子说:"女人露三点,是时髦;男的赤膊,就是骚扰,是流氓,是下流胚。"他对白天时张露所说的话非常不满,"事情总有两面性吧,一只碗不响,苍蝇不叮没缝的蛋,赤裸也要分分场合吧?开口闭口,下流下流,啥意思?你给我讲清楚!"

张露仰面平躺,双眼紧闭,始终一声不吭。

"坐怀不乱只是传说。"陈建宝得不到回应,轻叹一声继续说,"比如在画室,在美术院,脱光就是美,这叫艺术你懂不懂?女人裸体,给人美妙感受,但换到床上,会怎么样?"

隔壁老太婆开始敲墙了,咚咚咚咚。钟馗跟着叫,喔嗷喔嗷。

陈建宝话音一停,俯下身去凑近张露说:"换到床上,女人裸体就变成一种性感,是性感动物你懂不懂?男人不看,可能?"

张露不吭声。

陈建宝想了想,又说:"漂亮女人激起男人性欲,这是生理本能,啥下流下流,说那么难听干啥?完全不搭界的!"

张露照旧沉默,听得心烦,干脆转身面壁。

陈建宝始终得不到响应,心里越发气急,不住地摇头叹息。躺了一阵,翻来覆去烙煎饼,心里烦,想做事情又做不成。他扭头看了张露一眼,伸手摸摸,裤裆里一潭死水,没有一丁点儿反应。这种状况已经持续了一阵。陈建宝偷偷跑到郊区某男性专科门诊去咨询，常规检查结束，大夫说，就你目前这种情况来看，因素比较复杂，但有一点很关键，心理压力太大，下次最好把你太太一起请来，心理治疗为主，药物治疗为辅，双管齐下，才能见效。但没想到回家刚一开口，张露就骂："刚结婚那时，也没见你坚持过五分钟，也跟压力有关？脚大怨骨拐，睡不着觉骂床歪！"陈建宝立马耷拉脑袋，不再废话。再后来，陈建宝上网偷偷买药吃，玛咖片助延灵，印度神油苍蝇水，凡是网上能查到的，他通通尝试了一遍。自然是瞎子点灯白费蜡，还平白无故花了几千块钱。陈建宝有种上当受骗的感觉，越想越窝火，跟卖药的客服大吵一架。陈建宝说："吃了你们的药，完全不硬，甚至还不如从前！我老二现在头都不抬，你们这是兜售假冒伪劣！我要投诉！"客服开始时态度还不错，耐着性子讲事实作解释，甚至答应退一部分款，作为对客人的心理补偿，但陈建宝态度坚决，他要求商家必须退一赔十，不然免谈。客服终于忍无可忍，发过来一个笑脸，说："真是林子大了什么鸟都不缺。自己种子不行，还要怪我们肥料造假？奇葩！"这事一想起来就难以释怀，但又不敢跟张露说，陈建宝心里烦，干脆一咕噜爬起来，想抽根烟。张露条件反射，突然蹦出来一句："要抽出去抽！出去出去！"陈建宝一愣："莫非你长着后眼？"

　　隔壁老太婆敲墙敲得更响了。咚咚咚，吭吭吭。钟馗也叫得更欢。喔嗷嗷，喔嗷嗷。陈建宝只好把香烟叼在嘴里，想了想，俯下身去讨好地说："我不点着，这样干叼在嘴里总可以了吧？"说完伸出手就往边上摸探。张露仿佛受了电击，身体猛地一挺，皱着眉头大声地说："干吗干吗？死一边去！"

隔壁老太婆敲墙的节奏加快。当当当，咣咣咣。钟馗简直是在咆哮。嗷嗷嗷，嗷嗷嗷。陈建宝的那只手搁在半空中，犹豫一阵，终于又缩回来。他一脸悻悻，小声嘟囔了一句什么话，重新躺下。张露渐渐迷糊，睡意袭来，半睡半醒之间，听见陈建宝像在呓语，趴在她耳边不依不饶，继续絮叨个没完。

陈建宝说："你想想看，一个男人，监狱里蹲了十年放出来，迎面走来一个女人，透视装，男人是视觉动物，毫无反应可能？不让他看可能？根本不可能！"他已经不在乎张露是否会做出反应，自言自语，没完没了讲下去。讲几句，停一停，像是不死心。

张露只觉昏昏沉沉，时睡时醒，迷迷糊糊中听见陈建宝说："男性性病研究中心专家都说，女人着装暴露，会刺激男性，不是所有男性的控制力都那么好呀。在欧美，如果男人被一名衣着暴露的女人控告强奸，被告的律师，一定会把女人着装暴露，作为辩护的关键所在，你懂不懂？"说着重重地叹了口气，"女人过于暴露，男人面前晃来晃去，晃啥晃？本身就是制造视觉污染！还不让男人看？可能？"最后又颇为不满地加了一句，"说女人是在诱惑犯罪，一点不为过！这等于在给男人上刑，你懂不懂？懂不懂？"

张露不屑地"哼"一声，身体动了一下。

陈建宝扭头看看，说："哼什么？有理你倒给我说说呀！"见张露毫无反应，他也使劲"哼"了一声，说："今天透视装，明天比基尼，哪天穿情趣内衣满大街跑，男人看见没反应，可能吗？可能吗？"说完一停，扭头看看，又接着说，"夜深人静，女人赤身裸体马路上荡，荡来荡去一个人。一身皮肉雪雪白，此时若恰好一个男人迎面走过,以为对方是站街女,凑上来搭讪,意外吗?一点也不!"陈建宝沉浸在自编自导的情景剧里,意犹未尽,"到后来搞出事情,男人立马就成了流氓,抓进去判刑,格杀勿论,女人呢,一点事情也没有,这公平?女人穿得再少,是美,是性感;男人穿得少一点,那就是衣冠不整骨头轻,还不准男人看,看了也不允许有反应,不然就是人品有问题,是衣冠禽兽大流氓,这公平吗?公平吗?"陈建宝一个人呶呶不休,举一反三,各种案例讲不停,说了整晚。

张露觉得一会儿睡着,一会儿又被吵醒。隔壁老太婆敲墙时断时续,钟馗的嚎叫也时缓时急。片刻不宁的一夜。张露终于忍无可忍,一翻身坐起来,瞋目切齿大爆发:"你到底还让不让人睡?你到底要怎么样?说得天花乱坠有什么意义?有用吗?啊?我就想问问你啥时候坚持过两分半?药渣!"

张露家楼下,小区大门外常年设有一个水果摊,老板江西人,一对小夫妻,养着一条大狼狗,夜里负责值班放哨,此刻不知怎么回事,突然间狂吼大嚎起来。老太婆的钟馗猫瞬间被唤醒,小区里四处游荡的流浪猫,此时一起产生共鸣,跟着叫起来。一时间猫嚎犬吠,长空划破,声音力透墨黑,传得很远。对面的一栋楼上,有几家的电灯重新亮起,张露呆呆地望着窗外。弯月朦胧,被薄雾笼罩,心中倏地一凉,不禁黯然神伤,眼睛又干又涩,脑袋如同挂了一块铁,上下眼皮直打架。但陈建宝还在边上誓不罢休,絮絮叨叨个没完。张露猛地飞起一脚,床边才买来没几天那把大铝壶,吭当当当,一口气滚到墙角。

隔壁老太婆不再敲墙了,开始改敲下水管。吭吭吭吭,钟馗的叫声愈加凄厉,像婴儿在嚎哭,声嘶力竭。张露猛地一哆嗦,抱紧双膝，靠墙蜷成一团，欲哭无泪之间，有一个声音突然不请自来——"一声不响最厉害，宝宝要懂得克制。乖。"泪水无声地涌出。

张露正独自胡思乱想着，有一只手从桌子下面慢慢伸过来，在她大腿上停住，轻轻地拍了拍。张露回过神来，一扭头，只见白玉明正笑微微看着自己。酒已过半，此刻的局势愈显混乱，有人开始划拳。伸胳膊伸手，喧哗叫嚷。包房里青烟缭绕，张露根本看不清眼前这一双双手，究竟谁是谁的。

白玉明凑过来小声地说："知道吧，有一种女人，其实很喜欢被男人骚扰。"

张露一怔，马上就笑了。很显然，白玉明早已看见了墙上的多棱镜里，那无数双大手。"没想到吧。"白玉明吸了一口烟，慢悠悠给张露讲真实故事。

"傍晚天刚擦黑，"白玉明说，"我家小区外的读报栏下面，总是站着一个女人，白天人影不见，一到黄昏，女人准时出现。"

张露说："做啥？"

"读报纸。路灯昏黄，女人读报，字迹其实早就看不清了。"白玉明看看张露说，"她其实是在等。"

张露说："等什么？"

"猜不出吧。"白玉明微微一笑，悠悠地说，"读报乾坤大。有一天傍晚，我吃好饭出来散步，快走到读报栏时，就看见这个女人，一动不动地站着。"

张露小声地说："路灯下读报。"

白玉明说："站了一会儿，就见女人身后走过来一个男人，这本来也没什么，但接下去，故事有意思咪。"

张露兴致渐起，扭头催促："快讲。"

白玉明刚要开口，刘峰凑过来敬酒。"白总来，来来。"刘峰笑嘻嘻地说，"白天见晚上见，跟张总一天到晚见不够啊！来，我要跟哥哥喝一杯！"

张露剜了刘峰一眼，说："敬酒也不看个时候，一点没眼色。"

刘峰显然已经有些醉了，脚下站立不稳，舌头也有点不听使唤。

白玉明没说话，把面前酒杯端起来，小小地抿了一口，抬手在刘峰的肩头拍了拍，笑着点点头。刘峰一仰脖子，喝干，端着空酒杯俯下身去，大着舌头说："露露姐别……别骂我，我不做电灯泡，我我……立马就滚滚滚蛋……"转身晃晃悠悠地走了。

"就欠刘梅收拾。"张露看看白玉明，说，"快讲快讲。"

白玉明笑笑。"急啥呢？"他凑近张露咬耳朵，"女孩子不好这样急吼吼，容易露怯，不淑女，明不明白？心里着急，面孔上不表露，一声不响最厉害，别人永远看不懂，摸不透，猜来猜去不明白，面对这种女人，男人心里都没底，倒平添了一丝敬意，面对陌生的异性，这招尤其适用，言语不敢造次，懂了没？"

张露的脸倏地一红，小声"哦"了一声。一抬头，看见刘梅的一只手正被刘峰紧紧攥住，两个人交头接耳，密语切切，不知在讲着什么。刘梅似乎不时想要笑，又刻意忍着，渐渐眼波荡漾，面泛潮红，一张瓜子脸显得愈发艳如桃花，杨柳细腰不住地左扭右扭。刘峰酒一喝多，讲话时总喜欢加手势，一只手放在自己的胸口不时拍打，拍得啪啪响。张露不禁笑了，心说："这个男人，年纪不大，倒真懂得讨女人的欢心，承诺发誓打包票，样样花枪玩得转。"但转念又一想："男人看女人，绰约多姿，千姿百态，有人喜芍药，有人爱牡丹，是自然心理，那女人看男人呢？会怎么样？"

白玉明手下一紧，问："看什么呢？"

张露努了努嘴。白玉明顺着方向看过去，扭头说："让你猜一个谜语。"

张露笑笑。

白玉明说："男人看女人，女人比男人，看什么？比什么？"

张露想了一想，说："比头发，比个头，比身材，比体型，比皮肤白黑，比身材胖瘦。"

白玉明摇一摇头。

张露问："那看什么？比什么？"

"男人看女人，看什么？"白玉明说，"首先看优点，优点人人有两个，但点点又不同，有大也有小，完全看个人喜好。"

张露听得一头雾水："什么乱七八糟？"

白玉明端起杯子喝了口茶，脸上始终似笑非笑，顿了一顿，又凑近张露咬耳朵："宝宝小笨蛋，男人跟女人比，比啥？比上不足，比下有余，这下懂了？"

张露恍然，眉毛一拧，娇嗲道："下作。"

白玉明笑着说："没错呀，啥下作不下作，我是要告诉你，女人该啥样，怎样做女人。"

张露红着一张脸，不出声了。她抬眼看看周围。有人喝多了眼睛闭紧，有人拿着手机说个不停，刘峰坐在风水大师边上，两个人正叽叽咕咕。并没人注意他们。

"女人一结婚，常常像变了一个人。"白玉明叹息一声又开了口,"打电话发信息,从早到晚一刻不停,整天担心自家男人外面搞花头,明查岗,暗盯梢,简直堪比克格勃,时间一长,男人跑得比兔子还快。"

张露扑哧一声,说:"也包括你自己?"

"男人回到家,女人一句话至少翻来覆去问三遍。"白玉明说,"男人沉默可不行,女人立马要说,看看看,你默认了对不对?你无言以对是不是?男人开口做解释,话稍说多,女人立马又来一句,看看看,你要滑头对不对?你早想好了是不是?横竖都是女人有理,男人哭笑不得。"

白玉明今晚没少喝,酒一喝多,人变话痨了,趴在张露耳边不断地说。张露心底暗自叹息:"素日里那么沉默的一个人,酒精真厉害!"张露后来再不接话,任由白玉明独自絮叨,自己的思想开始跑火车。

张露平时不喜欢话多的男人,她觉得女人口中所说的"男人味",其实是一种腔调。首先要懂经,腔势要足,道行不够,言多必失,装也装不像。张露马上就想到陈建宝。话多嘴快,最喜欢张家串串王家串串,讲完东家讲西家,话匣子一开,薄唇轻言,根本收不住,隔壁王二家的狗,对门刘三屋里的猫,闲言泼语,喋喋不休。张露心烦也没办法,只好左耳朵进右耳朵出,时间一长,心里起茧子。跟妈妈相中的这个男人一时冲动闪了婚,张露心里明白,代价惨痛,但永远也回不去了。陈建宝别的挣钱本事没有,贪小便宜却是强项。见缝插针。单位难得派他出一趟差,每回都满载而归。行李箱打开,哗啦啦掉出一堆东西。卫生卷纸,一次性牙刷,一次性拖鞋,擦鞋布、洗发水、沐浴露,甚至酒店提供给客人的信纸信封,一次性铅笔,一次性塑料鞋拔子，他通通一网打尽。行李箱的四个角落里，塞满各式廉价袋泡茶，满满当当一大包，一个不落拿回家。因为这件事，张露想不起来跟陈建宝吵过多少趟。但根本没用。积习难改，本性不移，陈建宝是外甥打灯笼，照旧。张露曾跟妈妈抱怨过几次，可妈妈听完以后只是笑笑，反倒开始数落张露。妈妈说："我看蛮好呀！说明这个男人会过日子，这是好事体呀！"张露只好沉默。她心里憋着火，后来有几次回妈妈家去，故意啥也不买，就把各式各样的一次性酒店用品，用一只家乐福超市的大塑料袋装了满满一兜，拎回来往妈妈面前一放，说："喏，你慢慢享用吧！倒省得我买菜买水果了。"妈妈一点也不生气，笑嘻嘻来了一句："脸拉那么长干啥？不会挣会省，一样是钱呀。"张露哭笑不得。

放在桌上的手机短信提示铃响了再响，张露从往事中回过神来，低头查看。是银行发来的信用卡到期还款通知。张露一抬头，发现舒娟已经不倒酒了，不知什么时候，她重新紧挨着风水大师坐下，不时小声地嘀嘀咕咕。风水大师此刻面若猪肝，泛出一层油光，酒喝得尽兴，吐沫星子四溅，口若悬河，讲到动情处，不时伴以手势动作，身体左摇右晃。舒娟凝神专注地听，倾耳拭目，脸上深情款款。

张露不由笑了一下，心想："三分货，七分说，烂货变好货，死人能说活。这位风水大师，倒更像是个跑码头混马路的老油子。"

趁没人注意，张露快速地往白玉明身上靠了一下，迅速抽离，小声地说："读报那女人，后来怎么样了？"

白玉明微微一笑，把烟掐灭，喝了一口茶。

"那男人站到女人身后去。"白玉明说，"我所站的位置，恰好能看得一清二楚，那女人屁股被顶了一记，开始的时候，男人似乎只是试探，女人身体本能地往前一躲，但并非刻意。女人并没有回头，面朝报栏，继续读报。读。读。男人的身体于是再次顶了上去。女人这次显然已经有了心理准备，她的身体不再躲避。于是这一男一女两个人，就站在路灯下，一前一后，读报纸。读。读。读。"

张露扑哧一声笑出声："说书先生。"

白玉明立马"嘘"了一声说："声音轻一点。"

张露捂着嘴抬眼快速地扫了一眼在座其他人。桌上各位，此时基本已七倒八歪，根本没人顾得上注意别人。张露松了一口气，扭头朝白玉明吐了吐舌头。

酒桌上，新一轮的斗酒又开始了。

风水大师一扭头，发现张露正捂着嘴巴嗤嗤笑，笑得急，咳嗽了几声。风水大师低下身关切地问："张总嗓子不舒服？是不是感冒了？"

张露连连摆了摆手。

风水大师把椅子往屁股跟前拉了拉，紧挨张露坐下，凑到她耳边，细声低语地说："张总还这样年轻，才三十出头，是女人最好的年纪呀！"说完一停，夹过一块红烧肉，边吃边吧唧，又加了一句："已经做到星级酒店的副总了，还真看不出。"

张露眉头微微一皱，往边上挪挪。风水大师忽然试探性地问："张总，我可以认张总做个干妹妹吗？"

张露一愣。

风水大师急忙说："私下里我叫你妹妹，心里舒坦，也显得亲嘛，大庭广众之下，我还是要叫张总，这样可以吧？可不

173

可以？"

张露的脸微微一红，一时不知该如何作答，坐着没动。

风水大师若无其事地笑了笑。"不急不急，张总慢慢想想。"又夹过一块红烧肉放进嘴里，腮帮子一鼓一鼓，"这地方的菜，味道不错！"

张露从眼角的余光中，看见舒娟的脸冷冷一沉，眼皮耷拉着。

风水大师又凑过来，心有不甘地说："张小妹啊，我如今基本已达神仙之术了！你懂不懂？"

张露摇一摇头，没吭声。

"一般人我根本就不予理睬，我今天之所以会答应赴宴，"风水大师语气一沉道，"百闻不如一见，我完全就是为了一睹妹妹芳容呀！"说完意味深长地看了看张露，油嘴抹了一把，"我原以为刘峰这小子是瞎扯淡，没想到，"扭头朝地毯上呸了一口，"我还真来对了！"

张露皱着眉头笑笑，扭头看了一眼白玉明。

白玉明目不斜视地喝茶吸烟，一张脸紧绷绷的。

红烧肉看来很适合风水大师胃口，又接连两块落了肚，终于把筷子一搁，打了两个饱嗝儿，点一根大中华，抬手遮口，再次凑上来跟张露说："妹妹我跟你讲啊，千万别小看我这功夫。"紧盯着张露看，一股浓烟喷出来，"这可不是一般意义上的气功！"

张露被烟熏得直辣眼，抬手在面前扇了扇。

舒娟已经明显不开心了。

"这可是一门科学，涉及风水人生，科学你懂吧妹妹？"话音一落，风水大师忽然挺身坐直，吓了张露一跳。

一抬头,只见刘梅正斜眼朝这边瞥。瞥一眼风水大师,再瞥一眼白玉明,然后跟张露撇一撇嘴。张露佯装没在意,把头一低,小声地嘟哝了一句:"哦,大师是在说修仙术吧?《神仙传》里面那个,不愿举形升虚做天仙,宁可隐匿人间掌管大地的地仙?"

刘梅绷着脸,嘴角往下一耷拉,满脸的厌恶与不屑,她似乎不耐烦起来,一只脚从桌子下面往边上慢慢探过去,轻轻踢了白玉明一脚。

白玉明面无表情,一点反应也没有。

风水大师显然是听到了张露刚才那一番话,他伸出右手,大拇指竖起来移到桌子下面,对着张露好一通摇。

张露瞟了刘梅一眼,故意没话找话:"最近这几天,上海连降暴雨,我估计有些感冒了,浑身不舒服……"

风水大师一听,立马来了兴致:"哎呀,我最近恰好在学一种'古法松骨拉筋柔身术',受益匪浅,要不我现在就给妹妹做一做可好?"

不等张露回答,风水大师已经站起来,把椅子往身后一拉,就地开始做示范。只见他单足点地,单臂直指前方,双目平视,屏气凝神,保持了大概十几秒钟,接着重新慢慢把腿放下,伸出的手臂在空中呈半圆形一划拉。风水大师看着张露说:"妹妹看到没?'白鹤展翅'!这可是正宗版,软吧软吧?怎么样?我这腰板,可比一般人软得多了!"

一桌人从各自的话题中突然被打断,面面相觑,不明所以,不约而同盯住他们看。风水大师语气间溢满得意又开了口:"以我现在的年纪,做这套动作,身体能保持纹丝不动,怎么样?绝不是满嘴跑火车,厉害不厉害?"

刘峰嘻嘻一笑,说:"天王盖地虎,宝塔镇河妖。"

边上不知谁接了一句:"莫哈莫哈。"

大家笑作一团。

舒娟在一边冷不丁冒出来一句:"你还有哪里软?讲讲呀!一起讲讲?"

在座各位纷纷一愣,接着哈哈爆笑,七嘴八舌叫嚷起来:"对呀对呀!大师讲讲呀!还有哪里软?"

风水大师脸上讪讪地笑着,人总算安静下来,把椅子往屁股下拉一拉,重新坐回原位,扭头趴在舒娟耳边,不知说了一句什么话。

舒娟眼皮不抬,脸上愠色未散。

刘梅悄悄坐到张露身边,故意大声地说:"张总,来来,我帮你按摩几记试试看!"说完瞥了风水大师一眼,又冒出来一句:"我可没啥高深武功啊!天九级就更加谈不上,我也不懂啥啥神仙之术。"说着手下动作起来,抓肩,按腰,揉脖子,时而紧握双拳,时而单掌横切,好一通忙,嘴也不闲着。刘梅说:"这感冒呢,虽说不是啥大病,但身体骨骼处处僵硬,人就浑身不舒坦,俗话说得好,通则不痛,痛则不通。"她笑嘻嘻扫了白玉明一眼,"张总千万莫怪罪啊,我也就是照猫画虎,随便瞎捏,专不专业的,完全不搭界。"

张露笑着不吭声。

捏了一阵,刘梅话里有话来了一句:"这功夫再高,上可通灵,下能引仙,但动不动就生气,就摆着个臭脸,发脾气给谁看?功效等于白搭咯!"

舒娟的脸涨得通红，低着头，似乎坐立不安。

张露扭头看着刘梅笑笑，小声地说："差不多得了啊，别说了。"她此刻像一只芭比娃娃，任由刘梅左摇右晃。

白玉明咳嗽了一声，低头喝茶。

一桌人沉默下来，气氛一时有些僵。

刘峰赶紧又跳出来打圆场。酒杯端在手，他晃晃悠悠走到风水大师身边，说："大师哎，我的哥哥，我看你是要'卖草帽的丢扁担'了哎。"

大师眼珠子一瞪："啥狗屁酸词儿？"

刘峰说："你要多留神！"

边上有人嗤嗤嗤嗤笑。

风水大师"哦"了一声，解嘲道："啊对，对对对，要留神要留神。"

两个人举杯一碰，喝干。

刘峰走到刘梅边上停下，俯下身耳语："啥风水大师，啥可通灵可变神仙，只要到了女人跟前，就是狐狸的尾巴露个白尖尖么。"

刘梅没听明白，扭脸问："啥尖尖？"

刘峰嘻嘻一笑，说："再怎么老奸巨猾，到头来能怎样？"说完朝舒娟努了努嘴。

刘梅笑了。

舒娟脸上的怒气已渐渐退去，仍然坐在那里发呆。

张露在边上故意取笑刘峰："百货公司里卖西装，一套一套，还真不少。"

一桌人又哈哈笑起来，气氛基本恢复正常。

舒娟彻底缓过劲儿来了，脸上红了白白了红，忽然站起来说："不好意思啊，刚才失礼了！让各位见笑。"

刘峰抓住时机，一鼓作气，抬手放在风水大师的肩头上拍了拍，说："哥哥哎，今后只要有舒娟在，我看你这功力，最好还是收一收。"

边上有人笑着插嘴："要发功，也至多用个六七成。"

风水大师嘿嘿笑着，扭头看舒娟。

刘峰说："啥大师？还天九级？依我看，不过就是一只纸老虎，是案板底下放风筝，以为自己还飞得起来？"

张露扑哧一声笑了。

刘峰几步走到舒娟边上，说："真是秃子打伞，无法无天，仔细他的皮！"

舒娟也忍不住笑了。

桌上有人跟刘梅开玩笑："哎刘经理，刘峰这么肆无忌惮，你也不管管？"

刘梅唇齿间不屑地"切"了一声，瞟一眼刘峰，说："我们两个人，是'芭蕉开花一条心'，生啥气？哪里有那么多气好生？"说完腰一扭，刻意又加了一句，"女人生自家男人的气，傻不傻？要生回家关起门来好好生！何苦要跑到外面，给外人看笑话。"

张露在边上笑而不语。

刘梅面部表情一换，笑嘻嘻望着刘峰说："我可不喜欢我的男人，把脸装进裤裆里，他可是我的门面哪！"

张露抿着嘴笑。

白玉明在边上不紧不慢道："不是一家人，不进一家门。刘梅配刘峰,简直是好上加好,锦上添花。"

风水大师不敢再多嘴,一个劲呵呵呵呵笑,不住地朝边上瞅舒娟。

舒娟的气来得快,去得也快,此时像没事人一样,已经完全忘记了刚才那些不愉快。她伸出手在风水大师的大腿上使劲儿拧了一把,小声地责骂:"再看再看!看你的大头鬼!"大师立马夸张地叫起来:"哎哟我的妈妈!"

大家笑作一团。

跟风水大师又各自干了杯中酒,刘峰拉了把椅子,挨着张露坐下。风水大师站起来,一路摇晃着朝包房门走。刘峰赶紧招呼舒娟:"快去快去,看着点呀!大师喝得太多了!"回转身,手背遮唇,开始跟白玉明咬耳朵。

"这家伙是个'酒漏子'。"刘峰说,"这风水大师,能喝自然不假,但绝非什么真本事。"

白玉明"哦"了一声。

张露问:"为啥?"

"这种人,最好是不要给他机会,"刘峰说,"不陪他喝酒最好,一般人根本喝不过他。"

张露有点明白过来:"山西人饭桌上常说的'酒漏子',就是说的这种人?专指那种上面喝酒,全身各部位不断冒汗,酒精在体内根本存不住的一类人?"

刘峰"嗯嗯"着说:"一点没错,这种人,就算喝得再多,人一点事情没有,反而喝到最后,越喝越镇定了。"

白玉明点了根烟,吸一口说:"这个'酒漏子'跟'酒篓子',虽说只一字之差,本质上究竟有什么区别?"

"顾名思义呀哥哥。"刘峰说,"'篓'字,口小肚胖器物,比喻能装,但装的量有限,酒篓子再大,也总有装满时候,酒桌上拼起酒来,就比较容易被对方把握,胜算的几率不大。"

白玉明点一点头。

张露把话头接过去说:"'漏'字就不同了,四处有缝隙,你想想,到处是孔是洞,虽然也能装,却这边装那边漏,完全一个无底洞,永远填不满呀。"

白玉明点点头,微微一笑。

刘峰在边上竖起大拇指说:"露露姐这话,说到点子上了。"

"常常是身边醉倒一大片,唯独此人,"刘峰朝风水大师的座位努一努嘴说,"众人皆醉他独醒,是真醒着的,可不是装!"

张露边听边笑,扭头看着白玉明,说:"那种情形最可怕,所以在山西,好酒之人,通常并不惧怕'酒篓子',却很发怵'酒漏子',比如眼前这位,未知潭水深浅,脚底深不可测,你跟他拼酒,一不留神,无形之中就多出几分隐患。"

刘峰在一边说:"若是要硬拼,等于自讨苦吃。"

白玉明"哦"了一声:"酒场有风险,喝酒需谨慎哪。"

三个人小声地笑。

"早前,我似乎在什么书上看到过,"白玉明吸了一口烟说,"以生理学的观点来解释,'酒漏子'意指能跑酒的人,人体孔隙,呼吸汗腺以及尿路,都是主要疏散渠道,在酒桌上稍加观察,不难发现,但凡饮酒之时大汗淋漓,或频繁出入卫生间者,好比眼前这位风水大师,今晚这一顿饭,他最少去了卫生间不下十趟有吧?这个人十有八九属于'酒漏子'。"

刘峰点点头,又抽出一支烟帮白玉明点上。

张露说:"一点没错,这种人,干喝不醉,喝多喝少,根本无所谓,喝了也是白喝,倒可惜了这好酒。"

白玉明看着张露微笑,像忽然想到了什么,扭头问刘峰:"听说过'专业陪酒员'吗?"

刘峰头一歪,吐出一个烟圈,说:"白总太会逗了。"

张露立马打断道:"不但是真有,而且还属于公务员编制哪!你就是个土鳖,四六不懂。"

刘峰眼睛一瞪:"白吃白喝不算,还他妈的公务员?这钱倒是挣得愉快。"

白玉明叹了口气,意味深长地说:"土豪没文化,实在太可怕。不要总是来不来就急赤白脸,哇啦哇啦做啥?你了解这钱究竟是怎么挣的吗?"

刘峰嘻嘻一笑,不好意思地红了脸。

白玉明说:"两个小时之内不许上厕所,身体还不允许出现任何异样反应,完全以量考核,啥意思?明不明白?"

刘峰摇摇头,一脸茫然。

白玉明又说:"一级陪酒员的定量,一般在十五斤左右;二级定量,一般在十斤左右;三级定量,至少在六斤左右。你行?还挣钱愉快?"

刘峰小声嘟囔道:"听起来真邪乎,喝水也喝不下去这么多吧……"

白玉明抬手在刘峰后脑勺上拍了一记,说:"还愉快不愉快?啊?"

刘峰笑嘻嘻地说:"那些报考公务员的同学,竞争如此激烈,可以试试这个呀!反正不考文化课,也不用死记硬背,学习好不好,根本无所谓,直接让小店老板扛两箱白酒送到家,关起门闭关修炼就可以了嘛。"

张露唇齿间滑出一个"切"字,剜了刘峰一眼:"黄鱼脑袋,你以为是随便几块钱一瓶的老烧酒高粱白,就能百炼成钢?傻不傻?考这个陪酒员证书,绝对高标准严要求,有专门特定的酒来训练。你别总以为随便买个绿马甲穿穿,就当自己是纯种进口绿毛龟。不懂装懂,一世饭桶!"

白玉明笑笑:"露露说得对,必须喝国宴用酒练习,才可能过关。"

刘峰眼珠子瞪得滚圆说:"啥品牌?"

白玉明喝了口茶说:"一般都是五粮液酒厂特酿专供,市面上根本看不见的。这些人每天喝酒,比喝水多。"

张露插一嘴道:"通常都有各自擅长的酒类与度数,并非胡乱喝一通。比如常见的五粮液,39°、45°、52°、68°,完全因人而异,啤酒红酒杂牌子酒,根本不喝,喝了也不算。懂吗?"

白玉明点了点头,话题重新接过去:"所以说,'酒漏子'属于天赋异禀。酒精为啥不上头?根本就不经过肝脏,酒精路径一般从脚底板从手掌心从腋窝,或者跟随四肢躯干汗毛孔,源源不断排出去,边喝边排,一点存不住。"

张露突然想起一件有趣事。

"早前在北京休日酒店,有一天来了一个客人,独自一人,"张露说,"屁股还没坐稳,急着喊服务员点菜,说,先上一碟花生米,凉拌肚丝来一盘,热菜等等,说完飞快地加了一句,一斤简装的五星二锅头,先给来四瓶!"

刘峰插了一嘴:"来捣乱的。"

张露说:"盯台小妹听完一愣,心中纳闷,想了一下问客人,等下一共有几位呀?这人抬头来一句,就我自己,不行吗?小妹脸上笑容一僵,正踌躇不知该怎么办,这客人催促起来,去拿酒呀,快点快点。"

刘峰又插一嘴:"还没喝,就已经偏了。"

张露又说:"小妹将疑将惑,转身走了,她不住地回头看这客人,跑去给区域主管做汇报。没一会儿,四瓶二锅头端上桌,换区域主管亲自上场。他琢磨了一下,这位爷瞅着面生,来者不善,会不会是哪家同行,暗中找人来闹事的?"

刘峰嘻嘻一笑说:"我猜对了!"

白玉明伸手啪地拍在刘峰后脑勺上,说:"能不能安静一下?"

张露继续说:"区域主管自己拿不定主意,之后就打电话请示汇报,我一听也颇觉蹊跷,说别慌别慌,先稳住看看情况,实在不行就报警。结果出乎意料。"

刘峰听得紧张,一时兴奋没忍住:"比电视剧好看……"话没说完一扭头,白玉明正斜了眼瞪他。立马噤了口。

"没多大一会儿,"张露说,"盯台小妹发现,五星二锅头通通喝了个底朝天,四只空瓶摆在脚边,这客人又招呼服务员,说去去去,赶紧再来一瓶!"

白玉明"嗯"了一声:"这是遇到行家了。"

"趁小妹去拿酒的空当,我给熟悉的片儿警打了电话,"张露说,"事情的经过,简单陈述一二三,警察很快就到了。例行检查身份证。此人来自东北,说是来北京办事,说着就从包里掏出一堆证件,一样一样,桌子上摊开,甚至还出示了一张盖有吉林省政府大红印章的介绍信。"说得嘴干，张露拿过桌上的茶杯咕咚咕咚喝了两口，"完全看不出有丝毫破绽。"

刘峰在边上嘴巴努了又努，终于没敢再出声。一脸的紧张。

张露说："警察问客人，你为啥喝酒像喝水哪？客人笑笑，说，别人觉得怪，于我而言，这纯属正常。各位请看，他说，你们还别不相信，说着就从衣服内衣口袋里摸出一个小本子，很普通的红色塑料封皮，上面写着几个字——国家三级陪酒员证书，下面还标注了一行小字——六十度粮食酿酒十二小时内七斤量。"

刘峰在边上"我的妈呀"叫起来。

"当时现场人人惊讶，小眼瞪大眼。"张露说着笑起来，"我当时也傻掉，第一次亲眼所见，还真是三百六十行，行行出状元哪！"

刘峰不敢再多嘴，扭头看看白玉明。

白玉明把烟蒂掐灭，说："爬山跌死腿硬的，游泳淹死会水的。酒漏子也好，酒篓子也罢，听听故事就可以了。可别见风就是雨，跟风吃土。人这一生，统共那么几吨酒，总量有限，完全由上帝掌控着，谁先喝完谁先死，结局都一样。急啥？"

刘峰弱弱地问："啥结局？"

张露扑哧一声说："还啥啥啥，肝硬化是最起码！你瞎羡慕啥？"

刘峰"哦"了一声说："且喝且珍惜吧。"

白玉明沉默下来，吸烟吸得很慢。

张露望着白玉明，一时竟有些发呆。

白玉明吸烟，喜欢吐烟圈，有时吐出好大一只，有时又吐出一连串，由大到小，排成一队。圆圆的烟圈慢慢变大变浅，一漾一漾,四下散开。张露自言自语道:"怎么能吐那么圆?"

刘峰以为是跟他说话:"啥?"

张露没吭声。

"十年前,"白玉明说,"我曾遇见过一个人,从事装修行业的老师傅,湖北佬,此人每月的薪水,基本都耗在酒水上。"

张露"哦"了一声说:"酒鬼。"

白玉明把头摇摇:"也不完全是。此人有个特点,平时滴酒不沾,但每逢接到生意,做活之前,必须先好好大喝一顿,不然即使开了工,水平也发挥不出来。"

刘峰头一歪说:"真有这种人?"

白玉明说:"每次干活前,先来半斤酒,白的,还必须是高度,说是度数低了不管用,喝完心里不畅快,活干得慢,且不能保证质量。"

刘峰眉毛一挑:"邪乎!"

白玉明说:"白酒喝好,开始干活,一干一整天,别人口渴要喝水,老师傅一口不沾。"

张露说:"那他喝啥?"

白玉明说:"喝啤酒,24瓶装,最普通的那种,一箱一箱,派手下徒弟提前帮忙批发来,找个墙角码好,垛得整整齐齐,边干边喝,边喝边干,干一阵,举起酒瓶咕咚咕咚灌几口,一直到工程彻底结束,啤酒恰好喝完。"

刘峰"哈"了一声,说:"不是我不明白,这世界变化快。"

张露笑着瞪了他一眼。

"到了交工那天,这些啤酒肯定一瓶不剩,"白玉明扭头看看张露说,"倒像是预先就算计好了,怪吧?厉害不厉害?"

张露将信将疑："有那么神奇？"

"据说老师傅喝酒，方式也与人迥异。"白玉明笑笑说，"纯粹干喝，什么下酒小菜，主食副食，通通不需要，也从来不见他用酒杯，酒瓶直接举起来，嘴对嘴咕咚咕咚，不管白的啤的，一个喝法。"

刘峰嘟囔道："乡巴佬嘛。"

张露嘴巴张大："水泊梁山？"

白玉明笑笑："老师傅喝酒，就喜欢独斟独饮，从来不要人陪。"

张露说："别人也不敢陪哪！"

"听听也觉得过瘾！"刘峰把话题接过去说，"除去汗腺尿路，漏酒据说还有另外一种渠道，可以完全自主控制的。"

张露没听明白。

白玉明点了点头说："这话倒也不假，我就有一个朋友，平时应酬多，餐餐顿顿少不了酒，不喝不行，自己想办法。"

张露插一句："在说你自己吧。"

白玉明笑笑："喝酒喝到差不多，要想办法出去吐掉，找个僻静角落，自己抠嗓子眼。"

刘峰哈哈一声说："对对对！快喝快吐，能吐多少算多少，我自己就常这样干，管用！"

白玉明说："见效倒是见效，洗手间多跑几个来回，基本就没啥事了，回来可以接着喝，又能抵挡一阵。"

张露眼珠子朝上翻了翻，说："自己难受，图个啥？喝来喝去，有啥意思？男人……"

三个人你一句我一句，正聊得热闹，包房门忽然一下被推开。只见风水大师一只手搭在舒娟的肩头,两个人摇摇晃晃走进来。

"没事吧?"刘峰说着往起站。

风水大师把手横在空中左右一挥,差点打到舒娟的脸。他大着舌头说:"这点酒算算算个啥?球毛的故事堆成山!"说完在舒娟屁股上啪地拍一巴掌,"快去快去!倒酒倒酒!"

刘峰给张露使了个眼色,走到风水大师边上坐下。

张露的心情忽然好转,悄悄伸出一只脚,高跟鞋探到边上,碰了碰白玉明的脚尖,头稍稍一歪,不动声色地说:"女人读报,还没有下文,爸爸继续给我讲。"

白玉明微微一笑。

"那一男一女读报,读了有好一阵,"白玉明说,"直到后来,对面小弄堂里有人出来遛狗,我也站得两腿发麻,准备打道回府,就看见女人身后,那个男人忽然快速一闪,眨眼间就不见踪影,身手可真够快。"

张露说:"那女人呢?还在不在?"

"女人照旧一动不动,始终没有回头,我看她就那么原地不动读报纸,读,读,读,"白玉明停一停,端起茶杯小小地抿一口,"又站了一会儿,再没看见有人来,这个女人终于慢慢吞吞地走了,脚步踌躇犹豫,似乎很留恋的样子。"

张露嘻嘻一笑:"有意思。"

"接下来好多天,天一黑,我便佯装去散步,直奔读报栏,那女人都在。天天站在原地读报纸,"白玉明笑笑说,"天不黑,这女人绝对不会出现。"说完夹过一筷子芦笋,放在张露面前的小餐碟,趴在她耳边悄悄地说:"上海今年干燥少雨,冰镇芦笋祛湿败火，宝宝要多吃，知道没？女孩子吃了皮肤好。"

张露哼一句："我皮肤已经很好了呀。"低头吃芦笋，吃几口，小声地嘀咕道："我最喜欢还是上汤芦笋，味道赞。"

白玉明"嗯"了一声："西方人吃芦笋，要削了皮才吃。"

张露"哦"了一声。

"蒸或煮，配黄油、配奶酪、配各种酱料，"白玉明说，"据说德国人吃芦笋，世界首屈一指。"

张露又"哦"一声。

"德国人吃芦笋，有专用工具。削皮的刀，专门的锅子、盘子，甚至捆芦笋用的细绳，也有专用。"

张露腮帮子一鼓一鼓地说："那么讲究？"

"我一个朋友，就是德国人，"白玉明轻轻拍了张露一下说，"宝宝也认识呀。"

张露扭脸问："谁？"

白玉明说："就是茂名北路上，那家我们最喜欢去的咖啡店老板，德国人，来上海十多年了。"

张露轻轻"哦"了一声。

"德国人做事一丝不苟，包括吃芦笋，"白玉明说，"芦笋加工成菜，从锅子里夹出来，得要专用夹子。"

张露说："真累。"

"接下去是沥水，"白玉明说，"也有专门沥水架子，分门别类，粗细大小不同，一应俱全。结棍哦？"

张露嘻嘻一笑："结棍结棍，爸爸更结棍，懂那么多，这话题以后要多给宝宝讲讲嘛。"

白玉明笑笑："做啥？"

张露说:"我给员工上培训课,也好及时普及学习,学以致用,加强巩固嘛。"

白玉明又说:"芦笋与蔬菜,好比人与人,蔬菜也分三六九等,芦笋是贵族。"他伸出一只手,从桌子下面慢慢探过去,摸到张露的手一握,说:"乖,慢慢吃。"

张露想起有次看报纸,看到过一则关于芦笋的文字,讲给白玉明听。

"有位美食专家,专门撰文推荐'白灼芦笋'。作者说,芦笋一定要配上等蚝油,才不枉费,"说到此处嘴巴一撇,"我真是不敢苟同。"

白玉明说:"有啥讲法?"

"芦笋开水一焯,时间极短,只需几秒钟,捞起沥干,然后直接蘸一点上海人喜欢的海鲜酱油,味道已经足够,还保持了芦笋的本真鲜美,脆甜而清爽。哈哆,"扭头看了看白玉明,"蚝油色重味厚,芦笋原味完全被遮盖,根本就是瞎说八道嘛,一看就是蒙外行人。"

白玉明若有所思地"哦"了一声。

张露埋头吃芦笋,没多一会儿,一盘冰镇芦笋已经吃了个精光。擦擦嘴,轻轻舒了口气,扭头娇哆道:"我乖不乖?"

白玉明笑笑。他又想起刚才讲的读报女人。

"那女人身后,男人来来去去,我慢慢发现,根本就不是同一个人。"说完一停,往椅背上一靠,笑眯眯盯着张露。

张露等下文。

"其实也正常,"白玉明点了根烟说,"林子大了,什么鸟都有。"

张露"嗯"了一声:"喜鹊与乌鸦。"

听到"乌鸦"二字,白玉明来了兴致,转换读报女人话题,开始给张露讲乌鸦。

"乌鸦其实只是针对羽毛的颜色,"白玉明说,"乌麻麻一身,再加上乌鸦生来喜好结伴而行,一队一队,头顶飞过,叫声嘶哑凄凉,中国人多不喜欢。但在日本,截然相反,"白玉明语气加重强调道,"日本人把乌鸦视作吉祥鸟,要祭拜,还有专门的节日。没想到吧?"

张露"哦"了一声。

白玉明身体前倾,椅子往近拉一拉,俯下身来问张露:"电影《西雅图不眠夜》,我们一起去看过,还记得吧?"

张露边点头边叹起气来:"好久没看电影了。"

白玉明又问:"片子好看吧,西雅图去过没有?"

张露摇一摇头:"爸爸没带我去呀。"

白玉明说:"西雅图是美国华盛顿州一座港口城市,位于华盛顿州金县,普吉特海湾和华盛顿湖之间,距离美加边境,大约一百七十四公里,是该州最大一座城市,也是美国太平洋西北区最大的城市。"

张露小声地说:"爸爸知识真渊博。"

白玉明抬起一只手,放在张露的手上拍了拍:"西雅图有官方别名,叫'翡翠城',名字哆吧?"

张露点点头。

"其实是因为,西雅图一年四季在落雨。常常头顶晴空万里,走着走着,雨突然就来了。躲也没处躲,还常常一下起来就没完没了,"白玉明笑起来,"于是有人喜欢把西雅图叫'雨城''绿城'，或者'喷气机之城'。"

张露说："有意思。爸爸为啥知道那么多细节？"

白玉明端起茶杯喝了两口，说："我曾在那里住过一阵。"

张露嘻嘻一笑，转过身来悄声地说："往事俏佳人？"

白玉明捏了捏张露的手，说："搞七捻三，啥往事俏佳人，我是去看儿子呀。儿子在美国读书嘛，我没事时喜欢在周边转转。"

张露的嘴巴撇了撇，没吭声。

"青山湖泊，港湾河道，温润气候，四季如春。比上海舒服得多咪，"白玉明缓一缓继续说，"我去过世界很多地方，几乎再也找不到第二座城市能像西雅图那样，"说着轻轻叹息，"哪像上海的黄浦江。"

张露来了一句："滚滚黄浦东逝水，英雄不堪回首。"

"黄浦江早前，其实也并非今朝这般景象。我的童年时代，常常跟小朋友跑到江边去疯玩。码头破败，繁华景象当然不及今日。但……"白玉明的目光飘向远方，悠悠地说，"外白渡桥边，常常可见成群的江鸥接翼而飞。偶有江轮经过，它们自动跟随江轮飞翔，追逐嬉戏，毫不畏惧，"说着忽然语气一沉，"那时的黄浦江，虽说也很浑浊，但那是因为泥沙翻卷，并不是肮脏。"

张露"嗯"了一声，也跟着叹息道："也不是大气污染。现在的性质，已经完全变了。"

白玉明说："我最喜欢独自起个大早，跑到江边等。有运送黄沙的大船，静静停泊一处，天边还未现鱼肚白。对岸可见星星点点，那是船上人家窗边摇曳的萤灯。晨雾环绕江面，世界变得虚无缥缈。偶尔一声汽笛，声音尖厉而悠长，远远地传来，划破这寂静的江水，我独自站在江边等待。浑身冻得哆嗦。"

张露问："爸爸在等啥？"

"因为距离近，"白玉明径直往下说道，"背后头顶上空，大自鸣钟钟声沉闷磅礴，居高声自远，余音雄浑，渐渐向外荡开，可以传到很远很远的地方。太阳渐渐现身，升出地平线，红玛瑙一般夺目，我紧紧盯住看，眼皮一下不敢眨。云彩轻朵漫卷，一漾一叠，江面金波满海，突然间，只觉眼前霞光万丈，仅一眨眼工夫，新的一天来了。"

张露听得入境："现在垃圾污染实在太严重，人多垃圾就多，再加上生活工业用水排放，治理不到位，人人只为求财，自己方便……"

白玉明默默地点头。

两个人沉默一阵。

"每年时间一到，西雅图树木葱郁，草地青葱，头顶永远有不知道什么时候就会飘落的雨，雨点飘来飘去，若有似无，"白玉明的眼睛眯缝起来，仿佛回到当年，"蓦然回首，往事如昨，这雨最好不要下得太大。"

张露说："为啥？"

"雨丝点点星星，轻轻一掠，仿佛风也变绿，呼吸带了青绿的颜色，"白玉明说，"雨若是下得大，人人狼狈不堪，谁还顾得上享受这美好？"

张露嘻嘻笑着说："简直一个童话世界。爸爸可以做诗人咪，不比北岛的《波兰来客》逊色。"

白玉明笑笑。

"但真是怪，"白玉明说，"西雅图树多，鸟也多，尤其乌鸦真是多。"

张露"哦"了一声。

白玉明说："我初初去时，每天清晨一睁眼，耳边传来鸣叫声。并非我们常说的燕语莺啼，或是嘤嘤成韵。"

张露说："那是什么？"

"是乌鸦在叫，"白玉明说，"双耳盈满啊啊呀呀，嘶哑声此起彼伏，的确吓人。"

张露"啊"了一声："真的假的？"

白玉明说："起初，我听了也很不习惯，感觉浑身不舒服，但现在返回头再想，这其实是长期以来受中国传统民俗文化影响太深的缘故。"

张露接过去说："记得奶奶在世时，我常听她讲，每天早上出门，如果第一眼看到的是喜鹊，好了，嘴上不说，心里早就乐开了花，太原话叫'抬头见喜'。这一整天都神清气爽，做什么都顺顺利利。但如果第一眼看到的是乌鸦，尤其醒来第一耳听到的，是乌鸦哑哑鸣叫声，这下惨了。眉头紧皱，心里惴惴不安。从早到晚，看什么都不顺眼，整个人都萎靡不振，时不时地提醒自己，今日出门要当心呀。低头走路，抬头看天，千万别出什么事。"

白玉明微笑。

"时至今日，"张露说，"还是常听有人讲，某某说了不中听的话，立马要被周遭人讥讽，说他长了一张'乌鸦嘴'。"

"其实都是以讹传讹，是偏见，并无半点科学依据。美国人尤其喜欢乌鸦，其中又以西雅图人为最，"白玉明说，"他们把乌鸦称作'神鸟'。"

张露默默地听。

白玉明说:"我去西雅图后不久,一个朋友跟我谈及此事,我仍将信将疑,直到后来亲自上网查询后才得知,事实果真如此,并非空穴来风。"

张露说:"确有其事?"

白玉明"嗯"了一声说:"千真万确。有文字记载,'西雅图'原是印第安人大酋长的名字,印第安人本是原始土著居民,即使是现在,仍有海达印第安人保留地,于是也保留有许多乌鸦图腾的石柱或是木柱。"

张露眼睛瞪大。

"另有文字记载,"白玉明说,"海达人家,家家户户的图腾柱,都用原木雕刻。刻好后立于房脊垂直的位置,以此便可保佑主人全家,世世代代,平安无事。"

张露说:"听起来倒跟中国的香椿树,有得一拼。"

白玉明"哦"了一声。

"幼时我回老宅去看奶奶,屋前房后,空地夹道,到处可见香椿树,"张露说,"我问过奶奶,干吗要种这么多香椿树?奶奶就笑,念叨一句,'椿芽咕嘟嘴儿,加吉就离水儿',或者'香椿一寸,加吉一盆'。"

白玉明笑着来一句:"你奶奶喜欢吃香椿芽。"

"才不是,奶奶是想她的胶东老家了,"张露说,"香椿树在山西坊间,素有'百木之王'美誉,有钱的人家讲究,盖房子直接用香椿树的树干做上梁脊檩,即使家境稍差的,也必须要用一截香椿木楔在檩条里才行。"

白玉明说:"啥说法?"

张露说:"我去问奶奶,她来一句'青蛙跳上鼓,井里丢石头',意思是说,'两头不懂'。"

白玉明面露疑惑。

"山西乡人讲究用香椿树做新房脊檩,说这样才可以管束其他大小梁木,可保佑主人一家宅邸平安无事,世代吉祥,"说完扭头看看白玉明,"这跟爸爸刚才所讲,印第安人的乌鸦图腾柱,可有得一比?"

白玉明笑着点点头:"意思大同小异。"

"早前,我只知道香椿芽好吃金贵,季节性强,还真不知道,香椿树原来也那么多讲究哪。"白玉明忽然想起一个朋友,他说,"我一个朋友,有次去外地出差,闹肚子,吃什么都不舒服,幸好当地有个朋友,想了想说,你等着啊,扭头走了。没多大一会儿,这朋友端来一碗白水煮豆腐,跟闹肚子的朋友说,快吃快吃,要趁热。后来听当地朋友讲,吃当地豆腐,专治各种水土不服。"

张露"啊"了一声:"真管用?"

白玉明笑了:"我没试过。但听那位闹肚子的朋友说,比吃药管用。后来我又听有人说,若来得正是时候,弄一碗本地的香椿来吃,比热豆腐更加见效。"

张露听罢如获至宝:"我肠胃不好,倒想找个机会试试。"

"柱子也分门别类。房前柱、房内柱、庭前欢迎柱,还有院落纪念柱,甚至有专门的葬柱跟墓碑柱,"白玉明继续说,"柱子种类多,样式纷杂,乌鸦被看作海达印第安人的'创始者'。你如果查看历史资料,不难发现,那里无论男女老幼,胸前背后,面部脚底,许多人的服装头饰,通通都印刻有乌鸦形象。"

张露说:"听起来怎么有点像刺青?"

"每逢年节祭祀,"白玉明说,"土著居民用来欢乐的民间乐器皮鼓,上面的乌鸦图案,随处可寻,一点都不稀罕。"

张露紧紧盯着白玉明的脸,看得不禁出了神。

"在中国,其实也有些地方并不忌讳乌鸦的,"白玉明轻轻拍一拍张露的手,笑眯眯地说,"比如在东北,满族人对乌鸦的崇拜,等同于喜鹊。鸦鹊地位均等,同样是守护神。"

张露嘴巴张大:"爸爸简直一本'维基百科全书'了。"

白玉明笑笑。他讲得口干舌燥,停下来喝茶。

张露若有所思。

"满族民间,许多神话传说里,存在丰富的鸦鹊形象。呼什哈里氏的萨满祭祀中,专门有文字记载,"白玉明接着说,"乌鸦是专门负责看护林子的格格,老百姓称其为'林海女神'。名字嗲吧?"

张露撒娇:"宝宝也嗲的。"

"有了她,猎人进山,底气足,心里笃定得很。所以早前猎人上山打猎,一定要先祭山神。就是给乌鸦扬酒撒肉,做专门的祭拜。"

"满族人信奉萨满教,乌鸦则是萨满教的神鸟。"白玉明话题一转,"故宫去过没?"

张露把身体坐正:"当然去过。"

白玉明再问:"故宫中就有专门招揽'神鸟'的杆子。那时的猎人,在高高的杆子上挂满各种鲜肉,都是乌鸦的最爱。"

张露说:"故宫去过不止一次。瞎走瞎看,哪知道什么乌鸦图腾。"

白玉明笑笑:"肉可不是普通的肉。预先经过专门加工。撒盐粉后使劲揉搓,不断揉搓,可使肉悬挂时间尽可能长久,绝对不会腐烂变质。"

张露扭头说:"老腊肉?"

"据说早前,北京城周围,到处可见乌鸦神鸟。成群结队。即使是现在,北京的乌鸦仍然很多,在全国大概首屈一指。宝宝好好听着。"

张露扭脸问:"那为啥只有满族人把乌鸦敬为'神鸟'?"

白玉明喝了口茶,顿一顿道:"我也是听老一辈人讲古代故事。我外婆照看小人儿,没别的本事,一招就够,灵验得很。"

张露说:"啥招数?"

白玉明说:"讲故事。外婆最会讲故事。民间妖魔,聊斋鬼怪,我外婆张嘴就来,讲得头头是道。小人儿哪个还敢不听话?一个一个立马就老实了。"

张露笑起来:"一物降一物。老外婆比爸爸结棍。"

"也真怪,外婆其实并不识几个字,但在我的记忆中,她的床头永远放着一本书。"

张露问:"什么书?"

"《红楼梦》。"白玉明说着笑起来,"我一直觉得奇怪,外婆究竟能不能看得懂?《红楼梦》永远停留在某一页,边上折起一个角……"

张露笑笑。

"外婆讲到乌鸦喜鹊,有另外一套理论。"白玉明说,"清太祖努尔哈赤与明军交战,一度危机重重,刚好有一群乌鸦飞过,排成队形,遮住太祖身体,努尔哈赤这才躲过一劫。还有的人说,多尔衮也有类似的经历。"

张露说:"阐幽明微。原来貌似极其普通的一只乌鸦,还能挖出那么多逸闻趣事。"

白玉明说:"如果再往久远一点讲,在我国远古时期,其实就已经把太阳称为'金乌'了,知道为啥?"

张露摇摇头。

"是说人们认为太阳中有三足乌,月亮中有兔子,因此用'乌飞兔走',来比喻日月运行,"白玉明吸一口烟,悠悠地说,"时光流逝,一去不回,文人们都喜欢以此来形容太阳落山,月亮升起,喜欢以'金乌西坠,玉兔东升'付诸笔端。诗意平增。"

张露长舒一口气:"今晚这顿饭,吃得值。"

白玉明照旧微微一笑:"古代帝王身后有几面旗子,宝宝注意过没有?有机会你仔细看看,其中就有金乌旗与玉兔旗,专门显示王者气象。"

白玉明讲故事妙趣横生,跟张露两个人说说笑笑,兴致盎然。

"至于说到后羿射日,那九只掉下来的太阳,"白玉明把烟蒂掐灭说,"最后通通都变成了黑乌鸦。"

张露"哈"了一声,说:"这一定是老外婆讲的对不对?"

"猜错了。这是远古传说,并非外婆杜撰,有文字记载。"

张露嘻嘻一笑:"所以人们认为'十日同出',意思是说,都是乌鸦在搞鬼,所以民间习惯冠以乌鸦是'不祥之物'?"眼珠上下转了转,凑上去悄悄地说:"爸爸殚见洽闻,宝宝最喜欢。"

白玉明看看周围,一脸平静地笑笑。

每逢赴宴,白玉明喝酒多是迫不得已。拿他自己的话来讲,是"人在江湖飘,谁能不挨刀"。从头至尾喝个不停,吃东西极少,不是不想吃,根本就等不到筷子落进盘子里,已经有人来敬酒了。但今晚稍有些特殊。因为有了风水大师,白玉明反倒落了个清闲。此刻见盯台小妹把生煎包端上桌,白玉明夹起一只,用小碗接了,低头吹吹,小心地咬了一口,扭头轻声问张露:"宝宝要不要吃?"张露摇摇头:"我不喜欢吃肉呀,爸爸怎么忘记了?"

其他点心也陆陆续续端上桌。青白双酿、榴莲角酥、水晶虾饺,一看见有山西泡泡油糕,张露"啊哈"叫了一声,筷子伸过去说:"我要吃这个。"

夹过一只油糕刚想张嘴咬,忽然发觉白玉明的眼神有点不大对,张露立马意识到了什么,吐了吐舌头,嘴巴一噘压低嗓子道:"说话声音太响啦,下次一定注意。"

白玉明笑:"吃个油糕,那么兴奋?"

油糕刚出锅不久,烫嘴,张露把筷子放下。她说:"爸爸不懂了吧,山西人称油糕为'炸糕',用的是晋北当地特有的黄米。黄米在山西坊间有句谚语——'晋北三样宝,黄米糕,大炭,老皮袄'。意思是说,黄米糕是晋北乡间的上等饭食,家家必备。逢年过节、婚宴寿诞、搬家迁居,或有朋自远方来,偶遇亲戚突然造访,招待贵客,黄米糕则大派用场。做黄米糕要比包饺子省时又省力。但黄米糕与黄米炸糕稍有不同。黄米糕吃起来更加方便,先蒸熟,在案板上抹一层食用油,趁热把米糕擀成片状,自家做的大酱抹厚厚一层,最好夹点大葱丝儿或新鲜芫荽,卷一卷就得。也可以卷好以后切成小段儿,同时灶上起油锅,油不必大热,稍见冒泡,把切好的黄米糕卷,用大拇指在案板上快速揿一记,让它定型,接着慢慢滑入油锅炸。看起来跟上海人喜爱的条头糕模样类似，只是要炸过了吃。这黄米泡泡炸糕，做起来要稍微麻烦一点，"张露说着把盘子里的炸糕重新又夹起来，凑上去轻轻咬了一口，"山西人吃炸糕，只吃甜口，包枣泥包豆沙，馅料里面调红糖调白糖，然后要像包包子那样，转圈捏一圈褶子，最后封口，放在手心里团一团，再轻轻拍一拍，变成金黄色扁扁的一只，最后入油锅炸透。"炸糕还是烫嘴，张露呲呲哈哈地吃。

白玉明点头微笑着说："宝宝不愧是美食行家，说得头头是道嘛。"

回上海多年，正宗乡情美味，迹寥难觅。山西泡泡油糕始终藏在张露的记忆深处。

"泡泡炸糕冷着吃也很香，"张露又说，"外脆里糯。上海有不少挂着'山西风味招牌'的大小食肆，但怎么吃，怎么感觉不是那个味道。总像缺少点什么。"

白玉明"哦"了一声："少什么？"

张露想了想，没吭声。她觉得一句两句说不清楚。

没想到在港湾美食城里能吃到正宗的山西泡泡炸糕，张露又夹过一只来，久违而熟悉的味道。

白玉明把生煎包吃完，拿过纸巾擦擦嘴，喝了两口茶，顿了顿，扭头问张露："你不是最喜欢喝咖啡吗？"

张露正埋头吃那只泡泡油糕，吃得一嘴油。

"慢点，注意吃相。"白玉明递过一张餐巾纸。

"西雅图可是'星巴克'的真正诞生地，宝宝一定不知道吧，"白玉明说，"第一家门店，就诞生于此。"

张露腮帮子一鼓一鼓地"哦"了一声。

白玉明的手放在张露后背上拍了拍，说："有时候想想蛮有趣，好比老虎跟青龙。"

张露抬头问："啥？"

"中国人习惯把龙当作神，欧洲人恰好相反，"白玉明说，"他们把龙看作是邪灵的化身。欧洲人只喜欢老虎，认为只有老虎才是王中之王。"

张露把最后一口油糕塞进嘴里，咽得急了点，噎在嗓子眼。她举起一只拳头放在胸口，轻轻地捶打着。

白玉明倒了杯热茶递过去，眉头一皱，轻声地说："慢点吃呀，宝宝！"

张露咕咚咕咚喝了两口，终于咽下。仰起油汪汪的嘴巴，看看白玉明："这个说法是传说，还是？"

没等白玉明做出解释，酒桌上忽然间乱起来。

舒娟不知什么时候又开始斟酒了。此时绕到对面，站在刘峰跟前，一手举着酒瓶，看着刘峰说："刘哥你自己说，这酒该怎么倒？是倒多少喝多少，还是？"

刘峰已经彻底大舌头了，口齿不清地嚷嚷道："啊好！好……好好！啊倒……倒倒倒！"话音未落，人已经往桌底出溜下去。一只茶杯被桌布带到地上，"啪"的一声，四分五裂。盯台的两个小妹不约而同叫了起来。坐在刘峰边上的几个人七手八脚，有人伸手拉，有人抬腿挡，连扯带拽，总算把刘峰扶起来，可他在椅子上怎么也坐不稳当，随时要瘫倒。

白玉明眉头一皱："差不多可以了。我看今晚就不要再喝了吧！"

风水大师酒喝得最多，整个脖子已经通红，一直红到了耳朵根，前胸也红了一大片。张露发现，风水大师的衬衣扣子，不知什么时候被扯掉了两颗,右边袖口上有几处污渍很显眼。他脸若猪肝,瞪着刘峰大骂:"真鸡巴怂蛋!"

刘梅突然站起来,拿起面前的一只茶杯"啪"的一声,往桌面上一拍,眼睛一瞪:"没看见人都已经瘫了吗?站都站不住了,还倒倒倒!倒什么倒?故意的吧?骂谁是怂蛋?你他妈个酒漏子!"说完狠狠地瞪了舒娟一眼,"你什么意思?"

舒娟始料不及,愣在原地。

风水大师抬起一只胳膊,脸上的表情有点奇怪,酒精刺激的缘故,舌头不大听使唤,他举着那只胳膊杵在边上,瞪着血红一双牛眼,一时也愣住了。

张露眼瞅事态严重起来,赶紧上前一步,在刘梅后背上轻轻拍了拍说:"哎哎,别当真,都别当真,大家都别再喝了,白总说得对,今天可以了,我看就到此为止吧。"

白玉明的心中突然泛起一阵厌烦,阴沉着面孔,沉默不语。

桌上有人边拿衣服边起身,大家纷纷往外走。没人再多话。

刘峰又出溜到地上了,椅子腿四脚朝天。刘梅踹了他一脚,指桑骂槐道:"人家是抽水马桶,上面进去下面散,喝多少都是白喝,你逞什么能?啊?你装什么大瓣儿蒜?"

刘峰躺在地上哼哼唧唧,听不清嘟囔些什么。

舒娟绷着一张脸,搀起风水大师一只胳膊就往外走。大师瞪着眼睛,骂骂咧咧:"自己几斤几两不知道?是我逼他喝的吗?也就这点能耐,有本事关起门来做皇上!耍横,回自家窝儿里边横去!"

刘梅马上大声地回骂:"灌一个正常人,你算什么英雄好汉?有本事跟酒漏子拼酒去!大脚拇指挠脚心,你他妈差着远哪!臭显摆啥?"

风水大师晃悠了几下站住，扭过头还想跟刘梅理论，被舒娟生拉活拽走了。

白玉明本打算晚饭后跟张露一起回去，此时只好皱着眉头走过来，在刘峰屁股上踹了一脚，大声地骂："赶紧起来！别在这里丢人现眼！"边伸出手去拉。

张露跟刘梅一左一右，帮着连扯带拽。张露说："不能喝就少喝，猪鼻子插葱！"

刘梅马上说："都是那个猪头三故意灌他呀！"

几个人跌跌撞撞往门口走，包房的盯台小妹追出来，红着小脸怯怯地看着张露，说："姐，单还没有买……"

白玉明不耐烦地来了一句："露露你帮他买一下！签刘峰名字！"

张露接过小妹手中的账单看也不看，唰唰几笔，说："实在不好意思，他喝多了。"

盯台小妹笑了笑，转身跑了。

站在美食城门前，刘峰死活不走了，抱住白玉明的一条大腿，嘴里含糊不清："白总，白哥，我的哥哥哎！今晚你得陪我……咱好好喝，咱换个地方……继续……继续喝！"说完像是又想起什么，松开白玉明的大腿，跌跌撞撞摇晃到张露的车子跟前，脑袋探进去，大着舌头突突："张总……姐，我的姐姐哎……"说着就要吐。

张露"啊呀"了一声，伸出头跟白玉明摆了摆手，做一个打电话手势，然后扭头招呼刘梅："别傻愣着啦！赶紧上来上来，刘峰今晚就跟着白玉明好了，你也弄不了。"

刘梅绷着脸一声不吭，开门一屁股坐在副驾驶位置上，余怒未消。

白玉明目送张露的车子离开,用一条腿使劲儿顶住刘峰的身体,腾出一只手想拦辆出租车。刘峰左摇右晃,根本站立不稳,口里还在不住地嚷嚷:"哥哥哥,咱走……咱再走一个!来干……干干干。"

在上海,像这样的一条小马路,出租车白天一般都不开进来,深更半夜就更无可能。要想打车,必须先走出小马路去,站到对面十字路口碰运气。白玉明低头看了看刘峰,叹了一口气,自言自语:"干脆走一走吧,反正也打不到车。"说完架起刘峰一只胳膊,往自己的肩头上一搭:"真他妈死沉!"两个人往路口走。

小马路的两边,都是建于上世纪九十年代的老式六层连体式居民楼。楼体外立面早已破旧不堪,却有一个好听的名字——"樱花苑"。

刘峰脚下一个趔趄,被一根斜成七十五度的电线杆绊了一下。差点把白玉明也一起带倒。白玉明骂:"还喝吗?还喝不喝?屁股戴口罩,你小子充什么脸大?"

小马路上,每隔十来米便矗立有一根电线杆。城市主供电线路、分支线路、通信电缆、光缆等各种电线,捆成一团一团,七搭八扯,纵横交错着纠缠在一起。在一户居民楼前,有一根电线从三楼的一扇窗子里拉出来,横穿小巷,曲曲折折,一直延伸至附近的一间低矮平房里。白玉明忍不住骂:"电视新闻里整天播,播来播去,演戏给谁看?违章建筑七零八乱,有人管吗?"

有根电线垂落有三四米的样子,楼下停着一辆老式桑塔纳。想到白天时,老旧小区闹猛喧嚣,人们就这样在电线迷魂阵中来回穿梭,白玉明不由又叹息。这些穿越在楼房之间粗细不均的电线，有的就随意散落在居民住户的窗边，或横跨阳台护栏；有的甚至攀爬到了不远处的高压电线上。一些电线已经明显老化断裂，沉沉垂落在路边，于夜色寂寥中，就那么摇来荡去，险象环生。白玉明抬头望，只觉面前好像一张密密蛛网，生生横悬于头顶，他的心中忽然一紧，不禁一阵心惊胆战。忽然想起有一次，跟张露看完夜场电影出来，两个人在马路上荡，张露冷不丁说了一句话："魔都深夜，仿佛一只巨大的蜥蜴，匍匐于黑暗。"

白玉明的心情莫名有些芜杂起来，掏出手机，还没来得及看，刘峰冷不丁扯着嗓子唱起来：

> 想亲亲想得我，手腕腕（那个）软，
> 拿起个筷子哎，我端不起个碗。
> 想亲亲想得我，心花花（那个）乱，
> 煮饺子下了哎，一锅锅山药蛋。

白玉明吓了一跳。

"蛋"音还未及落定，头顶上方突然有"水弹"飞落，"砰"的一声巨响，恰好就砸中了刘峰的脑袋。溅得白玉明满脸满身。被冷水一激，浑身打战，两个人一时都呆住，站在原地一动不动，半天缓不过神来。

这是上海居民常见的"自制水弹"。白玉明想起有次带外地朋友去田子坊游玩。夜里刚过十点钟，有老阿婆在头顶上探出头，手里拿着一只脸盆，大声地敲，大声地喊："阿拉要困觉咪！大家好快点回去咪！快点回去回去咪！"楼底下人潮熙攘，人人眼皮不抬，该吃吃该喝喝。喧嚷声不绝，根本不予理睬。老阿婆先君子后小人,敲脸盆是战前准备,继而开始采取行动。塑料袋装满水,口扎紧,只听"噗通"一声闷响,水花四溅。楼下有人立马成了落汤鸡。

此刻刘峰被冷水这么一浇,人清醒过来一些,哈哈大笑着仰起头喊:"爽!啊爽爽爽!"

突然仰头怒目,开始大爆粗口:"册那!老棺材!有本事给老子站出来!"

头顶一片墨墨暗夜,半点星星不见,家家户户关窗熄灯,哪里寻得见半个人影。白玉明憋不住要笑出声,甩甩头上的水说:"没想到啊!你小子喝多了骂人,上海闲话水平可是见长。"说完又加一句:"寺院背后一个洞。"

刘峰没有听明白,大着舌头说:"啥?白哥说什么洞?"

"赶紧给老子滚蛋!"白玉明拽扯着刘峰继续往前走,"什么洞?庙(妙)透了!"

刘峰不再说话,忽然蹲在地上哇哇狂吐起来。

白玉明点了根烟,站到边上掏出手机给张露发了微信:"宝宝到家了没?"

刘峰吐了一阵,口里哼唧不断,刚想起身,身体失去平衡,一头栽倒下去。

第七章

前几天,休日酒店召开高层管理人员年底最后一次电视电话会议。会议的主题，无非是动员再动员，鼓励再鼓励，如何利用今年最后的这点时间，做最后冲刺，力求给明年各部门的工作，带来一个漂亮的开头。跟以往一样，大老板人在法国，会议通过大屏幕召开。实时传送到会所有人员的影像以及会议资料、所需上报图表，包括本部门今昔对照、相关事务的全部数据等等。

酒店各部门负责人，先逐一进行一年来的述职，接着就即将到来的新的一年，本部门将如何因地制宜，惩前毖后，做一个简短又兼具实效与时效性的崭新口头规划。最后进入集体讨论环节，大家纷纷传经送宝，人人一副饱经世故的模样。大老板偶尔穿插指示一句。会议还说到"年终奖"。除去一贯的现金奖励之外，今年酒店打算增设一项额外奖项，具体内容相当诱人，"欧洲十日深度游"，来回食宿机票全包，外加奖金十万块。中奖者有自由支配权。大老板的话音未落，在座人人喜形于色，但很快就眼神黯淡下来。大家相视一笑，低头无言，各自在心里嘀咕："就一个名额，谁会有那么好运呢？"会议接近尾声，大屏幕上大老板笑眯眯地说："春节前夕，我一定会赶回去，跟往年一样，陪酒店的留守员工一起，大家过一个祥和热闹团圆年！"会议室里掌声雷动，气氛到达高潮。

距离2015年，还剩下不到两个月的时间。这天张露难得休息，想先到徐家汇大木桥去看看妈妈。换好衣服站在落地穿衣镜前，她忍不住轻轻地叹气。一过年，眼瞅着自己又老了一岁，心中多少有些迷惘，有种说不来的伤感，耳边白玉明的声音缓缓而来："悲秋悲秋，这是一个容易悲伤的季节。"张露对着镜子里的自己做了一个鬼脸，自言自语："杞人忧天。"

出小区大门，风一吹，金色的梧桐树叶飘摇婀娜，落在脚下身上。路上的行人脚步匆匆，人人埋头疾走。张露觉得，自己好像走进一场无声无息彩色蝴蝶梦里。朝着中山公园地铁站的方向走，抬起手腕看一看时间，心想："二号线换乘十号线，趁今天有空，不如就在交通大学站下吧。多走一段。"

新华路与番禺路交叉地段，张露曾在那里借房子住过三年。搬家时，心里诸多不舍，最喜欢那里的环境。华山路大绿地、交大校区，简直是一座一座小型花园。交通大学食堂远近闻名，饭菜既便宜又好吃，张露那时经常去蹭饭。非本院校师生，可以在食堂现场买饭票，比直接使用饭卡多百分之十左右，但仍然很划算。张露借住的小区斜对面，没多远就是上海影城，她跟白玉明去看过几场电影。新华路两边，梧桐树成排成列，站得笔直，有的已经干高逾丈，冠大如盖，蓬勃葳蕤，遮天蔽日。张露平时总看见有人在这里慢跑或快走，小人儿骑单车，老人打太极，一路绵延不绝。那时只要闲来无事，最喜欢来这里，坐着发呆也很好。

昨天夜里，张露一宿没睡好。雨停停歇歇，下了一夜。不知怎么想起小区里那两棵樱花树，菀郁尽失。光秃秃枝桠萧疏，貌似耄耋老者，伸出一双焦枯手指，竭尽全力指向天空。小区不远处有个公园，七孔桥下，小溪里鱼儿闹猛欢腾。鲤鱼、草鱼、小鲫鱼，成群结队，无论冬夏。树枯叶落，冷风萧瑟，眼前这景致曾无比熟悉，都映进脑海。张露忽然担心起来，公园里的那些鱼，经历昨夜那场暴雨，是否仍然挨挨挤挤，万头攒动？她怀念起外婆在世的那段美好时光。

那时，张露还住在位于淮海中路靠近华亭路上的老宅。那里有张露童年时期最美好的记忆。每回跟着妈妈从太原回上海看外婆,最喜欢在这一带马路上疯玩。习惯了每条马路上的绿荫。上世纪九十年代初期,淮海中路一带修建地铁一号线,挖掘机整天劳作不息,轰轰隆隆天翻地覆了好一阵。这里的老住户们可谓苦头吃尽。总算熬到竣工,路面重新铺好,大家忽然发觉,马路两边的梧桐大树,陡然间通通秃了顶,只剩一排一排光杆司令了。极少数大树的顶端,偶尔可见残存枝叶,稀稀拉拉随风摇摆。外婆牵着张露的小手,站在原地呆呆地看。脚下整堆整堆梧桐残叶,很快就被一卡车一卡车运走。外婆不说话,小人儿不说话。一老一小两个人,默默站了好一阵。十几年来,上海每到春季,城市各区梧桐树,通通难逃劫难,要来一次"鬼剃头"。上海的盛夏溽闷难耐,张露想到,现在每去一趟图书馆,只能任由毒太阳辣豁豁从头顶直晒下来,烤得人眼花头昏,心里惶惶,浑身大汗。

想着想着不住地叹气,默默低头走。过华山路广元路,往肇嘉浜路一转,有家小店吸引住了张露。店铺不大,门口竖着块木头牌,上面一串日文,中间一个大字——"棉"——这是一家专门售卖日式浴巾面巾手巾的小店。一个中年妇女端坐于角落,从一个由毛巾堆砌而成的炮楼里露出个头顶,一声不响。张露走近几步发现,女人面前摆着一部 iPad,韩剧女主角正哭得梨花带雨。小店里所有东西均明码标价,有几个女人自顾自挑挑拣拣。张露转了一圈,顺手拿了几块小手巾。背景音乐里正在播放一首老歌:《喜欢上海的理由》。张露想了一下,这是一首十几年前的广告插曲,作词者是位广告人,而谱曲并原唱者去世已久。

一个女生清丽的声音淌出来:

上海是我长大成人的所在
带着我所有的情怀
第一次干杯,头一回恋爱
在永远的纯真年代
追过港台同胞,迷上过老外
自己当明星感觉也不坏
成功的滋味,自己最明白
旧的不去新的不来
城市的高度,它越变越快
有人出去有人回来
……

这歌词让张露感同身受,心中不禁一阵感慨。

每去一座陌生城市,人们见面一开口,习惯性要来一句:"你是哪里人?"话题得以延续,双方继续交流而不感觉尴尬。张露想起自己刚刚调去北京酒店工作那时,老板出门迎接,身后跟着酒店大佬。初次见面,大佬握手极欢,笑眯眯开口道:"你是哪里人?""父亲太原人,母亲。"话才讲一半,大佬立马打断,哈哈大笑着说:"啊呀,老陈醋!"仿佛张露的家乡太原,就只有老陈醋。

张露想到每次回太原,住不了几天,肠胃开始闹别扭。面食之乡,一日三餐无论丰俭,吃到最后,必须要来一碗面。奶奶经常说,没吃面,那也能叫吃饭?但真是奇怪,张露始终就是吃不惯面食,开始想念上海的小点心。想起当年在北京,酒店凉菜间的老大从上海来,苏北人,从老家带来一帮小弟。张露没事就跑去跟凉菜师傅闲聊，顺便说说上海话。温故而知新。

每次回太原，张露总要跟好朋友一起吃饭。席间，熟悉的朋友给不熟悉的朋友做介绍，说这是上海来的张露。张露笑笑。想到在上海，有时去赴宴，熟悉的朋友也会给不熟悉的朋友做介绍，说这是山西来的张露。张露又笑笑。有次在太原，酒过三巡，一时兴起，在座有一个朋友忽然站起来说："我唱几句山西民歌，欢迎上海来的张露小姐！"大家鼓掌。这朋友一开口——"亲圪蛋下河洗衣裳，双圪膝跪在那石头上，呀，小亲圪蛋。"张露想起上海分店的闫总。他最喜欢这首歌，每回必唱。大家敲桌子敲碗，节奏叮当，场面欢闹，但张露时不时会瞬间出现大脑空白，盯着眼前这沸腾场面，头顶上方那个声音不请自来，耳边不断萦绕："你是哪里人？你是哪里人？哪里人？哪里？哪里？哪？哪？哪？"

从小店出来，张露低着头一路默默走，想起有次跟白玉明去吃夜宵。吃完饭，两个人手牵手，从南京西路一直慢慢荡过来。深夜里，马路两边一棵一棵梧桐树上，缠满大大小小LED珠珠串灯，一闪一闪，夜色缤纷。这是魔都白昼喧嚣的另外一种延伸。

白玉明忽然说："这些树，实在太可怜。"

张露没出声。

白玉明先是叹气，沉思了几秒钟后说："这世界，从古至今，各种讨伐不断，人人钩心斗角，为啥知不知道？"

张露低着头说："为啥？"

"人人要自由，要当家做主人，可是植物呢？植物界里一样存在生灵涂炭，它们是否也应该有等级高低之分？"

张露心里一沉，没有出声。

两个人默默地走了一段。

"植物界的可怜品种，一是橡胶树，天天要凌迟。"白玉明叹了一口气说，"再就是桑树，江浙一带，桑田大片大片，全部一米多高的老桑树，好像龙头手杖，一根一根，每年发新枝，要整条整条被砍下来。"

张露说："做啥？"

"喂蚕呀！所以桑园里一年四季你去看，光杆司令部！"

张露"哦"了一声说："我们小区有几排梧桐老树，环可相抱，长势一直极好。夏天，老阿婆老爷叔晚饭吃好，喜欢聚来此处，聊天下棋，不约而同。"说着一停。

白玉明扭头问："怎么？"

张露叹了一口气："不知道什么时候，环卫工人大卡车轰隆隆隆开进小区，电锯开动，突突突突没一阵，梧桐枝桠通通锯断，一根不剩，现在通通残体光杆司令了。"

白玉明轻轻叹息。

张露又说："眨眼之间，大片浓荫变瘌痢，我实在是不理解，招谁惹谁了？"

两个人默默低头走。

白玉明忽然说："种树好比做人。梧桐因为耐存活，怎么折腾也不死，这下可倒好，根本没人当它一回事。你再去看看那些香樟树银杏树。"

张露"嗯"了一声。

白玉明说："脾性好，本来是好事，应该发扬提倡，但一点脾气也没有，有时候就难免受人欺负。谁还会尊重你？"

张露默默地点了点头。

白玉明话题一转，想到了西雅图。

"山峦平地，完全被密密绿意包裹，"白玉明的语气变得松快起来，"近乎原始森林，成片成片覆盖，河流清澈，绿树掩映。"

张露抬起头深呼吸两口，仿佛身临其境，朗诵起来："春风桃李花开日，秋雨梧桐叶落时。"

白玉明说："梧桐是秋天第一个落叶的树木，但古人笔下所谓梧桐，跟我们的'法国梧桐'完全不是一回事。并非梧桐，而应该叫悬铃木。"

张露"哦"了一声："为啥叫法桐？"

"严格说来，法桐只是悬铃木的一种。悬铃木有多个品种。近代悬铃木多指单球美桐和双球英桐，法桐则是三球。因主要由法国人种植于上海法租界内，所以习惯称其为'法桐'。有人说南京'法桐'多，以讹传讹。上世纪二三十年代，为迎接孙中山奉安大典，当时的南京市政府在灵榇经过的中山码头，以及所经之路沿途栽种两万棵悬铃木，俗称'法桐'。但实际上大多是'英桐'，少数'美桐'。很多人根本搞不清楚。"

张露"哦"了一声："悬铃木就悬铃木，啥都喜欢弄出个洋词儿。崇洋媚外。"

白玉明的情绪再次低沉下来。他说："上海如今每到春天，就号召全民植树，但按照每季大幅度修剪树木的所谓标准来看，这座城市的绿化损失，到底孰重孰轻？砍伐依据以及统计数字是否真实可靠？有人认真仔细考察过没有？"

张露说："有人说，春季修剪树木是因为上海根本存不住大树？"

白玉明"咦"了一声："一听这种言论，就知道这人根本四六不懂。上世纪九十年代，政府曾大规模砍除法租界的梧桐，特别是淮海路两旁有八十年历史的古木，引起诸多市民不满。园林方面为此立即迁回，加紧补种。树长得太密太高，会遮挡低层住户采光，进行适当修剪枝叶，当然无可厚非，但矫枉过正则属于错上加错！谁说上海存不住大树？上海一千五百八十一棵古树名录中，古树名木静静守候大街小巷，诉说着城市历史。龙柏、香樟、梧桐、凌霄……更有九棵银杏已超千岁！"

"砍了种，种了砍，砍砍种种，种种砍砍。"张露轻轻叹了口气说。她想起儿时，有次妈妈带她去山西某农场。"那年，正赶上村里种树。年年种树年年死，死了种，种了又死，不种还不行。"

白玉明说："这是任务。"

张露接着说："存活最多的是两种树，榆树跟杨树。榆树更多些。"

白玉明说："上海有榆树吗？像是没看见过。"

张露"嗯"了一声："有也不会多，榆树是北方的品种。榆钱儿年年打，准时打，那里的榆树总是长得很高很高，比我在城市里见过的榆树，要高出许多，看上去更细更直。"

白玉明说："是因为打得太勤太猛？"

张露笑着摇摇头："听大人讲，榆树是在逃呀！它被人打怕了。"

白玉明叹气。

张露继续说："榆树顶头的榆钱儿够不着，孤零零耷拉着脑袋，一场一场风过，这些榆钱儿无奈地老了，黄了，最后泛白，说着一停,扭头看看白玉明,"那时,我独自到院外玩去。突然发现许多人正在砍榆树,边上还有专门剥树皮的,榆树一整棵一整棵被剥得赤光,阳光下白花花晃眼,然后一卡车一卡车被拉走。"

白玉明问:"剥榆树皮?当柴烧吗?"

张露沉默不语,走了走说:"是用来吃。榆树皮晒干,磨成粉,一趟一趟细细筛箩,当地人管这种粉叫'榆皮面'"。

白玉明轻轻"哦"了一声。

两个人默默继续朝前走。

南京西路一路走过来,十字路口遇红灯。百乐门霓虹烁烁,辉煌如旧。魔都的夜晚,永远要比白天生机盎然。白玉明点了根香烟。张露刚一转身,身后不知从什么地方疾步走来一个女人,在面前停住,张露吓了一跳。女人斜挎一只包,凑近张露就是一阵嘀咕。张露往边上一躲。女人一开口,安徽口音:"妹妹算命看相要吧?妹妹生得一副大富大贵好面相呀!妹妹一看就是花开富贵之人!看看吧?看看?"

张露心里一阵厌烦,扭头看,白玉明正站在几步之外往这边瞅。烟头小小的红光一闪一闪。若是白天来,算命看相者随处可见,有男也有女,人人手里捏着一块功德牌,有的脖子里戴了一个塑料卡,上面写:"九华山十八代嫡传弟子"。他们的挎包里装满各式各样画符法器,随用随取。但凡盯上一个路人,走哪跟哪,嘴里不断地嘟囔:"算命看相要吧?看人生祸福,算生老病死。"张露记得前些年,静安警方针对这一乱象,进行过集中打击治理,这些算命大师闻风而逃,稍稍愚钝些的,被抓回警局严厉批评教育,拘留几天。安静了一阵。近一两年,这种乱象再度卷土重来,势头更甚。却再也看不见有关部门过问。每逢初一十五,静安寺周边香客云集,本埠外地,国人洋人,从早到晚不间断。诸位神算子也一夜之间倾巢出动。张露此刻不禁眉头一皱,迅速地背转身,不愿意搭理。谁料这女人不依不饶,步步紧跟,口中依旧嘀嘀咕咕个不停:"妹妹看相吧?看看相吧?保你后半生荣华富贵,要水得水,要风得风!"白玉明过来拉了张露扭头疾步。算命女人并不死心,跟在身后亦步亦趋。白玉明拉着张露在路口小转弯,上了华山路,过红绿灯,跨过乌鲁木齐北路,上愚园路。步伐太快,张露差点崴了脚,回头再看,那个算命女人不知道什么时候已经不见了。

白玉明摸摸张露的头说:"有啥好烦呢,不声不响最好,她愿意跟着,让她跟着好咪。"

两个人一路往西。

"每次去静安寺办事,"张露走得有点喘,"若是不想乘地铁,我最喜欢乘公交。"

白玉明说:"825路,直达静安寺。"

"每次必去'静安小亭'。此地有卖全上海顶顶好吃的酸辣粉,号称上海第一麻辣烫。"张露说着嘻嘻笑,"爸爸吃过没?"

白玉明说:"一米八几的大男人,蹲在地上,手捧一只泡沫塑料碗,稀里哗啦吃麻辣烫,汗流浃背,宝宝你真想得出。"

张露又说:"最好再来一份大排年糕,统共不过二十几块,吃得我肚皮圆滚滚。"

白玉明掏出一根烟点着,深吸了一口说:"现在新上海人越来越多,他们并不一定了解静安小亭因何而来,但说起华亭路服饰市场,则尽人皆知。"

张露"嗯"了一声："静安小亭里不少摊位，就是当年华亭路拆迁至此。不论场内生意如何火爆，总不及门口更显眼热闹。"语气夸张起来，扭头看着白玉明，"从早上十点钟开始营业，到晚上十点钟左右收档，永远大排长龙。中午时候人最多，甚至排到常熟路路口。"

白玉明笑笑："就为吃一碗麻辣烫？"

两个人继续往西走。

"每次都先逛一圈，"张露说，"逛累了再吃，但最好有人同行。"

"为啥？"

"分工合作呀！队伍蜿蜒不绝，要有人负责排队，有人负责挑货，统筹安排才吃得上。"

白玉明笑。

张露忽然沉默，走一会儿又开了口："辉煌仿佛一场烟花，昨日璀璨，如今黯然神伤。"

白玉明叹了口气："这里变成'静安寺交通枢纽中心'，突兀得有点奇怪。"

张露像是自言自语："魔都深夜，仿佛一只巨大的蜥蜴，匍匐于黑暗。"

白玉明没出声，但他记住了这句话。

"每回来这边，事情办完，只要时间允许，"张露说，"我最喜欢步行回家。从静安寺一路走回中山公园。"

白玉明说："蛮好的健身方式，丝毫不觉单调。这一路上可看的东西很多。汪公馆、涌泉坊、市西中学、路易·艾黎故居、《布尔塞维克》编辑部旧址、苏维埃第一次代表大会会址……"

张露"嗯"了一声。

白玉明吸烟。小小火头眼前一闪，张露说："吸烟有害健康。"

白玉明笑笑："所以每根香烟，我只吸一小半嘛。"

"爸爸这是在烧钱，浪费就是犯罪。"

白玉明的手往张露腰上一搂，手下用力，凑近了说："乖。"

"历史走过各式洋派建筑，片段疏影，岁月婆娑。"白玉明边走边说，"愚园路兴起于上世纪二十年代，是上海私家洋房聚集的一条马路。捕捉隐藏在影子背后的历史，最好的选择，就是步行。"

张露没说话。

"从东往西，一路慢悠悠荡下来，"白玉明说，"马路两侧，弄堂幽深狭长，遮天蔽日巨大梧桐，树冠的身后，一幢幢小楼忽隐忽现，白天偶尔路过，猛一抬头，或许发现有个老阿婆，正从阁楼的老虎窗探出头，朝马路上远远地探望。"

张露说："上海人习惯把一条马路上的门牌号码，称为多少多少弄。有些路比较长，甚至可以排到上千弄，而每只弄堂内，又分出若干个号码。北方则完全不同。"

白玉明"哦"了一声。

"比如在北京，人们习惯直接称呼什么什么路，或是什么什么街。"张露说，"相对于上海人用'弄'来表述一条街的曲折完整，似乎更粗线条了些。"

白玉明点点头。

"愚园路最西，一直排到1600多弄，还算不得最长，但在一条花园洋房集中的路上，这意味着数千处私家小楼。别样格式，蔚为壮观。"白玉明说，"愚园路上的法桐，保留下来不少，将整条马路掩映包裹，即使是盛夏，步行一路，也丝毫不觉酷热难耐。"

说话间，两个人恰好走到愚园路1136弄汪公馆处。张露脚下一停，说："想当年，此地上演国民党政府交通部长王伯群金屋藏娇故事，可如今再看，公馆依旧在，旧屋换新人。"

白玉明忽然一把将张露拥在怀中。她还来不及反应，他的舌头已经探进她嘴巴里去了。

两舌交叠，胸中微颤，张露觉得有一股气流，自脚底板猛然间窜起，不禁一阵目眩头晕。白玉明手中动作幅度加大，频率更快，他的舌尖在她的舌根处不断摩擦翻卷，张露不禁娇喘起来……

白玉明用牙齿轻轻在张露小耳垂上咬着："不冷了吧？"

身后有一辆出租车滴滴嘟嘟喇叭响了两记，从面前唰地闪过。张露挣脱出来站好，定一定神，低着头说："爸爸是坏人。"

白玉明凑到张露耳边轻声说："宝宝要吧？要不要？"

张露一扭身，站到"长宁区少年宫"的牌子下面，笑嘻嘻看着白玉明说："我有时从这里路过，若恰好赶上大礼拜天，院子里的那些窗子都大开着，可以听见各种各样的器乐声。忽高忽低，悠扬短促，倒平添了一丝异样感觉。恍若隔世。"

"老房子之所以特别，"白玉明走过去说，"因为里面有故事。脚下被无数双鞋底打磨出来的大理石台阶，烁烁放光，异常光滑，有特别的意味。厚重木头门，被无数双手反复开启关闭过的铜头把手，有的已经看得见赤铜本色面孔。"

张露扭头，看见院子里的那两棵香樟树。

"白天时，这里沿街爬山虎，爬满整堵墙，阳光下红得真耀眼。"张露手指一指,"此刻夜深人静,猩红也变成了漆黑。"

白玉明抬眼去看。夜静更阑中,只觉眼前一晃一晃,月影婆娑。

一阵冷风刮过,张露跺跺脚,脖子一缩。白玉明一把将她搂进怀里:"冷不冷?"说着解下自己的围巾,帮张露仔细戴好。

张露靠在白玉明怀里不想动,站了一会儿,说:"我给爸爸念一句诗。"接着念起来:

> 最好是不要扫那落叶
> 不要打搅那一地金黄
> 落叶是无韵的诗
> 人走在上面
> 人也就成了诗

白玉明"嗯"了一声说:"真好。"

张露忽然回忆起儿时生活在太原的那些日子。这个季节,太原早已哈气成霜,她给白玉明讲童年旧事。

"每天清晨上学去,"张露说,"走在路上,所有的树叶早已掉光,所有的树都光秃秃的,高举双臂伸向天空。可比上海的深秋清冷萧瑟许多。"

"边走边说。"白玉明笑笑,"这几年应该好多了吧?"

"公园或是街头,葱郁碧绿,一丝没有,猛地发现一片绿色,哈,是塑料草丛!每年冬季,太原城市绿化要靠这些假花假树假草丛装扮。"张露说着笑起来,"倒比真的还要逼真。"

白玉明摇摇头:"看似四季常青,从养眼的角度讲,的确胜过非常绿树种，但是城市绿化的目的，并非仅仅只为养眼，更多是为改善城市的生态环境。"

张露叹气道："一点没错，真佩服相关部门的这种创意。可有谁会主动反思？城市绿化究竟要从实际出发，还是要面子工程的花架子？"

白玉明说："无论南北，城市道路绿化的意义，不仅只为美观，更关键在于，作为一种完善城市生态系统。保持水土平衡的同时，还可以清新空气，起到卫生防护作用。像太原市这样摆放塑料植物，单纯讲求视觉绿化，表面效果是有了，但早已偏离了城市绿化的初衷。南辕北辙。"

张露低头不吭声，默默走路。走了一会儿，她说："一入冬，满大街的人缩手缩脚，个个灰头土脸，耳边总觉有种窸窸窣窣声。"

白玉明说："是什么？"

张露笑："并无具体，其实是种幻觉。天太冷了呀！这个时节，小风稍稍一吹，寒气立马让人浑身激灵，缩起脑袋加快脚步，最后我干脆变成奔了。"

白玉明摸摸张露的头。

张露说："环卫工人天不亮就上岗，拿个竹爪大扫把，哗啦哗啦来回划拉。无精打采。"

白玉明说："还没睡醒。"

张露说："到了正午，阳光忽然变得猛烈，人走在街头，前胸烤得发烫，可后背依旧丝丝阴冷，时不时要把领口袖口收一收，简直冰火两重天。"

白玉明想起一个人来："我有个北方朋友，前几天打电话来，说他们那里现在已经棉衣棉裤了。"

张露"嗯"了一声:"北方的冬季,每年十月中旬左右,城市要开始集中供暖。"

白玉明说:"上海如今,很多新房都安装了地暖。"

两个人走走谈谈一路,不知不觉已经到家了。

每逢上海浅冬,张露自家的小阳台上,几只木制花盆的泥土里,都会冒出新芽。她很喜欢侍弄花花草草。虽说总也养不好,但看着也心生欢喜。开门进屋,张露边换鞋边对白玉明努努嘴,说:"爸爸去看看。"往阳台指了指。

白玉明脱下外套走过去。小阳台上种满各种植物,深夜的灯光有些散,有些迷离,那些小花小草在昏暗夜色中只影摇曳,白玉明闻到隐约一点淡淡的香气。有种油画般的朦胧美好。他似乎有些走神,盯着眼前这景致呆呆地看。张露换好睡衣走过来,伸出两手从背后抱住白玉明说:"君子兰、康乃馨、三角梅、万年青,昨晚回家我忽然发现,买来没几天的金橘,竟然开出几朵小小白花来了!"

白玉明顺着张露手指的方向看。几朵小花被一丛一丛碧翠细竹包围着,细细柔柔,有种碎叨叨的美。他转过身摸了摸张露的头,说:"这是上海冬天的花花世界,只属于宝宝的春色满园。"

张露开心地笑了,小声地说:"暂时可以忘记潮湿阴冷的冬季。太原似乎没见过有种竹子的?"

白玉明一听"竹子",来了兴致。他说:"太原到北京,距离并不远,但北京可一点不缺竹子。怪吧?只是品种不同。"

张露"哦"了一声。

白玉明说:"北京常见的是早园竹。"

张露说："我在北京那么久，还真没听说过。"

"这种竹子耐寒耐折腾，最适合北方的盐碱地质，"白玉明把张露搂进怀里，"竹子枝干姿态优美，病虫害极少，根本不必专门有人去精心修剪伺候。很多时候，用早园竹来做绿篱围墙，还可以免去用大叶黄杨小叶黄杨侧柏等植物。这些物种做绿篱，需要主人时时刻刻盯着，不然病虫容易滋生。宝宝想想，省掉多少麻烦？"

张露"哦"了一声说："这个我真是一丁半点不了解，亏我还在北京待了那么些年，真是……"不好意思地低了头，"竹子我一直很喜欢，看来也不过是'十二岁就做了人家媳妇'。"

白玉明笑着问："啥？"

"根本什么也不懂，纯粹瞎激动嘛。"

白玉明低头在张露的额头轻轻吻了一记，说："这种竹子，其实不需要专人专管，根本就不用管，随它长。"

"真那么简单？"

"这种竹子，对水肥的要求极低，生命力却出奇顽强。"白玉明说，"秋冬季节，基本不落叶，就算要落也极少，据说可耐寒至零下二十度。结棍吧？"

张露眼睛瞪大："结棍！可太原怎么就没有人引进这物种呢？真是怪。"

白玉明笑笑："许是还没被发现？"

"记得有一年，"张露说，"我妈妈曾专门去花窖买了盆栽的竹子。竹子根怕冻，喜暖喜潮湿，可是太原一入冬，家家户户要集中供暖，怎么办？"

白玉明说："北方的冬季，屋里屋外，完全是两个世界。"

"可不是。家里太暖和，穿件单衣已足够，还热得直冒汗。空气极干燥，口角爆裂是常事，喝再多的水也没有用。竹子怎么受得了？加湿器一天到晚开着，二十四小时连轴转，一点没有用。"张露说着一停，叹气道，"无论再怎么小心伺候，竹子最终还是难逃一劫，通通死翘翘。"

"宝宝怎么想起要充分利用这么一片小小天地的？"白玉明指指眼前小阳台。

张露转过身，仰头望着白玉明说："我看黑塞的《园圃之乐》，不知怎么就想到了这小阳台。阳台可以算'园圃'吗？"

灯光下，白玉明眼前一张娇俏面孔，唇若丹霞，绝色娇艳，乌发玉肌，嫣然腼腆。真真明艳不可方物。白玉明不禁有些走神，目光变得迷离摇曳。张露莞尔一笑，小腰一扭，又把身体背转过去了。她说："我就喜欢这些细碎小花，虽说都是上海最常见的野生雏菊，黄的白的红的，满大街都是，一点不稀罕。但颜色各异，看着可爱。还好养。"

白玉明没说话，他的手慢慢探过来，停在张露胸前。

张露努力立定不动。她说："上海街头，小区花园，这种植物随处可见，但运送到太原，它们可金贵着呢。"

白玉明手中开始动作。

张露说："要被小心地养在单只花盆里，仔细侍弄，可惜没多久，照旧还是难逃一死。"

白玉明俯下身，迫不及待地寻找那张嘴。

张露眼睛闭紧，只觉头顶上空繁星闪闪，闪呀闪，身体不由自主地软下来。

一番温存缠绵过后，白玉明半靠半倚在床头吸烟，跟张露你一句我一句闲聊。

白玉明说:"乖,你要好好多吃东西。女人太瘦了可不行。"

"怎么吃也不长肉,怎么办?都说女人喜欢瘦,瘦了还要瘦,减肥大业贯穿一生,简直胡说八道。"张露趴在白玉明怀里一动不动地说,"爸爸喜欢胖女人,奶子大,屁股肥。"

白玉明笑笑,俯身凑到张露耳边小声地说:"奶子大小不重要,关键是要骚,要够敏感。"

张露脸一红,捶了白玉明一拳,娇嗔道:"爸爸下流。"换了话题,"在太原家里阳台两边,每到入冬,常常挂着几根大辫子。"

白玉明没听懂。

"香菜呀!就是芫荽。"张露说,"每年大量上市时,我妈妈要买许多回来,不摘也不洗,就那么直接放到太阳下面晒着,水分晾差不多了,就开始编辫子。"

白玉明"哦"了一声:"芫荽辫子。"

"编好的大辫子,悬挂于阳台阴凉背光处,让它慢慢阴干。整个冬天,每天都吃铁锅烩菜。荤素搭配一大锅,临起锅时,去这根大辫子上剪一小节,扔锅里盖上盖子焖三两分钟,味道完全两样。香得很!"

张露继续说:"大辫子一天一天短下去,看它短到不能再短,冬天也差不多过去了。"

白玉明忽然说:"干香菜似乎还是一味中药?"

张露想了想,说:"听我奶奶讲,山西坊间若是谁家小孩出疹子,用干香菜煎水熬服,发汗透疹,利尿通便,还可祛风解毒,喝剩的香菜水加至滚热,倒入盆中,先以热气熏蒸,再洗手洗脚，可以治麻疹应出不出，或是疹出而不透。厉不厉害？"

白玉明点了根烟。

"上海一入冬，自来水冰冷入骨。"张露话题一转，"我戴着手套，仍觉手指僵硬。那天回家想洗澡，浴霸暖风电暖气，通通打开，卫生间门关紧，打算让热气先聚一聚，结果……"

"怎么啦？"

"太原朋友打电话来。一开口，亲！我们这里雪下得好大！今冬第一场雪，瑞雪红梅又一春啊！我穿着单衣在屋里煮玫瑰普洱茶哪……"张露扭头看着白玉明，"我当时抱着暖水袋浑身发抖，心里那个羡慕嫉妒恨。"

白玉明笑。

"那时的孩子能吃苦，一点不怕冷。穿衣打扮，跟现在根本没法比。教室里没有取暖设备，实在冷到不行，才生火取暖。我们班主任来得最早，负责生炉子，每天值日的同学帮忙搞卫生。"张露眼神烁烁，回到童年岁月，"教室大，学生多，就那么一只小铁皮炉子，能暖和到哪里？根本就是豆腐垫脚，漏勺盛油。"

白玉明扭头看着。

张露说："有时要写钢笔字，墨水结了冰，根本写不出，伸进嘴里，使劲儿哈气。"

白玉明抬起手放在张露头发上轻轻抚摸，不时低头吻一吻。

"上课铃一响，大家集体起立，几十双几乎冻到麻木的脚丫使劲儿跺。哈！满屋子尘土飞扬。"张露讲着讲着笑出了声，"下雪天我们最喜欢，各年级同学从教室里蜂拥而出，嬉笑哄抢，人人仰脖伸舌头。"

白玉明微微笑。

"上天赏赐的'白糖'。"张露把头靠在白玉明胸口说,"下雪时的课间操,常常变成全校学生雪弹纷飞的战地演习课了。"

白玉明说:"小时虽说苦了点,却是真快乐。"

张露握住白玉明的一只手,说:"幼时的冬天,比现在冷得多,雪下得真够大,又勤,一眨眼工夫,大地茫茫素裹,常常一场雪还来不及化,新雪又接着落下。"语气一沉,"我已经很久没见过真正的雪了。回上海十几年,雪很少,有也只是小清雪。"

白玉明"嗯"了一声说:"一点积不住,等不到落地上,已经化了。"

张露把手探过头顶,摸着白玉明的下巴说:"爸爸啥时候带我去看雪?"

白玉明所答非所问:"上世纪九十年代,我曾经去过太原几次。记得有一种很著名的小吃,叫什么养生早点?"

张露仰起头看了白玉明一眼,说:"爸爸一定是说'清和元'。"

"在太原,一到入秋,讲究的人每天要去'清和元'。"张露说,"一家清真百年老字号,喝一碗地道的'头脑'。"

白玉明"哦"一声:"跟《水浒》里的'赶碗头脑',有什么关系?"

"博山先生发明'太原头脑',跟《水浒》一毛钱关系没有。用羊肉、羊髓、酒糟、煨面、藕根、长山药,连同黄芪、良姜八味一起配成,所以我奶奶也叫它'八珍汤'。"张露说,"这汤的药效很快传开,远近闻名,许多外地人慕名来求。不久,傅山先生又将'八珍汤'配方及其制作方法,传授给一位朵姓的羊肉馆,并重新更名为'头脑',还特意为此题写店招——'清和元',"说着一停,扭头问:"啥意思,爸爸明不明白?"

白玉明摇摇头。

"仔细看,在这三个大字的右上角,其实还写有一行蝇头小字,"张露说,"'头脑杂割',合起来就是'头脑杂割清和元'啦。"

白玉明轻轻地"哦"了一声。

"千万别小觑,这店招可非同一般,含义深刻着哪。"

"有什么来头?"

张露没吭声,手开始不老实起来。

白玉明趴在张露耳边悄声地说:"爸爸这条老命,眼看就要完蛋咪!来日方长,细水长流懂不懂?"

张露嘻嘻笑,说:"明朝之前,蒙古族建立元朝,明朝之后,又有满洲建立清朝。两代王朝,都歧视汉人,傅山先生写这块店招,目的就是为时刻警醒民众,要宰割清和元统治者的头颅,不忘血泪史,牢记历史忧,要坚持民族气节,这是'太原头脑'的真实缘由,也是'清和元'的真正意义。"

白玉明啧啧有声地夸赞道:"我宝宝成行家了。赞!"

"每去一座陌生城市,最有趣的,莫过于听这些奇闻轶事,市井百态最生动。"白玉明说,"厚薄人生,简直活灵活现,可比逛旅游景点名胜古迹,有意思得多。"

张露点点头接着说:"喝头脑,一定要在清晨,去得越早才越好。"

白玉明不明白:"这也有讲究?"

张露说:"起个大早,去喝头脑。充饥活血,精神大振,还兼得滋补之效。"扭头看了看白玉明,一脸坏笑地说:"从早到晚,男人浑身是力气,怎么用也用不完!"她的手又蠢蠢欲动。

白玉明轻叹一声,吐出一个词:"殚精竭虑。"

"天才微微亮,东边未见鱼肚白。门一开,下雪了!纷纷扬扬雪花飘,纵眼望,四周像搭起银色帐篷,似飘如飞,忽忽悠悠。掉光叶子的柳树枝,毛茸茸落满了雪,银条微微摆动。远处的红瓦屋顶,白雪蓬松松落一层,像一排一排钢琴键。啊!世界寂静无声。人行道上一层雪白棉被,走一步,一个脚印。天地浑然一色,心情不禁大好……"

白玉明说:"这是只属于北方的冬季朦胧景象。"

"清和元的门一推开,眼前黑乎乎一片。人刚从外面踏进,光线不适应,要小心地摸索。脚下要谨慎,店里实在太暗了。缓一缓神再去看。哈!已经有不少吃客在座,谁也不说话,默默低头吸溜吸溜,吃头脑吃得专心致志。人人手边一杯酒。"张露抬头看了白玉明一眼,"吃头脑一定要配一杯黄酒,不然味道不够。"

白玉明说:"太原的黄酒不好喝。我喝过几次,只甜不香,那甜味似乎又有些过了头。腻嗓子眼。"

张露"嗯"了一声道:"爸爸讲得对。要是能来一杯'老绍兴',那最好不过。头脑可是太原人冬天的美味珍馐。白露开卖,立春收场。还想再吃?来年再说吧您!"

白玉明"噗嗤"一声笑出了声:"我们宝宝好去说单口相声咮!"

张露脸一红,抬起拳头佯装往下落,趴在白玉明怀里说:"这些都是小时听我奶奶讲的嘛,我奶奶什么都知道……"

白玉明的身上，隐隐一丝古龙水味道，张露不禁闭了眼，深呼吸几口。

大概过了一根烟的工夫，白玉明说："好了，我要走了。"说着低头在张露的额头吻了一记，"宝宝自己乖。我走了。"

张露噘起嘴巴不说话，趴着没动。又过了一小会儿，她抬头看了看墙上的挂钟。此时时针恰好指向凌晨子时，低低地嘟囔道："好吧好吧，已经是明天了。"话音刚落，白玉明已经穿好外套，光着脚往客厅走，张露把被子一掀，扑进白玉明怀里，仰起小脸笑嘻嘻地说："爸爸这穿衣速度，啧啧，堪比出手奇兵了。"

白玉明紧紧一搂，在张露脸上狠狠香了一记，指指镜子说："宝宝脸色多好看！乖，我要走了。"

张露就这样一路胡思乱想，不知不觉已经走到妈妈家楼下。抬手揿楼宇门铃。"我是一个兵，来自老百姓，打败了日本侵略者，消灭了蒋匪军……"把张露吓一跳，心说，铃声什么时候变成这副鬼样？忽觉哭笑不得。铃声继续高唱："我是一个兵，爱国爱人民，革命战争考验了我，立场更坚定，嘿嘿……"才刚嘿嘿了两声，只听"啪嗒"一响，门开了。张露走进去。一进电梯，一股浓浓的烟味，呛得她不由眉头一皱，抬手捂鼻子。一抬头，正对电梯门的位置，贴着"禁止吸烟"广告，图案猩红而醒目，应该是新换上的。张露苦笑着摇了摇头。

出电梯往左手一拐，妈妈家的门没有关严，留着一条缝。张露叫一声："妈！妈！"低头换鞋。妈妈从里屋走出来，说："怎么今天有空？没去上班？"

张露"哦"了一声说："年底了，酒店事情太多，好不容易轮休一天，我过来看看你。"想起楼宇门铃，随口问道："楼下的门铃怎么回事？吓我一跳。啥时候换的？听着滑稽。"

妈妈立马打断道："啥滑稽？一点不！多有气势！多有力量！小区物业集体更换的呀。才换没几天。"

张露说："为啥要换？以前那铃声听着就蛮好。"

妈妈说："一到年底，小偷四处猖獗，这歌声可以辟邪消灾，听起来浑身正气！好得很！"

张露笑着摇了摇头，没再多话。

妈妈跟在身后又说："社会需要正能量，革命歌曲传正气。"

张露走到沙发前坐下。

忽然想起前一段，妈妈有次打电话，说自己现在找到了新的人生目标，每天从早忙到晚。张露于是问："你最近都在忙些啥？"

妈妈"哎呀"了一声说："我最近刚刚信了教！心中有信仰，日子大变样！"

张露"哦"了一声，又问："都信些啥？"

妈妈说："那信的可多了！信佛信道，信基督信上帝，信耶稣信圣母，就是不再信男人！"

张露没吭声。一扭头，外屋客厅靠墙边，摆着外婆留下的一只紫檀五斗橱。不知什么时候请回来一尊菩萨像，正当中摆着。

妈妈顺着张露的目光往外看。她语气一沉说："蔬果点心，酱醋调味，不管什么东西，一定要先摆到菩萨面前供一供。"像想起什么，几步奔过去，双手合十，双唇微微抖动。念叨一阵，又上了三炷香。妈妈小声地说："菩萨您别客气啊！千万别客气。您该吃吃，该喝喝，逢年过节，您还需要添补些什么，只管夜里托一个梦给我就可以了。"

张露默默地看着,叹了一口气。

妈妈一通忙活完,重新返回来。她看着张露,说:"我现在跟以前可大不一样。所有东西买回家,至少要菩萨面前摆一整天,到第二天才可以自己用。"忽然停住,又说:"算了!跟你说这些做什么。"

张露没出声,抬眼仔细看。菩萨像的两边,左右各摆着一只特大号的电子火烛。烛光闪闪,红焰烁烁。

妈妈说:"只要不停电,它永远亮着。"

张露本想问一句:"如果停电了,你怎么办?"但没敢说出口。

"星星之火,可以燎原。"妈妈说,"我现在可是日拜夜拜。早请示,晚汇报,丝毫不敢偷懒。怠慢了菩萨不开心,你瞒是瞒不住的!"

张露笑笑。

"已经有一阵了,每天一到中午十二点,早了晚了都不行。算了,说太多你也不懂。"妈妈说着又走出去,从紫檀五斗橱最上面一层,摸出一块黄色丝绒布,抖一抖,站到菩萨跟前,上上下下,前前后后,开始细细擦抹。

张露默默地看着,心底一阵悲鸣。

妈妈忽然问:"你跟那姓白的男人,怎么样了?"

张露眉头一皱:"那是我喜欢的男人。"

妈妈说:"人家有家庭,再喜欢能有啥结果?"

"你跟我爸倒是原配,年龄也相当。"张露心烦起来,"我从小到大,从未有过这种感觉,跟他在一起,我觉得心定。你们开口闭口,要结果,那一张纸能保证什么?该来的来,该走还是要走,一张纸能留得住?"

妈妈眼睛一瞪:"我还不是为你好?我是你妈!"话题忽然一换,"算了!不跟你一般见识!我现在是有信仰的人。我不想跟你吵。"

张露本来想说:"倚老卖老。"但话说出口变成:"是是是,我妈最有信仰,最有教养,我妈从来不跟我吵。"

妈妈继续擦菩萨像,说:"我现在每天都要跟菩萨谈心。心里话讲一遍,这里立马就定了,人也舒服。"她指一指胸口。

张露说:"都谈些啥?"

妈妈"咦"了一声,说:"家长里短,酸甜苦辣,想到啥说啥。这又不是毕业考试,预先准备就不灵了,菩萨什么不知道?"扭头瞥了张露一眼,"关键心要诚。坦白从宽,抗拒从严。人人都有罪,我们都是罪人。你想瞒?瞒不住的!"忽然想起一件事,手一停,"隔壁马家老六,你见过的,真不是个东西!"

张露"哦"了一声。

"今天一大早,我照常去小菜场。他明明是看见我了,嘿,快走近时却故意把头一低,假装没看见。"妈妈鼻子里"哼"了一声,"什么东西!"说完开始帮菩萨擦脚。

张露坐着没吭声。

擦了一阵,妈妈又开了口:"其实我根本就不在乎,我懒得搭理这种人。"抬头盯着菩萨,口里小声地说:"我现在是有信仰的人,心中有神灵,万事皆看空。没啥大不了的。"

张露低头看着自己的脚尖,想:"过年的新衣服,买什么好呢?往年都是白玉明陪自己去逛久光百货……"

"人没有什么都可以,千万不能没信仰。算了算了!说了你也不会懂。"妈妈像自言自语,又像刻意讲给张露听。

大约过了一刻钟,菩萨像全身擦抹完,妈妈仔细地净过双手,把黄色丝绒布抖一抖,重新叠成方方正正一块,小心地放回原处,转身搬了小脚矮凳,紧挨着五斗橱坐下。

张露忽然发现,妈妈的手里不知什么时候多了一串木头珠子,笑着说:"你这还真是够配套的。"

门口鞋柜边有一只塑料袋,露出几只脆桃,还有一个大柚子。"这个季节很少吃得到桃子。"张露说着走过去,想拿桃子吃。

妈妈冷不丁一步蹿过来,"啪"的一巴掌,张露的手背重重挨了一记。木头珠子敲上去,硬生生地疼。手一缩,她愣住了。

"这珠子,"妈妈举起那串木头珠子说,"可是静安寺的老方丈,亲自给我开过光的。花了大价钱!"说着眼睛一瞪,高声强调:"你要吃桃子,去菩萨面前取了吃呀!一进门我就跟你说过,菩萨还没有过目,你怎么能先吃?"

张露的手背已经微微红肿。

妈妈又说:"祭拜过的桃子,菩萨恩赐的,你吃了对身体好。不生女人病,面孔更漂亮!"见张露一声不吭,又加了一句:"我是你妈,还能害了你不成?"

张露的脸憋得通红,站在原地一动不动。

妈妈盯着看张露,仿佛面前站着一个陌生人。

张露原本一张娃娃脸,圆圆的,一笑两个小酒窝。自打跟陈建宝结了婚,休息不好,常常失眠,头昏眼花是常事,西瓜子早已变成葵花籽,下巴尖了许多。不久前,休日酒店高管人员集体去医院体检,那位穿白大褂的老阿姨一脸严肃,跟张露说:"现在的小姑娘,自己的身体,根本一点不在乎。工作起来不要命,劳逸结合懂不懂?自己懂得宝贝自己,钞票挣多少是个够?等年纪稍大,腰酸背痛,浑身毛病,到时候你哭都来不及。"

妈妈说:"你是不是哪里不舒服?脸色这么难看?"说着指一指自己的脸:"你看,你看看我!我现在吃得香睡得好,什么毛病也没有。"还想再多说什么,张露突然之间炸起来,猛地甩出一句话:"这还不都要感谢你?感谢亲爱的妈妈!感谢你千挑万选的好女婿!"

妈妈张口结舌,愣住了。

这一嗓子吼完,张露浑身直哆嗦,人却轻松了许多。确切来讲,是一种虚无感受。眼前黑白画面徐徐展开。张露忽然想起,前几日睡前,看过一部美国纪录片《嚎叫》。影片主人公艾伦·金斯堡,一个作家诗人,影片并无具体故事情节,处处充斥黑灰魔幻基调。性与毒品,死亡重叠,噩梦不断的镜头中,艾伦·金斯堡不停地厉声诵读。诗句饱含激情,背景音乐从头至尾幽缓阴郁,低沉呜咽。窗外漆黑一片。张露听见白玉明的声音,从远方悠悠地传来——"秋花惨淡秋草黄,耿耿秋灯秋夜长。已觉秋窗秋不尽,那堪风雨助凄凉。"屏幕中,艾伦·金斯堡一次一次大声地嚎叫,在嚎叫声中打开一个又一个信号。张露在心里反复展开深度思考,追逐那已经再也不可能回来的时光。边看边莫名就落了泪,心里轻轻一叹,脑海中闪现自己的童年少年与青年时代。直至现在,母爱重压之下的亲情,始终只影摇曳。哀伤是跟随岁月行走的影子。风过叶落,心痛在静默之中慢慢沉重。那些影像时而模糊,时而明亮,张露看见一朵鲜花迅速地盛开、枯萎，最后在风中飘荡。她对自己说："这是宿命。无处可逃。既然无可选择，只好悉数收下……"

想当初，妈妈精挑细选以后看中了陈建宝，张露只能无条件投降。从见面到结婚，张露后来仔细回想，最多不超过三个月。记忆定格在那天。下班回家一进门，妈妈迎上来，笑嘻嘻地说："乖囡回来啦！"张露一愣。妈妈的脸上开满太阳花，这笑容让她感觉那么陌生。妈妈原来也会笑？上一次看见妈妈笑，是什么时候？

记忆中，妈妈和颜悦色时极少。常常两个人好好说着话，不知哪一句没讲到她心坎上，"砰"的一声就炸了，好像一只二踢脚。"隔墙有耳，祸发齿牙，读再多书有啥用？啊？"妈妈无数次反复地说这些话，头往前伸。有次她正夹了一筷子干煸辣椒雪里蕻，送到嘴边又停住，"啪"的一声甩出去，瞪着一双麻黄黄眼睛。若细细去看，能看出她曾经很漂亮。张露只觉耳边嗡嗡嗡嗡直响。妈妈怨尤深似海，吃一口，停一停，鼻子里哼一声。筷子头点在桌子上，说："怎么不吃了？等人喂你吗？"

看着这张陌生的笑脸，张露在脑海中快速倒带，仔细搜索。希望能回忆起什么。妈妈的五官称得上精致，身材到了她这把年纪，也算同龄人中比较出挑的，用眼下流行的一个词来说，是个"标准美人"。但那些精致的五官，怎么看怎么觉着哪里不对劲。究竟怎么个不对？张露也说不清楚。张露从小就很怕妈妈，这感觉很怪，似乎是一种无法言说的恐惧。多少年来，这感觉跟随张露的成长渐渐在膨胀，越挣扎越紧缚，像一张密密蛛网，捆得她常常喘不过气。从记事起，什么都是妈妈说了算。穿什么衣服吃什么饭，每门功课不得低于多少分，什么年纪才可以谈朋友，事无巨细,绝不允许她有自己的看法。稍有异议,妈妈的脸立刻一耷拉,柳眉倒竖,车轱辘话开始了:"露露你要记住!在这个世界上,只有你妈不会害你,你要记住!"张露若是想还嘴,妈妈的脸瞬间涨得通红,说话分贝直蹿云霄:"我心里多少苦,你永远也不会懂!可怜天下父母心,我要不是为了你……"声嘶力竭,最后变成咆哮,常常会失控。张露有次看"动物世界",镜头里的那头红毛狮子,不知怎么看着看着就变成了妈妈,"哇噢"一声,她的后背沁出一层冷汗。这种情感昼夜交叠,越积越厚,张露也在胆战心惊中慢慢长大了。张露在家说话越来越少,早已习惯了沉默。想起有次,休日酒店管理人员聚餐,刘梅逗张露:"姐,你真像你妈手中的一只提线木偶。"张露苦笑着叹气,她说:"能怎么办?我能怎么办呢?孝顺孝顺,关键一个'顺'字。毕竟是亲妈,就顺着她好了。"刘梅说:"愚孝也是孝?"张露一时语塞,不知该作何回答。

雁过留痕,风过留声。多年后,重新审视回望,那些早以为遗忘了的伤口,像一把无形小刀,趁人不备钻出来,在张露的心头一阵刻划。一点不觉得疼,她已经麻木了。自打张露嫁给陈建宝,妈妈得偿所愿,女儿的人生她又做了一回主,心思渐渐回到自己身上。张露想起有那么一阵,人闲寂寥,妈妈也曾心思暗动,交往过一个男人。去人民公园相亲角,原本是给张露打探行情,不料自己倒近水楼台了一回。

那男人跟妈妈年纪相仿,是个退休干部。据说早前在某大型厂矿工会主管人事。张露见过几面,但都算不得正式。有次去徐家汇图书馆找人,出来后站在路边等公交。马路斜对面有一个水果摊,张露以前常在这里买水果。忽然间看见了妈妈,正弯腰挑挑拣拣，偶尔抬头跟小贩聊上一句。张露发现，妈妈身后一直站着一个人。那男人戴了副眼镜。距离有点远，眉眼看不清楚，样子斯斯文文，像个文化人。张露心想，这大概就是那个退休干部了。妈妈在水果摊前站了好一阵。有的水果离得远，妈妈手指一指右边，眼镜男立马伸手去右边，妈妈往左边指一指，男人又探向左边。张露站在马路这边，一直盯住看，忽然想笑，不禁笑出了声。边上有个等车的男人以为她在发癔症，往边上一躲："病人。"张露自言自语："上海老男人，脾性倒还不错，只可惜戴副眼镜……"不知怎么就联想到了白玉明。要是白玉明戴个眼镜，是啥样？做事之前，是不是要先摘眼镜？不禁哈哈两声。边上有两个中年妇女也在等车，往后倒退了两步。一个跟另外一个努努嘴，说："看看看，陷得太深就是这副模样了。阿拉女儿，今后千万要注意了。"边上的人轻轻叹息："哎，可惜可惜，多好看一个小姑娘。"

那天回家路上，张露本想一到家就给妈妈打电话好好问一问，结果自己的事情七七八八一通忙，这事渐渐就忘了。再后来，有次偶然间跟妈妈聊天，忽然又想起那个退休干部。妈妈一听，轻描淡写地来了一句："那都是哪个朝代以前的事情了。"语气中饱含不屑。张露"咦"了一声，说："啥哪个朝代？明明就在不久前呀！"后来得知，退休干部最终没能经受住考验，选择了落荒而逃。

张露问妈妈："到底是怎么一回事？"

妈妈鼻子里"哼"了一声，说："那天傍晚，我让他去小区菜场买菜。出门前，分门别类一二三，写满一张小纸头。我再三地叮嘱交代，让他货比三家，多看多问多比较，我这有错？"说着情绪激动起来:"这种男人,自己没本事,钱从哪里来?当然只能省!省下就是挣下呀,我有什么错?"眼睛一瞪,扭头问:"你说你说,我有什么错?"

张露笑笑。

"他整天嫌我啰嗦!"妈妈鼻子里重重又"哼"了一声,"我还只当他出门去买菜了,什么东西!"

张露说:"壮士一去兮不复返。"

妈妈说着又动了气,眼睛一瞪:"幸亏狐狸尾巴露得早,要不然,等生米煮成熟饭,我还不彻底完蛋?"

张露倒了杯水,说:"退休干部就这么消失了?也没给你留个言?"

"本来就是窝囊废,三棒子打不出一个完整的屁!"妈妈越说越愤愤,吐沫星子四溅,"我那晚左等右等,死活等不到他回来。眼看天要黑了,这是去种菜还是去买菜?"

张露笑。

"我发手机短信,问他死到哪里去了?没回音。又继续等了一阵,还是不见人影。"妈妈眼皮朝上翻翻说,"真是大白天遇见鬼,邪门!我于是不停地发短信,再发再发再发。"

"那个退休干部,一直也没回音?"

妈妈顾自往下讲:"我还真不信这个邪。吃豹子胆了?我于是干脆直接打他手机。"

张露喝水。

"电话先是接通,但响了两声,立马就挂断。"妈妈双手一击,"等我再打,咿呀,变成无人接听状态了!什么东西!"哇啦哇啦一通,妈妈的胸口剧烈起伏,脸涨得通红,瞪着眼睛,"我不甘心,不停地打!打打打打。"

张露不吭声。

妈妈忽然安静下来,站起身急匆匆往客厅走。在菩萨面前"噗通"一声跪下,双手合十,嘴里小声地念叨起来:"菩萨您千万不要怪罪我啊,我原本已经忘了的,我根本就不愿意再提,要不是女儿今天非要问……"说完长舒了一口气。

张露默默地看着。

妈妈的面部表情阴转多云,返回来接着继续讲故事。

"那天晚上我根本就没有睡。我睡不着。"妈妈说,"电话打了一整夜。"

张露低头若有所思。

"第二天凌晨,大概三四点钟,实在疲惫不堪,坚持不住睡过去了。等我再睁开眼,天已经大亮了!"妈妈看了张露一眼,"终究是心有不甘,我爬起来继续打电话。"

张露笑了:"通了?"

妈妈的眼神倏地一下暗下来,脸上莫名其妙地笑着:"电话那头,传来一个女人的声音——对不起,您拨打的电话是空号,请核实后再拨。"

退休干部,于一夜之间变成了空号,这结果让张露有点出乎意料。她一直默默地听着,不知道该说什么。记忆中,妈妈从来一副顶天立地铁娘子模样,用眼下时髦话来说,是标准的"女汉子"。张露觉得,妈妈根本就不需要任何心理安慰。平常女人遇到难事,喜欢找别人寻求分析帮助,于妈妈而言,是脱了裤子放屁,多此一举。

妈妈讲得口干舌燥,端起杯子"咕咚咕咚"两口,抹抹嘴巴问说:"这事你怎么看?"

张露沉默了一会儿,心里觉得应该讲点什么,好让妈妈开心,但憋了半天,什么也说不出。张露的眼前出现同样出身于单亲家庭的时装大师山本耀司,他一脸平静,这样接受采访:"我从小就一直抱着不让母亲失望的心情活着,母亲也许是我人生中,宿命一般的女人……"

妈妈得不到回应,语气一转:"我先前也很戳气了有一阵,但紧接着就彻底释怀了。我幡然醒悟,不然菩萨要不开心了!"扭头朝五斗橱的方向看看,故作轻松地说:"男人要能靠得住,母猪上街会打醋!男人是什么东西,几十年前,我已经看透了!"

张露在心里叹了一口气。

妈妈指一指客厅里的菩萨,微微一笑,语气平缓下来:"人只要有了信仰,看啥都两样。跟你说也没有用,你不懂。"

张露笑笑。

"现在回想这个老男人,滑稽吧?"妈妈不屑地说,"一个老头子,土埋半截,我根本就不稀罕。浪费情感时间,有啥了不起……"说着掏出手帕,低头在眼角边擦了擦,"我现在这样不是蛮好?我其实根本见不得他那副死人腔,拎起来一条,扔下去一摊,一条死狗扶不上墙,他要真赖着我不走,想想还真不划算唻……"

张露心里说:"全聚德的烤鸭——肚软嘴硬。"

妈妈语气一沉,话题忽然又变了。她说:"露露你千万不要忘记,是谁把我们母女害成这样的?嗳?我这辈子忍气吞声,吃苦受罪,我要不是为了你……"哭了起来。

张露当然知道,妈妈口中的这个"谁",指的是爸爸。

张露的眼前突然闪现出白玉明的脸。他笑眯眯看着她，让她想起一件尘封往事。

许多年前，妈妈家客厅的墙上，一直悬挂有一只相框。十八寸大小。照片中永远年轻的妈妈，唇红齿白，珠圆玉润。仔细修剪过的三齐式日本娃娃头。照片中的女人貌婉心娴，恬静柔美。张露越看越感觉陌生。这真的是妈妈？张露那时还在上学，已经读高中了，有一天趁妈妈不在家，她踩着凳子爬上去，把相框取下来细细观赏。这一看，有了意外收获。相框翻转，乾坤暗藏。相框背面的右下角，夹着一张六寸大小的照片，照片里有一个人。一个男人。俊朗倜傥，轮廓清秀。边上一行小字：四十岁纪念。张露把照片端在眼前仔细地看。男人剑眉大眼，鼻子高挺，戴着一副黑色玳瑁眼镜，头发似乎是自己动手加工过，发卷有点不自然，细看会发现，前额发梢处，微微泛起一层黄褐色，像是烫过了头。张露心想，还蛮喜欢臭美的。不由想起妈妈自己烫头发场面，着实有点吓人。

上世纪八十年代，北方城市最流行自助"火钳烫"。太原人俗称"打火夹"。麻花辫发式早已过时。学校里时髦的男生，脚踩一双高帮运动鞋，长裤脚故意系进鞋帮，戴半截有小洞的摩托车皮手套。当然没有摩托车。一下课，发烧友同学三五成群，日日交流新舞姿。这是一种流行于美国青年的"Breaking"舞蹈，源于一部叫《霹雳舞》的电影。这种舞蹈节奏感非常强劲，脚下步伐多变化，跳舞的人兴致所至，做出一些难度很高的动作，彼此互相比试挑战。影片播出不久，片中人物身着蝙蝠衫，梳爆炸头，头裹绷带，一遍一遍模拟擦玻璃机器人行走的动作姿态，倍受瞩目。年轻人尤其崇拜。生活热情掺杂稚嫩人生理想，仿佛一夜之间,变得生动滚烫。

妈妈有次一高兴,无意间说漏了嘴:"这个人,说来也算是个能耐人,"嘴巴朝墙上那个相框努了努,"琴棋书画,样样拿得起,虽说算不上十分精通,但只要看上几遍,他都能学得像模像样。尤其火钳烫发。"

张露一时有点怔住,愣了几秒钟,她说:"那我爸应该算是文艺爱好者喽?"

妈妈的脸一耷拉,再没说一句话。

那是张露第一次,也是唯一的一次,从妈妈嘴里听到有关爸爸的事。

张露细细回忆。妈妈那时的月基本工资,各种补贴加起来,不超过四十块。若是去理发店烫个头,至少要花十几块,想想只能作罢。影片镜头颠来倒去反复观看,脑洞大开想办法。那些随空气抖动的美丽发卷儿,一步一摇,诱惑着女人们深藏未知的潜力。自我深挖。纷纷开始大胆尝试,其中就包括妈妈。张露八九岁那年,看见过隔壁邻居家的两个姐姐拿火钳子互烫爆炸头。鸭嘴形的铁钳子放在炉子里烧,烧红,取出后迅速放入冷水中降温,只听"刺啦"一声,白雾腾腾四散。一手拿火钳,一手拿梳子,夹住头发拉直绷展。头顶上经常会冒起滚滚浓烟,空气中一股烧猪毛味道。张露在边上看得心惊胆战。约摸把头发拉到差不多状态,再分成一缕一缕,从发梢到发端,小心地一圈一圈卷在火钳上,焐一会儿要迅速松开,一个发卷就此形成。但如何掌控时间与温度,绝非说话那么简单。

跟着妈妈住在学校大院那时,张露她们家还是炭火炉。后来搬了家,不再烧炭,改烧蜂窝煤。每回洗完头,擦至半干,妈妈坐到火炉边，边甩头发边取暖，准备自己烫头发。张露坐在一边写作业。时不时偷看。妈妈初初尝试，还不大习惯，火钳子的温度总拿捏不好，头发刚一接触，立马"滋滋"直响。空气中一股焦臭味。张露捏着鼻子说："好像烧鸡毛！臭死啦！"一抬头，只见妈妈的头顶一团黑烟腾起，张露大叫："着啦！着啦！"妈妈却镇定自若，抓过一条湿毛巾往头发上抹一把，说："慌啥慌？火钳子温度太高了。"重新再来。有时火钳子刚一拿下，头发已经散开，根本就没有卷。不成型。这是火钳子火候没到。刘海部分最难烫，发量少，又担心烫到额头，一不留神就受伤。记忆中，隔壁那个总喜欢叫张露"黄毛杂种"小哥哥他妈，有一回自己烫发，没留神，右边太阳穴被烫了一个疤。过了很久也没好，每天贴块膏药。张露有次跟白玉明看电影《甲方乙方》。镜头中，刘蓓扮演的地主婆斜躺床头抽大烟，给老管家交代："既然张先生来了，就让咱家的骡子啊马啊那些大牲口，都歇了吧……"她突然难以自抑哈哈笑，笑得前仰后合。白玉明也跟着笑，但他永远不会明白，为什么那么好笑？

　　那天，张露再次把相框拿下来看。戴眼镜的男人笑意盈盈站在那里，身后空空旷旷，像是学校的操场。远处隐约有一座大楼，中间三个字影影绰绰——"教学楼"。男人的怀里抱着一个婴儿，洋娃娃一般，小脸圆嘟嘟的，嘴巴张开，一只胳膊正努力地挥舞，笑得眼睛眯成一条缝。张露不禁一呆："这是谁？莫非是？"她把照片从相框里小心地取出来，拿近细看。照片的最底部，发现几个极小极小的字——"囡囡满月。某年某月某日。"张露的心"咯噔"一响。那正是自己的生日啊！后来多次回想起此事，张露不由就心中懊恼，怎么没把那张照片偷偷藏起来呢？

也好有个念想。

过了一段时间，等张露又想看照片中那个戴眼镜的男人时发现，相框不知什么时候早已不知所踪。墙上原来那块地方，方方正正留下一个黑印。没过几天，妈妈拿回一幅钟馗捉鬼图挂上去。这是一幅杨柳青的年画。张露皱着眉头小声地说："哪里搞来这么一幅图？我心里瘆得慌。"

妈妈眼睛一瞪："千辛万苦知不知道？我一连几天起大早，肇嘉浜路大木桥路，地铁九号线经过四站，小南门站下车，还要走上好长一段，才能到豫园。容易？"说着表情一换，故作神秘，"文庙路上有一家专门售卖古旧书画的地方，啊呀！"语气夸张起来，"好地方好地方！我一连去了几趟，终于淘到这个宝。"

张露无奈地摇摇头。一抬头，钟馗一身长髯，赤袍，持剑，绿眉血口，目若铜铃，右手握笔，左手抱了一个大元宝，正目光炯炯瞪着自己看。张露眉头一皱说："真是世风日下，如今钟馗不管捉鬼，升官做财务部长了？"

画的左上角，有一只墨黑蝙蝠正从天而降。画的左右，则贴一副对联，一边写"驱邪益静"，另一边"岁暮遍识"。张露小声地说："这东西挂在家里，简直莫名其妙。瘆人。"

妈妈立马"咦呀"了一声，说："你千万不要不当回事，自打钟馗进了咱家，我夜里睡觉好得多。"瞥了张露一眼，"我早前一直睡眠质量不好，神经衰弱，常常半夜惊醒，看看现在，一觉睡到大天亮。"

张露说："可这毕竟是年画，应该贴在大门外呀！乡下用来镇宅护院的。"

"小孩子懂啥？"妈妈说，"传统民居的大门，一般都是双扇门对开,但那是早前住平房呀!年画中的门神,大多都成双成对,贴在大门上好看,进门见喜,出门来财。"

张露低着头说:"神荼对郁垒,秦琼对尉迟恭。"

妈妈转过脸看着张露说:"只有钟馗大不同!"

张露没抬头。

"钟馗登峰造极。"妈妈手指一伸,说,"单打独斗明不明白?这种门神,最适合贴进家,钟馗老爷洞若观火,什么不知道?如今人人大城市里买高楼,住大厦,家家户户防盗门单开。算了!说多了你也不会懂。"

张露哭笑不得道:"好好好,钟老爷洞察透彻,钟老爷审时度势。"

妈妈的表情严肃起来,瞪了张露一眼:"你不要总是不当回事,我的话,你永远当作耳旁风,左边进去右边出,你这样怎么能进步?"

张露不再接话。

妈妈站过来盯着钟馗图看了几秒,又开了口。她说:"刚开始,我也打算贴在大门外,但想来想去,总觉不妥,还是直接请进家里来得好。万法皆由心起,心诚则灵。"

自打结了婚,张露就跟陈建宝搬出去住,每次回妈妈家,进门一抬头,钟馗张牙舞爪,不怒自威。张露有一次说:"我家隔壁老太婆,最近养了一只猫,也叫钟馗。长得一模一样。"妈妈笑着说:"好呀!钟馗多少好,江淮一带地区,家家户户悬挂钟馗像,打鬼除祟,镇宅驱邪。你年纪轻,说多了你也不懂。"

记忆不断被加密,哀伤在习惯中隐藏。

今年秋天,比往年稍冷。妈妈家楼下有两棵老桂树,环可相抱，香气从窗外依依袅袅飘进来，张露深吸一口，觉得心情好了些。她闭上眼睛想："想念太原，想念遥远的杏花跟梨花。"走到窗前，探头朝楼下探望，刘梅的面孔忽然间冒出来，盯着她说："姐！孝顺孝顺，愚孝也是孝吗？"张露不由叹了口气。

妈妈拿了一个供桌上的桃子，低头开始削皮。张露知道，那桃子一定已经不新鲜了。她转身往客厅走，在门口边换鞋边说："我还有事，我走了。"妈妈愣了一下，没吭声，抬头看着菩萨，举起那只削了一半的桃子狠狠咬了一口，开始捏数手中的那串木头念珠。百十多粒，很长一串暗褐色木制珠子，被摸得水滑发亮，阳光一照，烁烁有光。张露换好鞋站在门口，似乎还在犹豫。

妈妈从衣兜里掏出一只秒表。小学体育课上用的那种。手中木珠数够一圈，秒表揿一记。再数再揿。数数揿揿。始终没有回头，口中念念有词。

张露默默地叹了口气，走出去。轻轻地关上门。

从小区里出来，转上肇嘉浜路走了一段，张露觉得心烦，不想回家，可又不知道该往哪里去。白玉明现在在干什么？想了想，决定还是去酒店看看。年底的事情多且杂，早做晚做都是做，赶早不赶晚，张露心想，先去白玉明的办公室坐坐，喝杯茶，再打几个电话。

白玉明出国后的这些日子，张露已经习惯了每天上班先去隔壁看看。一坐上白玉明的大班椅，她不由得要小声哼唱："莫名我就喜欢你，深深地爱上你……"

张露说："你知道我在想你吗？"

一想到白玉明，张露的心情变得松快起来。她掏出手机给白玉明发了一条微信:"宝宝马上到你办公室了。"不料很快就收到回复。白玉明发过来两个笑脸。这意外的惊喜叫张露心中一暖,她马上又发了一条:"爸爸什么时候回来?想你。给我带礼物!"

等了一会儿没反应,低头看看手表,差五分十一点,张露自言自语:"睡着了?"

上海的秋天,似乎是一年四季中最短暂的一个。转瞬即逝。前几天还近二十度,张露穿短裙,今天一下子就降到冰点。温度骤降,速度之快,常常叫人猝不及防。上海这两年的天气,愈发变得捉摸不定。张露每天出门前的头一件事,就是自己估摸着看,今天到底该穿什么衣服。刘梅不知从什么地方听来一首打油诗:"天气预报,胡说八道,报了不准,不如不报。"一辆差头在张露的面前来了个急刹车。她快速地坐到副驾驶位置上,把衣领竖起来紧一紧。差头司机笑着说:"这鬼天气,冷死人。"张露没接话。心想,天气一冷,休日酒店的菜牌要跟着顺应而变,做适当调整。上礼拜刚跟陈大佬定下的冬令特色系列,汤羹炖品是主打。俗话说:"药补不如食补,食补不如汤补。"煲汤,是休日酒店后厨每年在这个时节,每日工作的重中之重。

一入秋,酒店的炖品类总是销售极好,比平时往往要翻上一番,还经常会卖断档。老火靓汤每天都供不应求。楼面盯台的小妹跟刘梅汇报,说总有新老食客们反映,休日酒店的老火靓汤是否可以随来随点?是否考虑可供随时享用?刘梅在中层管理人员的每周例会上,一字不落转述给张露听。张露去找陈大佬商量,他只笑不答。

张露说:"今年的销售方式,是否可以改一改?"

陈大佬坐在铁木高背椅上笃悠悠道:"欲擒故纵,系一种营销策略啦！老火靓汤必须每日定量啦！想喝请早。"又加了一句："必须堂食，不设外卖啦！"

张露立马就会意，心想，姜还是老的辣。

这么一来，食客们总有一种被追赶着的感觉。馋虫时时被勾起，一到饭点儿，开始惦记那一口。来休日酒店吃饭，乘直达电梯至中餐厅，一脚踏出来，面前出现一溜小煤气炉子。起码几十只。在大堂边一字排开。靠墙的显著位置，并列着许多中药柜，一组一组，药店里专门存放中草药的那种药柜抽屉。一式一样，分门别类，顶天立地占满整堵墙。抽屉里面，是各种不同的中药材。边上坐着一位老师傅，颇有些年纪了，白发白须，大乍腮，高颧骨，皱纹堆垒，脸上的皮肤已明显松弛，眼皮往下一耷拉。若不仔细瞧，总以为他是在闭目养神。有人在边上笑嘻嘻地说："嚯，白眉大侠！"这是大老板重金聘请来的退休老中医。

每逢入秋，老师傅一把银髯飘洒胸前，身着白色长袍，一声不吭于角落里静坐。他要么不开口，一旦给客人讲起中药药理，则如同滔滔江水，源源不绝。望闻问切，字斟句酌，客人常常听得瞠目。药效原理仔仔细细讲完，老师傅笃悠悠拿过案头上的一支小楷毛笔，低头开药方。一手漂亮的蝇头小字。

不远处，另一位师傅三十来岁。他只负责照方配料，仔细把握时间与火候。一老一小两个人，各司其职，互不干扰又配合默契，场面动静有致，和谐有趣。现场不时有食客拿手机咔嚓咔嚓拍照，手指轻点，直接转发至朋友圈嘚瑟。口碑效应风行。想到此处，张露不禁莞尔，现如今，老火靓汤早已成为休日酒店每年秋冬时节的经典招牌，必不可缺。

来休日酒店吃饭，电梯一开，食客径直走到老师傅对面，自己找凳子坐下。等着排队叫号。轮到谁，谁快速上前一步，自报家门，伸出一只手。男左女右。老师傅眼皮不抬，开始把脉，没一会儿，来一句："秋日补膘，冬令进补，一补一泻，身体细细调养。"讲解详尽周到，娓娓道来。客人们听得入神，点头如捣蒜。有更用心者，随身携带小本做记录，或者把手机录音键打开。

把完脉，老师傅轻轻舒口气，端起边上的茶杯喝一口。客人若心存疑虑，老师傅还负责现场解难答惑，待对方云开雾释，这才开始写炖煮配方。照旧不慌不忙。一张预先裁剪好的红色烫金硬纸卡徐徐打开，里面另外还夹了一张纸。并非一般的白纸，是涂过金粉的宣纸，也绝非普通宣纸。有懂经的客人发现，眼前老师傅开方所采用的，是上好的生宣。心中一赞。只见老师傅身体微微前倾，低头认真写配方。笔老墨秀，字字见心。食客们看得一呆再呆，恍惚之间，还以为自己来错了地方。

方子写好，老师傅把狼毫小楷笔小心地放回笔架上搁好，宣纸拿起来，从头至尾再检查几遍。药效功能，名称价格，从右至左，逐一细细核对。客人无不心悦诚服。彻底确定无误后，炖方赠与食客，老师傅笑眯眯最后再叮嘱一句："下次再来，单凭此方，可享受本酒店贵宾VIP折扣。"

有时候，遇上酒店熟悉的老客户或是大客户，老师傅则一时兴起，挥毫泼墨，笔走龙蛇，随手写一两副对联赠送。客人连连称谢，他笑眯眯地说："反正就快要过年了，捎带脚的事。"虽说是多年的老客，总觉有点意外，忙不迭地双手接过来，边观赏边口里不住地啧啧称赞："好！好好！写得真好！"

食客的炖方一旦交至小师傅处开始调配，酒店的引领小姐分秒不差，款步姗姗而来。左臂一伸，她笑微微地说："您里边请。"一阵暗香袭人。耳边余音，软软糯糯，食客们这才忽然间缓过神来："啊对！我原本是来吃饭的呀！"自己不好意思地笑了。想到这一顿饭的工夫，竟然连身体保健也一并做了，心神大悦。有几个人悄悄嘀咕："这饭吃得值！买一送一。"

说笑间刚一落座，盯台小妹与引领小姐角色互换，手中接力棒对接，服务越显周到勤快。小妹端茶倒水，顺口问："几位看看，今天吃点啥？"食客们还在白眉大侠的炖方中咀嚼回味呢。时间一长，一传十十传百，口口相传，休日酒店这种自创的"迷踪式捆绑"销售模式，一度在业界引领风骚，并很快风靡起来。这自然也成为休日酒店中餐厅的一道亮丽风景线。其实食客们大多都心知肚明，这汤喝下去究竟有无疗效，并不重要，关键让人感觉心神俱爽。俗话说："心情一好，万事无扰。"至于疗不疗效，谁还会在乎？

张露想了一路，心情好转不少。刚才在妈妈家的那些不愉快，此刻已彻底烟消云散。差头司机歪着头问："妹妹有啥开心事吧？"张露的眼睛盯着窗外看，没搭理他。

年关将近，上海的大小街头，处处能感受到即将到来的节日喜庆气氛。圣诞节，新年，接着就是春节，一个节日紧接着一个。这也是酒店人一年之中最最繁忙的时段。张露望着车窗外不禁有些走神，差头司机在边上又开了口。他说："当今洋节盛行，有其必然因素，为啥知不知道？"张露不吭声。差头司机并不在意，自说自话道："上海建埠不过百年，世界各国文化渗入其中，海纳百川，互相交杂，上海的城市面貌，既蕴藏深厚历史文化内涵，又表现出鲜明时代特征……"简直口角生风，于耳边喋喋不休,张露不由皱着眉头问一句:"你是哪里人?""老家苏北!"差头司机扭头看了看张露,说:"有部电影,专门讲上海繁华梦的,几条主线起起伏伏,变幻无穷,片名我忘记了,就记得刚开始,几个嫖客围聚桌前吃花酒,边吃边嘎山湖。有劲有劲!这电影老有劲呃。"说着哈哈大笑。张露头也不回地说:"你说的是《海上花》。""啊是!是是,就是这戏!"差头司机在自己大腿上"啪"拍了一记,愈发来了兴致,"梁朝伟一口洋泾浜,刘嘉玲么苏州人,苏州上海话,米道倒还不错,李嘉欣面孔生得漂亮,一开口,话里话外总有几句夹生!"张露说:"完全本埠特色,老年人最喜欢,电影通篇都讲上海本地闲话,完全不用配音,就是演员自己演自己。"差头司机不断地点着头说:"赞赞赞!这导演老结棍!"忽然话题又转回刚才的"洋节"上去了。

"洋人过圣诞,是作为一个宗教节日,外国人讲究信仰,但⋯⋯"差头司机语气一沉,满眼不屑地说,"中国人不信天,不信地,天王老子都不怕,基督耶稣玛利亚,跟中国人半毛钱关系有吧?根本就是跟风扬土,瞎起劲!"说着说着愤愤起来,不住地摇头叹气,"每年这个时候,书店邮局,大小商店,各种精美圣诞贺卡,简直铺天盖地。搞得我家小朋友,整天缠着要我买,还一买至少十几种。"张露扭头问:"买么么多做啥?"差头司机苦笑着叹气:"说要送学校老师,同学之间,要互相赠送。十岁不到的小朋友,啊,你说说看,懂啥?瞎搞!"摇头笑起来,"食肆酒楼,无论大小,家家户户比赛着烧钱,削尖了脑袋攀比,似乎装饰越豪华,才越能反映本埠圣诞节日的喜庆,作死的节奏!"他扭头看了张露一眼,"就连街边随便哪个书报亭,地铁过道小地摊,你去看看。通通面前堆满白胡子老头,一睁眼,到处大红气球高高挂,各样套式吉语飘天满地,简直乱花迷人眼,滑稽吧?"张露没吭声。"红色圣诞花,白色圣诞蜡,久光百货门前绿色圣诞树,足足有两层楼房那么高!"差头司机说着伸出右手,伸高举低比划起来,"作孽!这要花多少钱?"张露急忙提醒:"注意前方,专心开车吧!"司机的嘴角往下一撇:"一连好几天,我拉客根本不用问。人人目标一致,不约而合,倒像是预先商量好的。所到之处,酒吧茶楼咖啡馆,歌厅舞厅KTV,仿佛真就沉浸在一片圣诞欢乐汪洋里去了。滑稽!"

十字路口遇红灯,车子停下。司机一张嘴巴呶呶不休:"我就不明白,等真正到了春节,中国人反倒没那么多兴致了。真是怪!这究竟是精神愚昧?还是舍本媚洋?说得清?"

张露默默地看窗外。上海街头,很多小店的橱窗风景很特别。大有大的时尚,小有小的时髦。此刻路边一家小小的橱窗吸引了她。离得不太远,店内景象清晰可见。橱窗里堆满老旧物件。一架褪色的留声机,边上一部老式手摇电话,一只印有"为人民服务"字样的收音机,铁皮暖水瓶红红绿绿,还有一堆搪瓷茶缸。橱窗一角,用十几条红手帕扎成一束玫瑰花。张露想,它们貌似杂乱,挨挨挤挤堆放在那里,是希望告诉人们,有些记忆在沉静淡然的时光中,并非不复存在?

绿灯亮,车子缓缓而动。

"西方人过圣诞,除了松柏蜡烛,白胡子老头戴尖尖红帽。"差头司机又开了口,"还要举行团聚欢宴,燃烧大块柴木,品尝木形糕饼,互相馈赠礼物。最兴奋要数小孩子,睡不着呀!长筒袜放在壁炉前,心里惴惴不安,夜里圣诞爷爷啥时候来?"

张露不由"噗嗤"一声笑出声:"你开差头,看来真真是屈才。"

司机像是意识到什么,笑了笑说:"我是最近几年才开始干上这个。"说着拍一拍方向盘,"我之前一直有正式工作!"

张露"哦"了一声。

"长宁区图书馆做库管。一做十几年,我没事就喜欢翻闲书。"司机轻描淡写地道,"这工作唯一的好处,可以免费看书!顶天立地大书架,大仓库里还堆有许多麻袋。各种书。新版旧版,口味庞杂,不清楚究竟是什么时候,回收来那么多旧书!堆积在阴暗潮湿的角落,早已被时间遗忘啦!"说到此处一停,他的眼中烁烁放出光芒,"小心地翻开那些破烂,书页掉落或者发黄,已经非常脆弱。我喜欢感受这种陌生的气息与痕迹。有些书已明显破损,空气中隐隐一丝酸腐气味,仿佛文物包浆。图书馆窗外一排法国梧桐,干高冠大,屋内愈发幽暗,我于是沉浸其间,独自畅享书海。法国新派小说、莫拉维亚、南美作家、诗经圣经、巴伐利亚,哎呀,想看什么随便!这里是大爷我一个人的天下……"他的语气忽然沉缓下来,短暂沉默后,他目视前方,"对图书崇敬的年代,已渐行渐远,我们这个岁数的人,对于图书知识的渴望,情感复杂,以你这样的年纪……"他扭头看了张露一眼,"是永远不可能体会到的了……"

张露笑笑没说话,但心里一阵感动。

"一个视书如命的人,这份图书管理员的工作,自然是极好,但……"他叹了一口气,"一个月下来,满打满算也就两千多块。旱涝保收,饿不死而已。"扭头看了张露一眼,"视野的确是宽阔了不少。知识武装头脑,书看得真过瘾,可又有啥用?"说着无奈地笑笑。

张露仍然没吭声。

"书看得再多，能给老婆换来一瓶香奈儿5号？能给小人儿换来一件阿迪达斯？"司机摇下车窗玻璃朝外"呸"了一口，"嘴上谈兵有个屁用！我痛定思痛下了海。"他右手手指轻敲方向盘，打着拍子，"破茧化蝶跃龙门，一晃已经十多年啦。"

张露俯身落座第一眼，即见司机左右手上，根根手指戴满戒指。短短数公里，张露默数他身上饰物，车内饰品。大小近三十件。不禁想起雅各书里面，描写披金戴银，浑身金灿灿走进教堂去参加弥撒的"穷人"。车子正前方，换挡头顶处，垂挂有大串念珠，围绕一个木质护身符，四周粘了一圈黄水晶。车子四角，则分别立有玉石怪兽一枚。亦狮亦虎，神态各异。张露心想，究竟是什么呢？迷惑间，只听司机说："此乃驱邪王麒麟也。"张露没吭声，心想，素来只听说，女佛男观音，家设貔貅可避邪。方向盘闪闪放光，司机不时要拍一拍，吐气扬眉道："粘了玛瑙碎玉！我专门去越南求来！"张露仔细看。外圈闭合莲花，内圈阴阳八卦阵，中间蹲着一只俯首兽。道道五彩金芒，张露眼睛一闭，说："晃眼。"

车子前行，张露默默盯着司机的手看。食指上那只绿色戒指，戒面至少三指宽，颜色绿得让人怀疑。张露随意地嘟囔一句："是翡翠？"

司机的话匣似洪水决堤。"哎呀妹妹！你内行啊！懂经懂经！"说着脱下戒指递过来，"沉沉一块，绝对正宗的缅甸玉！"

张露犹豫一下，伸手接过。白玉明有专做古董生意的朋友，有一阵，他经常带张露去店里玩。拿出新收老物给她观赏。时间一长，张露多少也能看出一些猫腻。面前这块石头，图形杂乱，纹理又过于有序,她已经知道是俗货。敷衍道:"好货色。"

司机哈哈一笑。"干脆让妹妹看个够吧!"他从颈间拉出一条红绳,下面吊着块石头,扭头看着张露,"紫玉济公!听说过没?"说完胳膊一伸,杵在张露面前。

张露往后一躲,眉头一皱:"看车!看车!"

司机的右手腕戴了一串玉镯,有绿有白,其间夹杂粗细几根金属链。他嘴角一扬:"泰银!定制款!"仍觉不尽兴,打开右手侧小置物箱,摸索出一只玉环。

张露飞快地扫一眼,成色并不纯正。只听司机得意地说:"古装戏里面,清宫太监牵后妃小手,绝对不可肌肤直接接触。全靠这宝贝!"

张露不再搭理他,扭头看窗外。

司机的情绪丝毫不受影响,话题又转回到圣诞节。

"中国人非要跟着老外过圣诞。怎么过?无非是滥发一通硬纸卡,再不就是叫几个朋友,泡酒吧泡咖吧泡酒店。有意思吧?根本就是半夜起来收玉米。"

张露被逗笑。

"戆大!瞎起劲!"司机又说,"也不知道这世界上,究竟是中国人节多,还是外国人节多,但有一点我可以肯定的。"说着笑起来,"中国人候鸟式过春节,每年一次大迁徙,绝对全世界绝无仅有!老外过节,重点是玩,中国人过节是啥?"

张露说:"啥?"

"吃吃喝喝!吃永远摆在第一位!在我们老家,"司机扭头看看张露,"一进腊月,就要开始备办年货啦!做馒头蒸年糕,这就开始吃上了。吃喝不停,一直要到正月十五过完才算。"他的语气夸张起来，"一个春节下来，中国人要喝掉多少酒？想过没？估计加起来，大概有一个太湖也不止！"

张露没吭声。

"几十亿大军哪！乌泱泱好像兔子开春，这边倒到那边，东西南北大换防，集体大搬家，老外听了就头大。"

张露说："可比候鸟厉害得多。当年一曲《常回家看看》，多少老人涕泗纵横，蝴蝶效应迅速扩散，做晚辈的哪个不是归心似箭。"

司机接过去："不回去可能吗？风筝飞再高，线头在家乡。巨树华盖，根植土壤，谁也没办法。"

张露叹息道："这其实是一种甜蜜而沉重的道德绑架。"

司机"嗯"了一声说："全民迁移的背后，究竟隐藏着什么？有人仔细想过吧？买车票首先要靠比。"

张露说："比啥？"

"比耐力比体力呀！比速度比工夫呀！来来回回这一趟，没几天，至少花掉一年辛苦钱的一大半。难道错峰回家就是不孝顺？"

张露又叹气："那几天你倒是不用担心堵车了。"

车子在休日酒店正门前稳稳停下。张露刷卡下车，听见司机在身后说："小姑娘长得，哈哆！"

差头司机刚才说到江浙一带临近新年，家家户户做年糕备年货，让张露又想到家乡太原。此时也应该开始剁馅煮肉蒸馒头了吧？和面要用最大号的瓷盆，差不多中号洗衣服盆那么大，平时根本不用，每年这个时候找出来。大派用场。

大多数北方家庭一进年关，女人们下班后四六不顾，回家急急忙忙烧饭。一家老小的肚皮喂饱，别人碗一推，嘴巴抹抹，或睡或躺，小人儿出门疯玩，女人总算有了点空闲，胡乱扒拉几口剩饭，腾出手来开始不停地和面。北方人发面不用发酵粉，用的是几天前准备好的酵头。和好一块面，蒙块湿布让它醒一会儿，接着开始和下一块。面发得差不多，做花卷团馒头，一屉一屉上笼蒸。需要准备的年货很多，时间紧迫，只能抓住下午上班前的这段时间，见缝插针地赶。这样至少要忙大半个月。每天不停地蒸，一笼一笼，要把整个正月里要吃的量全都蒸出来。有备无患。除了蒸花卷蒸馒头，还要蒸包子炸油食。肉包素包糖三角，炸鱼炸肉炸麻花，最后一项是包饺子。包饺子也是个大工程，要把正月里所需的饺子，一次性全部都包出来才行。先拌馅儿，用的是崭新的搪瓷脸盆。馅子拌好，先闻一闻。张露不禁想起奶奶。奶奶总喜欢用一个手指头在馅子上沾一沾，放进嘴巴吧嗒吧嗒，试试味道咸淡。包饺子，是北方人家备年货的尾声。此时，男人们往往会主动参与进来，无非是帮忙擀饺子皮。张露想起在太原那时，隔壁小哥哥的爸爸，擀饺子皮真是一绝。一般人擀饺子皮用一根擀面杖，他习惯用两根，细细的短短的，确切讲应该叫擀面棍了。手下嘎嘎作响，速度飞快，擀好的饺子皮像长了翅膀。他一个人足以供得上十个人同时包饺子。快不快？张露一直觉得奇怪，擀饺子皮如此技术高超的男人，怎么能不会包饺子？

　　童年记忆中，张露跟妈妈每到年节也包饺子，但更多时候包的是馄饨。多年后回到上海，张露慢慢发现，上海人其实并非不喜欢吃饺子，只是不会手工和面，饺子皮也擀不好。想吃饺子了，到附近的小菜场直接买现成的饺子皮，馅料自己调配，倒也方便。但张露不喜欢吃买来的饺子皮，怎么吃怎么不是那个味道。没有了面粉本来的清香,机器加工出来的饺子皮,厚,且不容易粘合,封口时需要蘸一点水才行。想起在太原过春节。饺子包好后就直接放到外边去冻着。张露不禁微微一笑,幼时的冬天真是冷呀!家里买不买冰箱无所谓,根本不需要。冻好的饺子小心地装到面袋子里,一袋一袋,找个靠墙的角落立好,什么时候要吃,出去抓几把,随吃随煮。包子馒头也通通冻得梆梆硬,铁疙瘩一样,吃时拿回来直接上笼,几分钟就蒸得暄腾腾的。

张露信天游般胡思乱想了一路,刚走进自己的办公室,屁股还没坐稳,就听见有人笃笃笃笃在敲门。张露抬头问:"谁呀?"刘梅笑嘻嘻地走进来:"露露姐,你今天不是休息吗?怎么?"张露"咿"了一声:"莫不是你长着千里眼?还是半个二诸葛,能掐会算?我前脚才刚进门,你后脚就跟来了。"刘梅往大班台上一趴,仰起脸来看着张露说:"我是河东大神哪!"张露抬脚在刘梅屁股上轻轻踹了一脚:"就你俏皮话多!"

张露无论如何也不会想到,白玉明已经于昨晚深夜二点多钟,乘飞机回到上海。刘梅刚才一直就待在隔壁,是白玉明听见这边似乎有什么动静,让刘梅过来看看。

白玉明刚才收到张露路上发过来的第二条微信时,刘梅正坐在他的大腿上撒娇。

手机一响,刘梅一把抢过来看,边看边噘着嘴说:"白哥,我跟她,你到底更喜欢哪一个呀?"咯咯一阵笑。

白玉明一边去拿手机,一边说:"你更骚!奶子大!"

刘梅说:"她叫你爸爸,那我应该叫她啥?"

白玉明抬手在刘梅的屁股上狠狠捏了一把:"她可比你乖多了!"

刘梅扭过脸问:"那白哥说说,啥样就是好女人?"

白玉明从刘梅手里把手机拿过来看看,打了两个字"宝宝",但想了想,又删掉了。还是不回复为好。看着刘梅,他若有所思地说:"好女人不闹。"

刘梅立马就说:"我不闹。"

白玉明又说:"好女人能忍则忍,不忍则散。嘴上不逞强。"

刘梅想了一下,说:"我忍,我不逞强。可以了吧?"

白玉明趁机又来了一句:"男人最不喜欢女人哇啦哇啦,自己不文雅,倒衍生出一个新派名词来。"

刘梅说:"啥?"

"女汉子,"白玉明点了一根烟,"最烦一种女人,整天朋友圈里晒幸福。晒完老公晒孩子。山东人讲话,整个儿一半数。"

刘梅"嗯"了一声说:"现在流行高腰裙,我网上本来看好的,一搜买家评价,立马没兴趣了。"

白玉明问:"为啥?"

刘梅嘴巴一撇道:"这个说,怀孕五个月照样可以穿。那个讲,生完孩子穿看不出来。有病吧?"

白玉明笑笑。"女人抖机灵时最轻薄,生气时最难看,真看过《红楼梦》的人,没有几个会觉得王熙凤是好女人。"白玉明拍拍刘梅的屁股说,"海明威曾经说过,小说里有抢劫或是强奸情节,读者一边看,一边也跟着身体力行了一回。"

刘梅接过去说:"现在的电视剧,一天到晚看吵架。女人个个凶神恶煞。老娘舅柏阿姨最辛苦,当事人一上台就哇啦哇啦,不论男女,分贝暴涨,连哭带喊,声嘶力竭。"

白玉明笑着说:"男人即使不阳痿,也要性冷淡了。"

刘梅嘻嘻一笑说："装傻有啥难？哪个女人不会？"

白玉明轻轻摇了摇头："错。女人自夸则俗。要想办法叫别人夸，并不简单。最了不起是一种女人，明明已经很好了，却偏偏不以为然，这滋味最妙。"

刘梅听得一团糨糊。她昏昏昭昭地说："白哥，你这是不是又在夸她？"

白玉明忽然竖起一根手指放在唇边"嘘"了一声。听了一会儿，嗓子压低，答非所问来了一句："我马上要出去一趟。等下看见张露，你自己要管好嘴巴，明白了没？"说着朝外走，趴在猫眼上看看，门轻轻一开，一闪就不见了。

刘梅在心里"哼"了一声："老狐狸。"定一定神，她若无其事地出来，走廊里空无一人，蹑手蹑脚走到张露办公室门前停下，耳朵贴上去仔细听了听，深呼吸几下，抬手敲门……

刘梅跟张露嘻嘻哈哈一阵，聊到正题上来。她说："姐，几大节日说话就要到了，陈大佬他们后厨，今年打算出什么系列节日套餐哪？"

张露没吭声，像是在发呆。

刘梅也觉出张露今天人似乎有点奇怪，但究竟哪里怪，又说不清楚。正瞎琢磨着，张露忽然莫名其妙地来了一句："见人说人话，见鬼说鬼话。嘴巴一张，客人哄得滴溜转，这本事厉害！"

刘梅以为自己跟白玉明的事情，张露已经有所觉察，不禁心虚起来。脸一红，低着头说："啥？"

张露其实是想起在北京工作时的峥嵘岁月。她答非所问道："早前的饭店，不分楼面与后厨。鸿宾楼有个王师傅。高手。"

一听这话如释重负,刘梅长舒了一口气说:"怎么个高?"

"荣毅仁喜欢砂锅羊头。来鸿宾楼吃饭,正好卖完,老板急得抓耳挠腮。"

刘梅嘻嘻笑:"怎么办?"

"这王师傅想都不想,张嘴就来。就知道您好这口儿,一大早让人给您备好了,可怎么也等您不来哪!左等右等,等不来,才刚处理掉,嘿,您倒又来了……"张露看了看刘梅,说,"你听听,倒叫客人自己先内疚起来。不住地道歉。对不住您哪!怪我来晚了一步。"

刘梅说:"果然是高人。"

"谁还好意思再换地方?坐下吧。有啥吃啥。"

刘梅又笑。

"酒店挣钱靠啥?"张露也笑起来,"主要靠熟客。可熟客如何做得好,主要靠感情。"

刘梅站在边上直点头:"培养感情需要时间,并非一日之功,急不得,关键要用心。"

张露"嗯"了一声,说:"好像煨一锅汤。小火慢火徐徐炖,不能急,急也没有用,要花心思,不过……"说到此处一顿,看着刘梅,"当然也有例外。见面熟,分分钟,红颜蓝颜,都是天涯知己。根本不需要历练锻造,好像天生,你就有这本事。"

刘梅"哎呀"一声反应过来,不好意思地说:"露露姐,你!"

张露这话绝非空穴来风。每天楼面的班前例会一结束,刘梅亲自站到中餐厅门口恭候客人。天天月月年年,亦复如是。但凡是刘梅自己看准的客人,事必躬亲。别人根本插不上手。酒店的引领小姐早已经习惯了,她们乐得清闲,笑嘻嘻往边上一站,聊天观摩。

来者如果是男客,刘梅早早上前一步,脱口而出:"哎哟大哥,您来啦!今儿这天气真是,冷得够呛!"说着抬手在男客的肩头轻轻拍拍,貌似不经意的动作,不显山不露水。男客的心底莫名一阵泉水叮叮咚,扭头朝边上看一眼,心里嘀咕上了,这女人,有点意思。刘梅则目不斜视,面部表情泰然自若,做浑然不觉状,眼睛里早已春风荡漾。闲聊问候,语气自然而流畅,小动作一点也不惹人生厌。客人自己于是瞬间意识模糊起来,绞尽脑汁琢磨上了,认识?真认识?究竟见没见过?转念又一想,不可能呀!我今天这才第一次来。边想边不时拿眼尾的余光偷偷扫。刘梅迎领着客人径直朝大厅里面走,客人自然不好意思追问,只好任由疑窦丛生,一路蔓延,或许是在别的什么地方见过吧。

刘梅的嘴一刻不闲,用她自己的话说,这叫"双管齐下"。"大哥,今儿你们一共几个人?"自己扭头前前后后瞟上几眼,自问自答:"啊六位。等下还会有人来不?聊天还是谈事?要靠窗还是稍稍靠后一些更好?"客人听着一暖,心里甜滋滋的,忙不迭地说:"都行都行,坐哪里都行。妹妹你看着安排。"脑海中仍在努力回忆,这女人到底见没见过?想来想去想不明白。

等安顿客人一一坐好,刘梅还要继续再聊几句,她把这个环节叫做"过渡把关"。趁闲聊的工夫,菜已经点好,扭头招呼盯台小妹:"别傻站着呀!赶紧给哥哥们上茶!"没多大一会儿,菜开始陆续上桌。荤素搭配,花红柳绿。在座各位无不点头称赞,满意满意,实在是太满意了。客人暗自又开始琢磨上了,我们到底见过没有啊?

只要凉菜一上桌,刘梅立马再次奔过来打招呼。不论南方北方,吃饭怎能没有酒?无酒不成宴。刘梅忙里偷闲,要给自己看中的客人斟酒。这第一杯酒,用酒店行业的话说,叫做"门前第一杯"。人人面前酒杯倒满,杯子大小随意,顺时针倒一圈。刘梅把自己的酒杯先端起来,往主位边上一站,坐北朝南,正对门的位置,笑嘻嘻地说:"来来,各位哥哥,酒杯一端,必须喝干!妹妹我先干了!"一仰脖子。喝完又加一句:"有啥照顾不周,等下忙起来,在所难免,哥哥们还请多担待哪!"在座各位笑眯眯地盯着看,她一转身,又忙着去招呼别桌的客人。这一招十分灵验,百试不爽。客人们心悦诚服,相视一笑,开吃!

酒倒得快,卖得就多。一想到有酒水提成,盯台小妹服务起来更勤更快更周到。换骨碟,换烟缸,斟酒添茶,简直脚不点地。小妹始终桃腮带笑,愈发显得好看。客人此刻也顾不上再去瞎琢磨了,人人觉得这顿饭吃得值,喝得痛快。盯台小妹趁势来一句:"需不需要再开一瓶?欢迎以后常来!"能不来吗?小妹跑去拿酒,客人自我安慰起来:"见没见过有啥重要,根本无所谓,一回生二回熟。"

食客分男女,套路迥然。若是女食客来休日酒店吃饭,不能远远奔出去迎。同性相斥,多多少少还是有点道理。但也绝不能等客人走得太近。分寸拿捏很关键,最好是客人差不多距离中餐厅大门十来步远近,刘梅迎上去,贴心贴肺地笑。有时是熟客,不熟也没关系,刘梅嘴巴一开,好像裹了蜜:"哎哟姐姐,今儿这发型,好看好看真好看!这身衣服是新买的?啧啧,样式真是赞!一定很贵吧?"女客如沐春风。那些生花妙语,像天生就堆挤盈塞在刘梅的牙缝里,时刻整装待发。不等客人脸上的笑容落尽,刘梅跟踪追击又开了口:"姐姐,你原本就这么漂亮,今儿换了新发型,愈发显得年轻!"目光聚聚,软嘴塌舌,边说边往女人脸上一眼一眼细细地看,口中啧啧不绝:"嗯好看好看!真好看!"女人往往都心口不一,本来想说:"我上次来,就是这发型哪?"话一出口,味道已经变了:"哎呀不要瞎讲,我不好意思……"脸上腾起红红两朵蘑菇云,心里开满太阳花。

此外,刘梅的记忆力也好得惊人,简直不输金庸大师笔下黄药师的夫人阿衡。但凡客人来过休日酒店一回,她都过目不忘。做酒店一行,堂头对于VIP客人,必须做得到了如指掌。点滴细节,人物特征,要时刻铭刻于心。

张露有次跟刘梅聊到记忆力,问她:"你记忆力怎么那么好?"

刘梅一笑说:"其实也没啥。熟能生巧,以前在酒吧里卖酒,哪些客人是生面孔,哪些客人容易被捉大头,哪个喜欢洋酒,哪个好喝啤酒,必须记牢记清。"

张露又问:"客人那么多,你怎么记得住?"

刘梅嘻嘻一笑:"开始我也记不住。经常会弄混,还搞出不少笑话,张冠李戴是常事。后来我随身携带一个小本,或者就直接存进手机备忘录。三教九流,分门别类。年纪多大,五官特征,秃顶还是长发,肤白还是黑皮。再进一步,结婚了没,有小孩没,在哪里工作,有啥喜好,甚至个人脾气性格,等等等等。只要一没事,我就仔细回忆琢磨。最后必须能做到一说一个准。心里笃定,看见任何人,自然就忙而不慌了嘛。"

张露笑着说:"简直堪比克格勃了。"

刘梅忽然严肃起来,叹了一口气,说:"餐饮行业其实大同小异。客人千千万万,如何能做到千人一面,并没说话那么简单。天天顿顿要吃饭,上哪吃不是吃,我们靠什么吸引人家?关键是特色。"

张露插一嘴:"人是软实力。"

正聊得热闹,刘梅的手机忽然响,低头看了一下,说:"刘峰在楼下叫我呢!"不等张露接话,又说:"没几天就过年啦,他刚给我买了件大衣,换季折扣大,全羊绒的。我赶紧下去试试,不合适的话要立刻拿去换!"说着起身往外走。

张露还没来得及回过神,刘梅已经一阵风似的刮走了,留下一串脆亮笑声。张露一个人坐着发了会儿呆,不禁又想起一件旧事。

从北京回上海前,几个朋友相约去熟悉的烟斗坊聚聚。那地方在潘家园附近,后来拆迁,如今早已物是人非,变成一片城市绿化地了。店门一推开,灯光昏昏暗暗,人屏息凝神,深一脚浅一脚,小心地踏进去。老旧红木家具高低错落,都是坊主人从世界各地收集而来。漆画斑驳,岁月或急或缓,痕迹无息无声。头顶上空,蓝调爵士乐低缓呜咽,只闻声不见人,要坐下好一阵,才能看得清对面谁是谁的脸。

烟斗坊老板四十多岁,祖籍扬州,来北京已经十几年了。据说早前搞自由音乐制作。高高瘦瘦,一头垂肩长发,寡言少语,有种英式颓废范儿英俊。他很喜欢自吹自弹自唱。张露清楚地记得,那天老板献上一支口琴歌曲——《被遗忘的时光》,为她送行。身边大大小小的花瓶一排排,杂而有章,青花瓷,冰裂纹,伤痕于幽暗深处变得清晰而生动,仿佛涅槃重生。吹奏者由远古策马而来。屋外不知什么时候忽然下起大雨,闪电飞光,雷声轰鸣。雨声萧瑟中,口琴声愈发显得惆怅。一曲吹罢,在场人人不语。张露还没有离开,已经开始怀念在北京的日日夜夜了。

这老板平时总喜欢叼着一只烟斗。并不点着,就那么叼着。"要回上海了是吧?"老板凑近张露耳边轻轻低语,操一口好听的磁性男中音,"回去好,回去好。毕竟女孩子嘛……"张露心里一阵伤感。接着沉默。坐了一会儿,店老板忽然站起来,走到角落取过一把吉他,又找来一把重音口琴,站到演奏台上说:"我来几段口琴吉他双重奏,献给我最好的朋友。祝福她一生幸福快乐。"张露的眼前模糊一片,心里一揪。店老板把口琴固定在一个专门的金属架上,架子两端有一根皮带,可以调节,直接套在头上,嘴巴恰好正对着口琴,手是手,嘴是嘴,两不耽误。他于是一边吹口琴,一边弹吉他,一首一首连着吹,连着弹。就那么一直吹,一直弹。吹吹弹弹。多是些摇滚歌曲。吉他声混合着口琴声,张露说不清楚那究竟是一种什么感觉。音乐声中,她不禁想起西格蒙·葛洛文的《口琴电影院》。曲声热烈,内心忧伤,人仿佛行走于空中。身体时时悬起,内心阵阵彷徨,张露觉得自己想飞起来去捕捉天边的云朵。耳边不断wing——啦啦——wing——啦啦——有客人断断续续地走进来,又走出去,进来,出去。眼前一道一道亮亮白光,从外面裹挟而来,转瞬即逝。模糊的身影一晃而过。那天,大家都喝得有点多,双眼迷蒙间,张露对自己说:"别了!北京。"

口琴声于张露而言,是启蒙,是天籁,也是陪伴,更是整个童年残存的唯一一点温暖。模糊而短暂。一想到口琴,眼前立马又出现白玉明的脸。她偶尔心情不好,他并不说教,笑眯眯地说:"我来给宝宝吹一曲。"邓丽君的一首《恰似你的温柔》,曲声一响,她很快平静下来。这种感觉对于张露而言,远远要比一纸婚书一句承诺,重要得多。

张露又想起妈妈家墙上那个莫名消失了的相框。照片中,戴眼镜的男人怀里抱着一个小孩,手里紧紧抓着一把口琴,笑得欢。想起住在学校大院那时,隔壁小哥哥的爸爸,总习惯随身携带一把口琴。张露总觉口琴不能算是真正的乐器,那该算什么呢?又讲不清楚。小哥哥的爸爸很和善,每天骑一辆飞鸽加重二八上下班,看见张露,总是笑眯眯地问:"吃过饭了没?千金?"吃饭前的这段时间,见缝插针,要充分利用,从裤兜里掏出口琴,跟张露照片中见过的那个一模一样。只不过,口琴用一块手帕包裹,他总是用手掌先在一排吹口上抹抹。张露觉得奇怪,手都没洗,抹什么呢?小哥哥的爸爸站到他家正屋角落里开始吹。琴声不大,像故意隐忍收憋着,吹吹吹吹。小哥哥写作业开始心猿意马。琴声婉转悠扬,真好听,张露站在窗子跟前正听得入迷,突然间"啪"的一声,吓一跳,只见小哥哥探出头恨恨地骂:"滚开滚开!黄毛杂种!"到了礼拜天,小哥哥的家里不时会有陌生人来串门。口琴于是不再是单单一个人在吹。几个叔叔人人口袋里都带着一把琴,掏出来,也都先用手掌抹一把。小哥哥的爸爸嘴巴努努,大家走进里屋,窗帘拉紧,熄灯关门。张露躲在院子的角落里,紧张地盯看。屋子里,蜡烛头柔柔的光慢慢亮起来,朦胧闪烁,让她觉得温暖。小哥哥的妈妈在外面的小厨房里炒菜做饭,不时朝外探望。张露心里纳闷,干嘛搞得那么神秘?想不明白。口琴声悠悠扬扬地吹起来。吹吹吹吹。那时大概三四岁?许多细节已记不清了,张露总感觉小哥哥的爸爸们,好像电影里的地下党。镜头中常见的接头方式。要找的人几经周折遇见,瞥一眼。像?又不大确定。究竟是不是?不能讲话。完全靠眼神交流。想到法国电影《虎口脱险》里经典的一幕,音乐指挥家与飞行员接头,互相并不认识,怎么办?指挥家灵机一动,吹《鸳鸯茶》小调,吹的是口哨。喜感十足。张露有次跟白玉明在网上搜看一部阿尔巴尼亚电影,片名早已忘记,但记住了电影里的接头暗号。吹的正是口琴。并无预先练习彩排,琴声一响,双方配合自然而默契,高山流水,跌宕激昂,琴声也刻意压抑着,悠悠的,低低的。吹吹吹吹。吹到后来,两个人都长舒一口气,嘴角微微上扬。张露看得神经紧张,后背不觉沁出一层细汗,她靠在白玉明怀里说:"喜欢你,也跟你会吹口琴有关。"

童年对于张露,仿佛一棵参天大树。许多普通或不普通的根须枝节,时而那么鲜亮,时而羸弱,它们忽远忽近,静静生发的同时,让她慢慢发觉,熟悉伴随着陌生,更多的是一些疏影片段,是张露整个八十年代模糊而零碎的记忆。一些影像常常在梦中交错重叠,纠缠不断。口琴本身的金属味道,眼前丝丝亮光,相框里的男人,小孩挥舞的手臂,笑容熟悉而迷茫。琴声曲调忽高忽低,一扬一挺。wing——啦啦啦——wing——啦啦啦——张露看见自己的童年,看见那个小身体跟随音乐摇摆,贫瘠的快乐。

记得有次趁人不备,张露偷偷溜到小哥哥家窗下,踩只矮脚板凳,使劲儿探头往里张望。屋子里面吹奏的人,一个一个开始动作上了。先是肩头动,上下动,接着整个身子都开始动。口琴被一只一只大手遮捂,吹奏的人面孔渐渐潮红,手掌不时开开合合。她忽然发现,对面的墙上飞出小鸟。两只,三只,四只,啊!一群小鸟都飞起来!翅膀呼扇呼扇,生动至极。十来只手掌一合一张，张张合合，那些口琴便发出一种特别的颤音。吹口琴的人肩头与身体，遮捂口琴的手，动起来，全都动了起来，有时吹到动情处，他们甚至弯腰屈腿跺脚，简直就是剧烈全身运动。窗外的张露受到感染，心跳加快，激动得差点从凳子上摔下来。有一首歌给她的印象深刻，确切来讲，应该是一首山西民歌。许多年以后，收音机里有人在唱这首歌，张露问奶奶："这歌叫啥名儿？"奶奶想了想说："《想亲亲》。"

"现在所能听到的，收音机里一遍一遍播放着的，都是后来经过改编再加工。"奶奶望着窗外，悠悠地说，"一点也不地道，完全不正宗了。"

这民歌最早出自山西河曲，乡人随口就来，是人人都能吟唱几句的地方小调。多年以后，奶奶早已不在，张露努力回想邻居们用口琴演绎的那首民歌，心底仍会泛起一种感动。仿佛有小溪潺潺，忧伤而疲惫。缓缓的，幽幽的，带了厚厚的无奈，清贫寂寥，所有日子的艰难与窘困，都融进这样一首小曲中。

张露忽然又想起自己初来休日酒店那一晚的情景。闫总代表大老板负责设宴款待，趁着酒兴，他高歌一曲，就是唱的这首歌——"想亲亲想得我手腕腕（那个）软／拿起个筷子我端不起个碗／想亲亲想得我心花花花乱／煮饺子下了一锅山药药药蛋。"闫总边唱边拿了一根筷子，轻敲桌沿伴奏。这民歌之所以打动了张露，是每一句结尾的最后那个字，要叠音加颤音，反复再反复。眼前出现蒙太奇影像。墨墨暗夜，女人深闺独坐，漫漫青灯，辗转反侧，翻来覆去难入眠，喃喃自语："想你呀想你实格在在想你／三天我没吃了一颗颗颗米／雪花花落地化成了（那个）水／至死了（那个）也把哥哥你随。"曲调落落感伤，有种说不出的悲凉。那天,白玉明恰好就坐在张露边上,他也拿了一根筷子,轻声跟着附和,忽然凑近小声地说:"这歌原唱本来是女声,闫总嗓音浑厚,并不那么热烈,但情怀愈加饱满,倒也别有味道。"张露微笑着细听。闫总的歌声惆怅更甚,仿佛听见那女人心底一阵一阵轻叹:"啊,这夜!我的青春小鸟,你慢慢飞……"白玉明后来跟张露聊天时又聊到这首歌,他说:"民歌于民间代代相传,一路唱下来,声情并茂,感心动耳,如今几经改编,那还能好听?根本不会好了。"张露当时心里只觉得奇怪,她其实很想问:"你真能听得懂?"

故乡对于张露,似乎永远摇曳隐匿着,飘忽不定。多年来的生活状态,习惯在几座城市之间不停地行走。北京。上海。太原。循环不断。故乡永远沉默,她只能站在遥远的梦中,与其四目相对。两厢无言。草木枯荣,一岁一生,生命渐渐老去。旅行终结,种子落地生根,嫩芽经历新的风雨雷电,开始人世间下一轮的春夏秋冬。想起白玉明经常说:"恋爱要多谈,结婚需谨慎。上帝最公平。初春惜花,初夏惜雨,初秋惜叶,初冬惜暖。遇爱惜情,勿忘初衷。自然就快乐了……"张露脑海中常常会有一种混沌错觉。错把他乡当故乡,这感觉很怪,不好形容。但不知道为什么,口琴声总会让她想起江南的石板小径,无论身在何方。琴声呜咽,故乡化作灵魂深处的一种想念。小巷深处的油纸伞。北方高原的黄土高坡。雨后的月光。奶奶的脸。皱纹一圈一圈堆叠,奶奶一笑,那些皱纹仿若深秋暖阳里的太阳花,一朵一朵,缓缓地盛开。所有的景致都沉默,在张露的眼前琳琅闪耀,游移交错,最后变成一根丝,一条线。耳边响起 wing——啦啦啦——wing——啦啦啦——口琴声跟着这光跳跃,跳跃。

吉他似乎要比口琴更能让年轻人感觉浪漫。张露想起有一年休假。回上海时已是深夜，地铁通道口站着一个年轻人，怀抱一把木头吉他，铮铮铮铮在那里弹拨。忘我而投入。午夜的街头，面前过往人迹皆无，霓虹演绎白昼，魔都的喧嚣，绵延不绝。张露不由得站住，心底忽然清泉一泻。缓缓的，涟漪轻轻，眼睛里泛起点点星光。张露有次趴在白玉明怀里撒娇，两个人聊到了吉他。白玉明说："吉他这东西，就是这样，含情脉脉，惠风和畅，不会疾风暴雨，没有电闪雷鸣，六根弦上的情绪，完完全全是靠点滴渗透，丝丝缕缕地倾诉，讲给心爱的人听。"张露觉得心被什么东西，狠狠揪了一把。她又回想起地铁口那晚。年轻人自顾自怀抱吉他弹弹拨拨，拨拨弹弹，张露的心忽然一下子就软了，心底有小花次第开放。她静静地趴在白玉明怀里，伸手撩拨他的一颗小乳头，轻声地说："要是把吉他换作口琴，会是一种什么样的感受？"

正沉浸于胡思乱量之中，门"砰"的一声被打开，张露一吓。抬眼一看是刘峰，眼睛一瞪，没好气地说："要死吧你！也不敲门，现在是越发放肆没规矩了！"

刘峰笑嘻嘻凑近了说："我是想给露露姐一个惊喜嘛。"

张露剜了一眼说："啥惊喜？喜从何来？惊吓倒是真的！"

刘峰赔着笑脸道："听刘梅讲，露露姐恰好在，我心里惦记姐姐嘛，心想不如先上来看一眼，看一眼我再走嘛……"话没落音，刘峰的身后又跟进来一个人。

只见风水大师挺胸叠肚，晃悠着进来，大着嗓门说："张总大美女，真是辛苦啊！礼拜天也不得安生！辛苦辛苦！"说着径自前后左右，在办公室里转了一圈。站到落地大玻璃窗朝下面探望，貌似不经意地说:"坐实要向虚。后有靠山,前有明堂,人坐在办公室里,自然就感觉安全。心里踏实,就不会惴惴不安。另外,桌椅摆放得当,还有利于招财招贵人哪!多贵人相助,人脉自然也跟着会旺,好运四通八达哪!张大美女明白了没?"风水大师哈哈大笑,张露不由眉头一皱,瞪了刘峰一眼,没有吭声。

大师扭头又问:"怎么样啊张总?上次我来,办公室里家具重新调整过位置以后,这段时间感觉咋样?是不是好了许多哪?牛皮真不是吹的,火车真不是推的!"

张露脸一红,觉得有些尴尬,可一时又不知该如何作答,只好笑一笑,敷衍道:"还好还好。辛苦大师你了。"

刘峰赶忙把话头接了过去:"露露姐,上次我去隔壁,听白总说,前有明堂最好,人坐在里面办公,视野开阔,心情舒畅,不会路堵心塞,小人通通死光光,也更有利于财源旺盛,大师说得一点没错嘛……"似乎忽然间想起什么,扭头问张露:"对了姐,我刚才上来,本打算叫白总一起过来聊聊的,大家好久不见,可我敲门敲了好一阵,没反应?怎么回事?"

见张露没吭声,刘峰小声地嘟囔:"刘梅明明说白总已经回来了呀,怎么会没人?"

张露一愣,抬头看了看刘峰,嘴唇动动,终究还是没出声。

刚才张露给白玉明打过电话,打的是办公室座机。电话通了,隔壁的铃声一直在响。现在听到刘峰这么一番话,张露心里"咯噔"一响,莫名掠过一丝慌乱,心情变得烦躁起来,有种胸中长草,脚不点地的虚无感觉。刘梅刚才为什么只字未提,却要告诉刘峰?张露仔细地想想,白玉明最后一次来看自己是什么时候。她的心倏地一沉,但很快就安慰自己,老毛病又要犯了,瞎琢磨啥？射手座男人特点，要自由散养，切忌猜疑捆绑……回想起最后那次跟白玉明在一起，已经是一个半月前。他言语间颇有些不耐烦，但她当时并没往别处想。年关临近，休日酒店客房部员工的辞职现象日益严重，已经有客人开始投诉。老客户一看见白玉明就牢骚满腹，说客房服务的质量有所下降。白玉明怎么会不心烦，耷拉脸很正常。那时张露自己也烦事多多，中餐厅今年的任务，到现在还没有完成，眼瞅着还剩不到两个月就是新年了。中餐厅最后一次召开全体动员大会，张露站在主席台上讲话，先传达大老板的最新指示，接着就动员大家集思广益。台下几百号员工，有人低头沉默，有人望着天花板发呆，唉声叹气，像霜打的茄子。张露看看坐在第一排中间位置上的刘梅，她正歪着脑袋跟陈大佬不知嘀咕什么，偶尔摇摇头，两个人都一筹莫展。

每年一到年底，休日酒店人人自危。张露每天一上岗，照旧要先去各部门巡视一圈。走过中餐厅，从楼面经理到楼层主管，再到盯台的小弟小妹，远远看见她的人影，立马低头假装干活，脸上无精打采。张露不由轻轻地叹息："一想到年终奖有可能会泡汤，有谁还能高兴得起来？"每到年尾，休日酒店各部门之间，上至总经理，下至基本员工，暗中都卯足了劲比赛。谁都想赶在大老板回国之前，交一份比较满意的答卷。最起码今年的成绩，不能比往年差。各位副总相互串办公室闲聊的现象，明显减少，大家都在做最后的冲刺与打算。忙着给本部门员工开会。大会小会，开起来就没完，时间紧迫，只能抓紧中餐收档后，到晚餐开档前的这点空闲。白玉明说："有枣没枣，打一杆子再说！"

张露回想最近两个多月，白玉明只去过家里一趟。白天在酒店也很少能彼此碰到。各位副总的办公室经常都空着，行政楼层一下子安静得有些不正常。张露忙中偷闲,偶尔会在微信上留言给白玉明,寥寥几个字:"身体第一,爸爸保重。"白玉明有时会回复过来一个笑脸,有时则如石沉大海,杳无音讯。张露并不在意,大家各忙各的。对于自己所爱的人,张露从来都自信满满,选择绝对的信任。偶尔难免也会心烦意乱,她就跑去照镜子,对着镜子说:"威武傲娇狮子座,有什么好怕?!"似乎真就轻松了许多。这是白玉明教的"先入为主法"。想到此处,张露抬头对刘峰说:"白总近来琐事繁忙,心情也欠佳,其实谁都一样。再加上……"话题忽然一转:"今年的春节,白总看起来要在法国度过了。"

刘峰"啊"了一声,两只眼睛瞪得滚圆,说:"白总没回来?那怎么……"满眼疑惑地看看张露,"我本打算年前,大家可以再好好聚聚……"

风水大师在一边哈哈大笑,捶了刘峰一拳,说:"你以为自己是啥大人物?人家白总出个国,回不回来,啥时回来,要先跟你请示汇报?"

张露笑笑,说:"白玉明已经走了有些日子了,休日酒店今年新增的年终福利,他中了头彩。"

刘峰嘴巴张大,不住地点头,小声嘟囔了一句:"刘梅明明说,白总刚才还在办公室……"

第八章

斗转星移,一眨眼,明天就是农历新的一年。张露站在办公室的落地玻璃窗前发呆。她的心情近来越发变得莫名芜杂。低头俯瞰，马路上的汽车色彩斑斓，如同一个一个会移动的火柴盒。行人仿佛游蚁。她轻轻叹了一口气。头顶上空猛然间传来一个声音，吓了她一跳。那声音循环反复地说："放手吧！放开一切过往，这世界没有谁是真正的赢家。"

抬头四顾，背后不觉沁出一层细汗。她走过去扶着椅子缓缓坐下，眼前忽然浮现出白玉明的脸。张露不禁再次想到那天刘峰说的话。究竟是什么意思？她想不明白，心乱如麻。对讲机里猛然传来陈大佬的声音，听上去有些急促："张总张总！祭拜仪式马上开始啦，你是不是最后再检查一下楼面各部门的人数，看看有冇都到齐？"

张露猛然清醒过来，使劲儿甩了甩头发，快走几步来到镜子跟前，努力对自己挤出一个笑脸，连声答应着说："好好好，我马上就下去！"低头整理整理工服，急急忙忙往外走。

在电梯里，张露莫名又想起刚才高楼上看见的那些袖珍汽车，不由得想笑。记得早前有一首什么歌，歌名记不清了，歌词很有趣。此刻电梯里没别人，她小声哼唱起来：

每天站在高楼上
看着地上的小蚂蚁
他们的头很大
他们的腿很细
他们拿着苹果手机
他们穿着耐克阿迪
上班就要迟到了

他们很着急
我那可怜的吉普车
很久没爬山也没过河
它在这个城市里
过得很压抑
……

中餐厅很快到了。一出电梯门，张露便被眼前的欢快气氛感染，并迅速沉入其中。

新年前的最后这一天，休日酒店按照惯例，要举行一场正宗的祭拜活动。场面相当考究。陈大佬是行家，规矩杂，道行深，讲究也就更多一些。

临近午时，正餐开档前，祭台摆到神像前，关老爷不再读《春秋》了，手里抱着一个大元宝，喜笑颜开。陈大佬小声地念叨一句："关爷您多多担待啊！本来该用八仙桌的，没有，只好改用酒店十八人桌面来代替啦！"抬头望着关老爷，双手合十，举在胸前，接着双眼紧闭，一再重复着同一句话："这已经是酒店最大的桌面啦！关爷您千万多担待啦。您多担待担待。"

张露默默站在边上看。一抬头，发现海鲜佬站在大厅的另外一头，正朝她使劲儿地招手。张露眉头微微一皱，瞪了他一眼。休日酒店中餐厅的大厅，包房过道，甚至楼梯口走廊边，到处都站满了人。酒店各部门小弟小妹，在这个特殊的日子，必须人人到岗。一年当中，似乎唯独在这一天，大家心里莫名会多出一丝兴奋，夹杂着一点紧张。每个人或多或少，会从心底突然间滋生出某种优越感。互相瞅瞅，并不开口说话，心里都忍不住重复着同样的话:"看到没?看到没?酒店缺我不可,我是酒店的主人翁!"面部表情明显轻松愉悦,人人喜眉笑脸。后厨的各位师傅,带领各自小弟,按档口一队一队,依次排开,站在距离祭台最靠前的位置,紧随在陈大佬身后。

  张露抬头看。面前好大一张桌面,直径足足有三米。只见陈大佬独自念叨了一阵,转身从一个紫檀木盒里掏出一块金丝绒桌布来,唰一下抖开。张露眼前只觉一道金光闪闪,晃得睁不开眼。海鲜佬在那边早就看得彻底呆住。待桌布铺平展,大家定睛再去细看,只见桌面上呈现出一幅手工绣制的龙凤白象图案。完全是各种丝线原有的色泽,并无丝毫人工后期着色渲染痕迹,使得图案看起来有一种说不清楚的3D立体效果。栩栩如生,自成机杼。针脚实在细腻,做工精细殊绝。这是陈大佬从香港带来专门祭祀时候用的。张露看着也不由心中一叹:"太美了!"一抬头,海鲜佬正好朝她这边张望,像是想凑过来说点什么,张露竖起一根手指放在唇边做了一个手势。海鲜佬立马会意,尴尬地笑笑,站着没动。在场各位继续静静等待。眼前红飞翠舞,浮金流丹,人人看得呆了再呆。张露心想,以后每逢年节,这块桌布可要大派用场。她想起有次跟陈大佬闲聊,就聊到了祭祀。陈大佬说:"不能随心所欲啦!酒店行业与民间的祭祀活动大不相同。首先必须有固定时段啦!正午十二点整,早一分晚一分,都不行。关爷要不开心啦!"张露说:"那么讲究?"眼前忽然闪现出妈妈家的那幅钟馗捉鬼图,莫名觉得奇妙。只听陈大佬说:"相比之下,开业祭祀更加讲究啦!择吉时重先后,良辰吉日才是首先必须考虑因素啦。"张露说:"吉日吉时该如何选择?"陈大佬说:"要根据店铺老板的生辰八字,请专门的先生来配啦!计算阳光到向与否，也有专门要求，水上山下，旺财旺丁。若是八字匹配，太阳到向，则开业运势无懈可击，到后自然生意越做越大啦。"张露听罢笑着说："风水上，果真有如此完美的日子？"陈大佬来了一句："凡事可遇不可期啦！"

　　酒店祭祀时间一过，华丽桌布要即刻收起来叠好。仍然还原成方方正正，重新用一块黄色绸布仔仔细细包裹好，下次再用。陈大佬说："这一系列动作，完整的一套祭祀程序进行下来，外行人只看得眼花缭乱，全部只能由大佬本人亲自独立完成，旁人可观不可言。"张露迷惑不解："有啥说道？"陈大佬"嗨"了一声说："关老爷没有那么好骗啦！他老人家什么不知道？什么听不见？人生一世，心怀敬畏很重要！小心行得万年船，永远没有错。万一哪句话讲得不好，祸由口出，亵渎了神灵，那可是天大的事啦！"

　　现在望着眼前这庄严景象，回忆陈大佬说过的种种繁缛细节，张露抬头往供桌上看。一只刚刚出炉的现烤全乳猪，摆在最前面；一只刚卤过的大公鸡，紧跟其后。公鸡的屁股上插着几根彩色鸡尾翎毛。阳光温暖，翎毛的色彩变化不断。张露心想，要是拔几根下来做个毽子，肯定赞。再往后看，是一条胖头生鱼，现宰，足足有二十几斤重。鱼的嘴巴还在动，张张翕翕之间，张露在想，这鱼仍然活着！？看着那条黑鱼仿若在喃喃自语，张露心想，它是想赶在投胎转世之前，再做最后一次人间祈祷吗？继续往后看。桌子的两边，南年糕北油糕，分别装了一大盘。左右对称摆开。水果干果坚果，各式自制小点心，层层朝外，依次一圈一圈，呈扇形排开。满满当当，摆了好大一桌。张露注意到，供品边上的那些筷子，簇新。这是张斌一大早派专门的小弟新买的。必须是整把一捆,陈大佬预先再三交代,随便什么地方买来可不行,神仙什么不知道,别想玩什么花花肠子图省事。"买个筷子也那么多讲究。"重任在身,小弟一大早天还不亮就悄悄爬起来,心里不满也不敢多言,紧奔慢跑,往最近的寺庙赶。

寺院周围有许多小店,卖纸钱香烛,一家紧挨着一家。这小弟站在门口等。因为来得太早,家家户户店门紧闭,路上行人清冷,偶尔有一条流浪狗不知从哪里突然窜出来,唰一下从眼前窜过,小弟吓了一跳,低头骂:"妈的狗东西!吓死老子!"等得焦躁,渐渐有点不耐烦,走又不敢走,想起昨晚陈大佬再三叮嘱:"必须要赶在第一家店门一开,立刻冲进去买,这筷子才有灵性。神仙什么看不见?别总想着耍滑头!丢!"小弟踌躇犹豫了半天,终于还是没敢离开。昨天夜里下了一场大雨,清早出门,却并没感觉空气质量有所好转,此刻放眼远眺,到处灰蒙蒙一片。上海的雾霾越来越严重了,这他妈的鬼天气!神仙下凡也于事无补。小弟深深地叹了一口气,从裤兜里摸出一根香烟点上,皱着眉头狠吸了一口,心说,就为了买几把筷子,老子今天早饭都没来得及吃,水也不敢喝一口,不然尿急了怎么办?神仙看见又要给陈大佬告状。丢!小弟不禁笑起来,不断重复着这个字:"丢。丢!丢!"有一家小店的门上贴着对联,左右分别写:"西天菩萨救苦难,南海观音度众生。"小弟边看边嘟囔:"这世上果真有神仙?丢!"忽听身后窸窸窣窣一阵响动,急忙扭头看,烟屁股最后又快速地吸了一口,扔到地上,伸出脚用鞋底狠狠地踩踩,冲进去。买好了筷子再出来,小弟心情顿觉松快了许多,回去的路上他又琢磨上了,陈大佬莫非真的有千里眼?他怎么知道我到底是不是进的第一家店?丢!忍不住嘻嘻嘻嘻笑出了声。他口中不停地说着平日里被师傅们无数次骂自己的话："丢你老母！我丢我丢！丢丢丢！"脚下步伐加快，再快，小弟笑着朝酒店方向飞快地跑。

小弟买筷子的那座寺院，张露很熟悉，跟白玉明去过多次。那条小街距离休日酒店不远，出门小转弯，一直朝前走，走到游步道的尽头会出现一个三岔路口，分出左右两侧台阶，两边都可通往寺院大门口。每逢初一十五，此地突然闹猛起来。斑驳土墙，灰瓦木板门，石阶上厚厚一层青苔，被前来烧香进贡的人踏得闪闪发亮，稍不注意，脚下一滑。本就狭窄敝旧的一条小街，顿时车水马龙，人声滚滚。耳边盈满各种汽车喇叭滴滴嘟嘟声，自行车叮叮当当声，行人怨声载道。交警只在那一两天才会出现，站在马路当中，双臂左挥右划拉，口里含着一只银色哨子，腮帮子一鼓一鼓，再怎么吹也无济于事。有司机不耐烦地探出头来骂："赶着去投胎啊！"面前照旧人挤人，蝈蝈沸羹，焚香祭拜的队伍，纹丝不动。

小小一座清净寺院，香火轰的一下就这么旺起来。也只有那么几天，很快便恢复昔日寂然。张露注意到有某种奇怪现象。每逢节日，前来祭拜的香客多是外地人。有散客，也有旅行团，人人手里举着一把才刚从路边小店里买来的香烛，或攥或抱；另一只手里则拎着成打成打的纸钱或金银元宝。等游客前脚才一离开，带队导游迅速一闪，进到店里跟柜台上的人小声地嘀嘀咕咕。一眨眼又走出来。买好祭品的香客，则按照指引跑到寺院外围，东西南北，自己找一处角落，忽然"噗通"一声跪下，连叩带拜，旁若无人。最后原地沿寺院墙角，手中香烛一把一把仔细插好，立牢，口中小声地念叨开了。听不清说的是什么。祷告完毕，人人双手合十，鞠躬鞠躬再鞠躬，神情间此时已经有细微变化，眉眼间多了一份幸福与满足。

有次张露跟白玉明烧香出来，发现这些香客的边上，一直紧紧跟随几个大妈。张露小声地说："这些面孔并不陌生，平时香客少，大妈们四处游散，专拉过路人算卦。"白玉明不经意地扫了一眼。见香客忙完，大妈立马跟上去小声地提醒："前世因缘，火烛危险。"香客再次"噗通"一声跪下，残余烛火或踩或掩，最后捡一些破砖烂瓦往上面一盖，终于松了一口气。张露后来曾专门找人问过："这到底是烧的哪门子香？祭拜哪一路神仙？"一位大妈自称是九华山第十八代传人，听了这话先是一愣，接着眼睛转了几转，朝左右看看，凑近张露压低嗓子说："小妹妹，一看你就是外行！若是真要进庙里去才能焚香祭拜，怕是要等到太阳西沉，也不一定轮得到。懂了没？"嘻嘻一笑，又补充一句："心诚则灵嘛，在哪烧并不重要，关键心要诚，真心真意，神仙佛祖通通收得到。"

张露从纷繁碎忆中回过神来，盯着眼前这一捆尚未开封的筷子看。陈大佬管这种筷子叫"原生筷"。祭祀当然少不了酒，也必须是整瓶整瓶拎上来。洋酒白酒红酒啤酒，依次摆好。万事俱备之后，才开始请香三炷。陈大佬站在队伍最前，向前一步走。后厨所有员工，按照各档口依次站好，档口老大站在队伍的最右。其他各部门员工，则论资排辈，按区域划分，有样学样跟在身后。"一鞠躬——"陈大佬在前头喊。大家跟着弯腰。相互之间不许讲话，不许交头接耳。整个仪式于静默之中庄严进行。张露注意到，陈大佬的口中，自始至终都在喃喃自语，听不清讲的是什么。接着再鞠躬。三鞠躬。陈大佬嘟嘟嚷嚷不停。张露心想，大概意思横竖不出"大吉大利""生意兴隆"一类。她用眼尾的余光一扫，又扫到了海鲜佬。只见他的嘴巴也在不停微微蠕动，张露心里"哼"了一声。还注意到给关老爷燃的香，点的蜡烛，似乎也与平时有所不同。一律都是明黄色。张露记得陈大佬曾经讲过，那种镀了金粉的蜡烛，品质上乘，卖相极好。

祭祀仪式大概持续了半个多钟头，陈大佬长长地舒了一口气，大家也跟着深呼吸一口。气氛总算轻松不少。张露差一点憋不住就要笑出声。总算熬到祭祀结束，大家各自散去。陈大佬照旧不得闲。香炉里烧尽的香灰，渐积渐多，祭祀结束也不能倒出来。"要攒着啦，不能动。"陈大佬说，"一直攒到临近某一个什么重要节日，最好能逢初一或是十五，那最好不过啦。"到了这一天，陈大佬要起个大早。旭日东升，马路上还没什么人，把祭祀炉里的香灰小心悉数倒出，拿一张黄色的马粪纸仔仔细细包了，独自一个人，出酒店大门往正南方向去，要找一处有花有草的沃土花坛埋进去，最后双手合十，双眼闭紧。面朝东方，给天神地神默默再念叨念叨。"由衷之言，情深义重啦。"陈大佬心中笃信，只有发自肺腑之声，才足以叫人感动，他说："各路神仙能听得出啦！我们骗不了。"直至此刻，休日酒店辞旧迎新的这一次祭拜，才算彻底结束。于酒店行业而言，年首的头等大事，也才算圆满完成。等陈大佬埋好香灰返回酒店，张露远远看见也不由跟着心底一阵轻松。陈大佬笑眯眯地说："中午正餐开始，新年迎新客啦！"

到了年三十这天，休日酒店后厨从早上八点多钟就忙着洗切剁配上了。能炸的就炸，能煮的煮，提前加工半成品。来酒店吃年夜饭的客人，通常都是一窝蜂。蒸菜炖菜必须现做，难免来不及。张露预先交代刘梅:"给楼面员工开班前例会,你要仔细再三多叮嘱。"刘梅立马上传下达,吩咐盯台的小弟小妹:"蒸菜炖菜,很费时间,煎炒煮炸一类,大家也要掺杂着点。记住没?"讲了又讲,说了再说,不厌其烦。等到下午四点钟一过,大家忙里偷闲,简单地吃几口零食,先垫垫肚子。春节期间,员工餐比往常吃得好,年夜饭更不必说。家在上海本地的员工,晚餐高峰期一结束,都急急忙忙往回奔,赶回去与亲人团聚。外地员工则笃定得多。等到酒店打烊,剩余全体员工围聚一处,正式大吃一顿。这就是酒店的年夜饭啦!几百号人,十几张大圆台,在中餐厅里一排一排摆开,每桌必不可少,是一只喜气洋洋烤乳猪。烤成枣红色的皮,油汪汪一层光亮,空气中弥漫着一股烤肉的香气。引人垂涎。不知是谁忽然冒出来一句:"看!猪鼻子翘翘,它还在笑!"大家嘻嘻哈哈,场面欢闹。大老板在边上笑眯眯地说:"绝对不要乳猪拼盘,必须得整只!看着它,我心里高兴!"

新年的钟声渐渐临近,大家纷纷埋头揿手机。忙着给家人打电话发信息,拜年祝福报平安。好一通忙活。紧接着,到了大老板亲自发红包的环节,这可比辞旧迎新更加令人兴奋。谁也不好意思当众打开看,脸上风轻云淡,心里早已火烧火燎——今年到底发了多少?比去年多了还是少了?信封抓在手里,胸中忐忑,趁人不备捏一捏。笑了。长舒一口气。一般都能猜个八九不离十。前一段时间,因年终任务未能圆满完成时的焦躁与不安,过年不能回家团聚的小小苦闷,此刻于眼笑眉飞之中,彻底荡然无存。开吃开吃!能喝的多喝!钟声敲过十二下,众人要冲出去燃放烟花爆竹。通常都是陈大佬带头,小弟小妹们紧随其后。浩浩荡荡的一支队伍,欢笑打闹,喧哗叫嚷。张露无意间一扭头,发现大老板正站在酒店大门口，双手叉腰，望着大家笑。不知怎么，她的情绪始终不高。手机铃声不时高唱，都是拜年问候信息，却始终等不到自己最想念那个人的。轻轻地叹了一口气。

新年的大年初一，恰好轮到张露值班。昨晚酒店聚餐结束，她直接回了徐家汇大木桥的妈妈家。初一一大早，又乘地铁7号线转二号线往酒店赶。过年时候乘地铁，要比等出租车方便许多。省时间还不堵车。此刻地铁车厢里空空荡荡，一共也没几个人。平日里那些发小广告散发传单的，抱着租来的小孩卖唱乞讨的，见人就"噗通"一声跪下要钱的，通通都消失不见。这样的清静，对于繁华魔都，简直是一种奢侈。张露不禁有种恍然。

一路上，不断收到各地朋友发来的拜年短信，但真是怪，唯独没有收到陈建宝的新年祝福。张露仔细地回想了一下，忽然意识到，陈建宝似乎已经很久不给自己发短信了。苦笑着摇了摇头，心说，嗒，这么快就另觅新欢，当时还口号喊得震天响，要死要活。男人哪！心中竟生出一丝淡淡的失落。

白玉明直到现在，始终没有发来一条短信。这状况绝对不正常，张露心想，难道法国没有信号？怎么可能？即使手机出了故障，别的渠道也可以问候一声新年好呀?！除非……张露清楚地记得，白玉明刚去法国的头几天，每天都会问候，哪怕是只言片语。有时在微信上跟张露聊几句。但真是怪，从大年三十的前一天开始，白玉明突然就没了音讯，仿佛人间蒸发了一样。张露时不时低头看，甚至怀疑，是不是自己的手机出了问题？张露让妈妈发一条信息给她。妈妈看电视正来劲，说："发啥发？你不就站在我面前？"张露忽然不耐烦起来："让你发你就发呀！那么啰嗦！"妈妈于是发了一条："那么啰嗦。"张露的手机立马就滴嘟一声。

今早上班的路上,张露心情芜杂,到酒店时还不到九点半。小保安远远就笑嘻嘻迎上前来拜年:"张总新春快乐!羊年吉祥!"

张露勉强笑笑,心不在焉地说:"也祝你新年快乐。"

直接乘电梯上楼。所有的办公室都大门紧锁,行政楼层里空无一人。走廊里安静得有点难以适应,只有脚下高跟鞋发出一串磕磕声。张露掏出钥匙开门,站在大班台前望着那本画满红圈的台历又发了一会儿呆,想冲一杯咖啡,忽然想起,咖啡昨天就已经没有了。

"只好先泡壶茶吧。"张露自言自语,"等一下久光百货开了门,先去买咖啡。"一不留神,水倒太满溢出来,她"哎呀"一声,抓过纸巾胡乱擦了一通。忽然间笑了,说:"慌啥慌?没出息!"手机铃声突然大作。是刘峰发了条微信:"露露姐新年快乐!等一下是否有空?"张露想了一下,敲了一行字:"十点钟,要去久光百货地下超市买咖啡。"刘峰马上就回复过来:"十点钟,久光门口,不见不散!"张露站到窗边发了一会儿呆,茶也喝得差不多了,拿起电话给值班保安队长做交代:"我要出去一趟,酒店如果有什么事,你打我手机。"

当张露赶到久光百货时,刘峰早已经等在那里了。手里拎着一只牛皮纸购物袋。远远看见张露,刘峰紧走几步迎上来:"露露姐新年吉祥!愿露露姐永远青春美丽!"说着把手中的袋子递过来。

张露说:"啥?"

"一桶日本炭烧单品。还有一桶意大利浓缩Espresso。"刘峰

图书在版编目（CIP）数据

食事绘 / 王璐著. ——上海：文汇出版社，2018.6
ISBN 978-7-5496-2552-9

Ⅰ.①食… Ⅱ.①王… Ⅲ.①长篇小说-中国-当代
Ⅳ.①I247.5

中国版本图书馆CIP数据核字(2018)第077904号

食事绘

著　　者　王　璐
插　　图　王　璐
策　　划　朱耀华
责任编辑　徐曙蕾
特约编辑　甫跃辉
装帧设计　张志全

出版发行　文匯出版社
　　　　　上海市威海路755号
　　　　　（邮政编码200041）

照　　排　南京理工出版信息技术有限公司
印刷装订　苏州市越洋印刷有限公司
版　　次　2018年6月第1版
印　　次　2018年6月第1次印刷
开　　本　890×1240　1/32
字　　数　170千（插图7幅）
印　　张　9.375
印　　数　1-2500

ISBN 978-7-5496-2552-9
定　　价　39.00元

间空白。瞪大眼睛望向超市边上的一个角落。那是一家专卖进口手工制作黑巧克力的店，白玉明带她来过几次。此刻柜台前面站着一个男人，那背影让张露日思夜想，牵肠挂肚了这么久，即使隔着那么远，她还是一眼就认了出来。男人的胳膊被一个女人挽着，从衣着打扮与发型姿态上看，女人的年纪应该不大。一男一女两个人，正低头精挑细选。女人时不时说句什么，男人抬起手放在她的头顶上摸一摸。张露听见脑袋里轰的一声巨响。刘峰发现张露突然间面色惨白，站起来小心地问："姐？露露姐你怎么了？身体不舒服？"张露的嘴唇微微抖动，胸口憋闷，觉得快要窒息了。刘峰赶紧招呼服务员要了一杯冰水递过去，张露咕咚咕咚灌了两大口，喝得太急，呛住咳起来，大张着嘴巴使劲儿地深呼吸，朝刘峰摆一摆手，说："没……事没事。"等她抬眼再想去看时，那两个人不知什么时候已经不见了。刘峰好奇地转过身，顺着张露眼光所及之处望去，眼前乌泱乌泱，到处都挤满了人。他小声地嘀咕道："看甚了么？看甚了？"

2018 年 3 月 13 日终稿

越来越多人在单飞，有时是群飞，两个人……好像越来越少。"叹息一声又说："我跟白玉明曾经探讨过此类问题，也有过理论上的悲观，但回到现实世界，我并不那么悲观。算是悲观主义者的乐观态度？"

刘峰望着张露呆住。

张露喝咖啡，接着说："爱情总带给人阳光，生活态度积极，但这绝非是指某种具体的爱情。我要说的是，你总能感到被人爱……"她问刘峰："谁说单翼天使不能飞？飞起来有可能原地跳芭蕾！"

刘峰脸一红："姐，你在说啥嘛……"

"叔本华说，人生本来就是悲剧，而真正结束悲剧的方法只有一种——断子绝孙。"张露苦笑着摇摇头说，"我信。自己没有童年，对新生命负责，就是对自己负责。"

久光百货地下一层，吃喝玩乐购物休闲一条龙，这里从早到晚人流如潮。今天过节第一天，越发人头攒动。每个人的脸上都喜气洋洋，手中拎着大包小包。据说真正的购物高峰时段，出现在昨晚。如今上海的各大百货公司，每年年底时都要进行一场"跨年大购物"促销活动，标语横幅上面两行大字很是诱人："打折返现金，购物满就送。"商家们憋足了劲抢客源，可谓机关算尽。如果没有虚高低走临时调整价格的话，选择这个时间购物，的确可以实惠不少。有不少消费者来自江浙一带，他们连夜自驾来沪，疯狂买买买。年三十夜里十二点钟声一响，大家集体冲冲冲。那阵势，据说绝对赶超当年的世博会了。想到此处，张露不禁想笑，刘峰凑过来小声地说："露露姐，想到啥好事啦？"

张露的眼神忽然间凝滞不动。她觉得自己思维短路，大脑瞬笑嘻嘻地说。

张露佯装小声地责怪:"你小子,简直就是我肚子里的蛔虫!"

刘峰嘿嘿嘿嘿笑着,两个人走到超市边上的咖啡吧,找一个靠边的位置坐下。刘峰边脱大衣边问:"露露姐,白总有消息没?他大概啥时候回来?"

张露正烦心这事,干脆没吱声。刘峰感觉到了什么,怯怯地望了望张露,不再多问。两个人低头默默喝咖啡。

过了一会儿,张露冷不丁冒出来一句:"刘梅呢?怎么没跟你一起?"

刘峰抬起头说:"刘梅一大早打电话来,说要跟闺蜜去逛街,采购结婚用品。我们约好了下午才见面。"

张露"哦"了一声:"谁要结婚?"见刘峰欲言又止,瞪了他一眼:"说话呀!"

刘峰的眼睛眨巴眨巴:"姐,刘梅怀孕了……"见张露没吭声,支支吾吾道:"年前去医院做检查,大夫说,已经快三个月了……"

张露若有所思地点点头,心中掠过一丝茫然。这消息意外之中夹杂失望,她盯着咖啡杯发呆。

刘峰沉浸在即将为人父的喜悦之中:"姐,一晃这么多年,我啥时候吃你跟白总的喜糖?"

张露一直在沉默,忽然说:"意大利诗人卢恰诺·德克雷申说,我们都是单翼天使,只有互相拥抱着才能飞翔……"

刘峰一脸茫然:"啥?谁?"

张露没抬头,说:"这其实是一个很艰难的使命。现代社会